市政道路
工程施工技术与实务

李 兵　王海妮　胡安春　陈绪功/著

李永福　纪凡荣/主审

· · · · ·

运用归纳、比较、分析、总结的方法，阐述市政道路项目的施工程序和施工方法、施工方案及技术措施，以提高企业投资效益。

光明日报出版社

图书在版编目（CIP）数据

市政道路工程施工技术与实务 / 李兵等著. -- 北京：
光明日报出版社，2018.9
ISBN 978 - 7 - 5194 - 4682 - 6

Ⅰ. ①市… Ⅱ. ①李… Ⅲ. ①市政工程—道路施工
Ⅳ. ①U415

中国版本图书馆 CIP 数据核字（2018）第 225289 号

市政道路工程施工技术与实务

SHIZHENG DAOLU GONGCHENG SHIGONG JISHU YU SHIWU

著　　者：李兵等

责任编辑：史　宁　　　　　　特约编辑　田　军
责任校对：赵鸣鸣　　　　　　封面设计：中联学林
责任印制：曹　诤

出版发行：光明日报出版社
地　　址：北京市西城区永安路 106 号，100050
电　　话：010 - 63131930（邮购）
传　　真：010 - 67078227，67078255
网　　址：http：//book. gmw. cn
E - mail：shining@ gmw. cn
法律顾问：北京德恒律师事务所龚柳方律师

印　　刷：三河市华东印刷有限公司
装　　订：三河市华东印刷有限公司
本书如有破损、缺页、装订错误，请与本社联系调换，电话：010 - 67019571

开　　本：170mm×240mm
字　　数：339 千字　　　　　印　张：19.5
版　　次：2019 年 1 月第 1 版　印　次：2019 年 1 月第 1 次印刷
书　　号：ISBN 978 - 7 - 5194 - 4682 - 6
定　　价：65.00 元

目 录
CONTENTS

第一章　基本概念

一、道路工程

道路工程是指以道路为对象而进行的规划、设计、施工、养护与管理工作的全过程及其所从事的工程实体。同其他任何门类的土木工程一样,道路工程具有明显的技术、经济和管理方面的特性。

1. 道路网规划和路线勘测设计

道路网规划应考虑各种交通运输综合功能的协调发展,路网布局的完善。路线勘测设计则应根据国家制定的分级管理和技术指标,

选定技术经济最优化的路线,对平、纵、横三个面进行综合设计,力争平面短捷舒顺、纵坡平缓均匀、横断面稳定经济,以求保证设计车速、缩短行车时间、提高汽车周转率。对路基、路面、桥梁、隧道、排水等构造物进行精心设计,在保证质量的条件下降低施工、养护、运营和交通管理等费用。

2. 路基工程

路基既是路线的主体,又是路面的基础并与路面共同承受车辆荷载。路基按其断面的填挖情况分为路堤式、路堑式、半填半挖式三类。路肩是路面两侧路基边缘以内地带,用以支护路面、供临时停靠车辆或行人步行之用。路基土石方工程按开挖的难易分为土方工程(松土、普通土、硬土三级)与石方工程(软石、次坚石、坚石三级)。

路基工程在道路建设中,工程量大、占地广,常为控制施工进度的关键,所以要求:

①尽可能与沿线农田水利建设相结合并力争节约用地;

②按照标准设计,严格控制施工质量,保证路基具有足够的强度和稳定性;

③搞好排水和防护加固工程,沿河路基应注意不被洪水淹没冲毁;

④填方工程应慎选土质并分层夯实,对其密实度和含水量进行现场控制;

⑤冰冻地区还应设置防冻层或设置隔水层和隔温层,切断毛细水,减少负温差的不利影响;

⑥当路线通过悬岩峭壁需修建悬出路台或半山桥,陡峻山坡则需修筑挡墙、石砌护坡或护脚等;

⑦工程以保证路基和山体的稳定;

⑧当路线不能避让必须通过特殊或不良地质、水文的地区或路段时,路基工程应针对其具体情况和特征,采取防治措施。

为保证路基、路面和其他构筑物的稳固及交通安全。沿路基可修筑做法:

①路基坡面防护。铺种草皮、植树、抹面、灌浆勾缝、砌石护坡和护面墙等;

②冲刷防护。有直接防护的构筑物,如抛石防护、石笼防护、梢料防护、驳岸、浸水挡墙等;有间接防护的调治构筑物,如丁坝、顺水坝、格坝等;

③支挡构筑物。主要是挡土墙等构筑物。

3. 路面工程

为适应行车作用和自然因素的影响,在路基上行车道范围内,用各种筑路材料修筑多层次的坚固、稳定、平整和一定粗糙度的路面。其构造一般由面层、基层(承重层)、垫层组成,表面应做成路拱以利排水。

路面按其使用特性分为四级:

①高级路面;

②次高级路面;

③中级路面;

④低级路面。

按其在荷载作用下的力学特性,路面可分为刚性路面和柔性路面。

4. 道路排水工程

排水工程要与水利灌溉相配合,地面排水和地下排水兼顾,路基路面排水与桥涵工程相结合。总的要求是:查明情况,全面考虑,因地制宜,就地取材,防重于治,经济适用,多种措施,综合治理,构成一个统一的排水系统。

地面排水设施一般有:边沟、截水沟、排水沟、跌水、急流槽、倒虹吸管和渡槽等。地下水排除一般以导流为主,不宜堵塞,主要设施有暗沟、渗井、渗沟。

5. 桥涵工程

道路跨越河流沟谷时,需建涵洞、桥梁或渡口等构筑物;与铁路或其它道路交叉,也常建桥跨越。过水构筑物有漫水桥、过水路面、渗水路堤等。

桥涵要根据当地的地形、地质、水文等条件,行车及外力等荷载,建桥涵目的要求等,因地制宜,就地取材,合理选用桥涵形式,做到坚固、适用、安全、经济、美观。

6. 隧道工程

在地面以下开挖供汽车通行的构筑物称道路隧道。

按所经地区情况分为:

①避免地面干扰建在城市地下的城市隧道;

②有利于航运和国防在河流或海峡底下的水底隧道;

③降低越岭高程,或避绕山嘴,取消急弯陡坡,改善线形以缩短行程节约行车时间和油耗的;或避让表面不稳定山坡和水文地质不良地段,改由稳定岩石较深部位通过的山岭隧道。

修建隧道要根据工程造价、施工条件及竣工后运营和养护条件,与其他路线方案进行详细的技术经济比较,决定取舍。

隧道内部必须设置通风和照明设备。隧道周边一般均需修筑衬砌加以支撑,在坚石又不易风化的整体岩层中也可不做衬砌。为防止表面岩石风化,可喷水泥砂浆。近年来,采用喷锚支护,施工简便造价低,正日益推广。

二、市政工程

1. 市政工程是指市政设施建设工程

市政设施是指在城市区、镇(乡)规划建设范围内设置、基于政府责任和义务为居民提供有偿或无偿公共产品和服务的各种建筑物、构筑物、设备等。城市生活配套的各种公共基础设施建设都属于市政工程范畴,比如常见的城市道路,桥梁,地铁,比如与生活紧密相关的各种管线:雨水,污水,上水,中水,电力(红线以外部分),电信,热力,燃气等,还有广场,城市绿化等的建设,都属于市政工程范畴。

市政工程一般是属于国家的基础建设,是指城市建设中的各种公共交通设施、给水、排水、燃气、城市防洪、环境卫生及照明等基础设施建设,是城市生存和发展必不可少的物质基础,是提高人民生活水平和对外开放的基本条件。

2. 市政工程的几个基本概念

①桥梁全长或总长度—桥梁全长或总长度为沿桥梁中心线,两岸桥台侧墙尾端之间的水平距离。

②桥梁横向总长——一般指栏杆两内侧之间的水平距离。由快、慢车道和人行

道宽度决定。如在高速公路和一级公路中,还应考虑设置中间带的宽度。

③路幅—路幅是行车道、路肩、分隔带等与行车道直接有关部分的总称。

④路面板—用水泥混凝土做成的铺设路面用的板块。路面板是按各种接缝要求划分成一定尺寸的板块。其厚度视车辆荷载和交通量而定,断面可做成等厚式或厚边式。

⑤路堑—路堑指从原地面向下开挖而形成的路基形式。作用:缓和道路纵坡或越岭线穿越岭口控制标高。危害:破坏了厚地层的天然平衡状态,不利于排水、通风。注意点:边坡稳定性要好须设置边坡,必要时还需设置截水沟和激流槽以利排水。

⑥路槽—路槽为铺筑路面而在路基按要求构筑的浅槽。作用:便于把路面材料铺到槽里,经碾压使路面成形。形成:挖槽式、培槽式、半控半培式。注意点:对已构成的路槽要注意排水,以免影响路基稳定性。

三、工程管理

工程管理是指工程活动不仅受到工程理念、决策设计、构建、组织运行等过程的支配,也关联到资源、材料、资金、人力、土地、环境和信息等要素的合理配置。同时,一个工程往往有多种技术、多个方案、多种路径可被选择,如何有效地利用各类资源,用最小的投入获得最大的回报,实现在一定边界条件下的综合集成和多目标优化。必须在正确的理念的指导下,对工程活动进行决策计划、组织、指挥协调和控制,亦即工程管理。

四、市政道路工程管理问题

1. 工程现场管理项目部门口应公示哪些标牌?

答:项目部应在门口公示以下标牌:(五牌一图)

①工程概况牌:工程规模、性质、用途、发包人、设计人、承包人、监理单位的名称和施工起止日期等。

②安全纪律牌;

③防火须知牌;

④安全无重大事故计时牌;

⑤安全生产、文明施工牌;

⑥施工总平面图。

2. 道路二灰碎石基层施工工艺流程和对二灰碎石混合料的基本要求。

答:二灰碎石施工工艺流程如下:

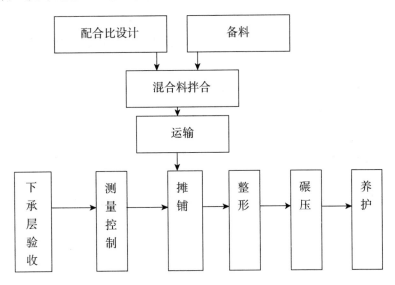

对二灰碎石混合料的基本要求是:混合料应集中厂拌。

在拌和中控制好三个关键点:

一是要控制好石灰、粉煤灰含量,石灰、粉煤灰剂量的大小对基层质量有着较大的影响;

二是要控制好含水量,含水量过小在碾压振动时容易将石子弹出,使表面粗糙,含水量过大容易造成碾压翻浆,同时也容易造成日后的基层裂缝;

三是要控制好集料级配,集料的级配对混合料的强度及压实度有显著的影响,当级配不合理时,二灰碎石强度偏低、偏差系数大、导致强度不合格。且集料的粒径越大越容易产生离析现象,故要控制最大粒径不得超标。

3. 市政道路施工项目成本管理程序是什么?

答:市政道路施工项目成本管理程序是:

①企业进行成本预测;

②项目经理部编制成本计划;

③项目经理部实施成本计划;

④项目经理部进行成本核算;

⑤项目经理部进行成本分析并编制月度及项目的成本报告;

⑥编制成本资料并规定存档。

4. 市政道路施工组织设计编制的原则及主要内容是?

答:市政道路工程施工组织设计的编制原则及主要内容有:

1)市政道路工程项目的施工组织设计是市政道路工程施工项目管理的重要内容。施工组织设计必须在施工前编制。大中型项目还应根据施工组织设计编制分部位、分阶段的施工组织设计。

2)市政道路工程施工组织设计编制必须经上一级批准,有变更时要办变更审批。

3)市政道路工程施工组织设计应包括下列主要内容:

①工程概况、工程规模、工程特点。市政道路工程常常具有多专业工程交错、综合施工的特点;有旧工程拆迁、新工程同时建设的特点;有与城市交通、市民生活相互干扰的特点;有工期短以减少扰民、减少对社会干扰的特点;有施工用地紧张、用地狭小的特点;有施工流动性大的特点等。这些特点决定了市政道路工程的施工组织设计必须在对工程特点、施工环境、工程建设条件等方面进行全面细致的调查、分析,以便在施工组织设计的每一个环节上,做出有针对性的、科学合理的设计安排,从而为工程项目的保证质量、安全、降耗和如期竣工方面奠定基础;工程概况应明确工期要求和参见单位。

②施工平面布置图。在有新旧工程交错以及维持社会交通的条件下,市政道路工程的施工平面布置图有明显的动态特性,即每一个较短的施工阶段之间,施工平面布置都是变化的。要能科学合理地组织好市政道路工程的这一类施工,施工平面布置图必须是动态的,即必须详细考虑好每一步的平面布置及其合理衔接。

③施工部署和管理体系。施工阶段,区划安排,进度计划,工、料、机、运计划和组织机构设置,项目经理、技术负责人、施工管理负责人及各部门主要负责人等,都要严密考虑市政公用工程具体每个项目的工程特点,进行部署和组织。

④质量目标设计。市政公用工程在多个专业工程综合进行时,工程质量常常会相互干扰、互为质量优劣的因果,因而设计质量总目标和分项目标时,必须严密考虑工程的顺序和相应的技术措施。

⑤施工方法及技术措施。包括季节性措施、四新技术措施以及结合市政公用工程特点和由施工组织设计安排的、工程需要所应采取的相应方法与技术措施。

⑥安全措施、文明施工措施、环保措施、节能降耗措施以及辅助、配套的施工措施。尤其要注意市政道路工程常常与市民近距离相处的特殊性,因而必须在施工组织设计中详细安排好文明、安全和环保措施。

5. 市政道路工程施工预算编制的依据是什么?

答:市政道路工程施工预算编制的依据是:

①获得批准和会审通过的施工图文件;

②施工组织设计;

③工程预算定额;

④经批准的设计概算文件;

⑤地区单位计价表;

⑥工程费用定额;

⑦材料预算价格;

⑧工程承包合同或协议书。

6. 叙述桥梁工程水泥混凝土桥面板浇注的程序是?

答:桥梁工程水泥混凝土桥面板浇注时应执行以下程序:

①砼浇筑前对所有的操作人员进行详细的技术交底,并对模板和钢筋的稳固性及砼的拌和、运输、浇筑系统所需的机具设备是否齐全完好进行一次全面检查,符合要求后开始施工。

②浇筑时,分层按顺序浇注,每层层厚不宜超过30cm,浇筑混凝土时使用插入式振捣器进行振捣,振捣时应避免碰撞模板及钢筋。下料要均匀、连续,不要集中猛投而产生砼的阻塞。

③施工中随时注意检查模板、钢筋及各种预埋件的位置和稳固情况,发现问题及时解决。

④浇筑过程中要随时检查砼的坍落度和和易性,严格控制水灰比,不得随意增加用水量,前后密切配合,以保证砼的质量。

⑤每片梁除留足标准养护试件外,制作随梁同条件养护的试件3组,作为拆模、移梁等工序的强度控制依据。

⑥梁片顶面进行拉毛,以利与桥面铺装良好结合。

⑦认真填写砼浇筑施工原始记录。

第二章　编制说明与工程概况

一、编制说明

1. 编制依据

（1）某市政道路工程施工图纸、工程施工的招标文件及答疑文件。

（2）建设部及交通部颁布的设计规范、市政施工技术规范、质量验收评定标准，国家及有关部委颁发的标准、规范、规程、法规及政策。

（3）现场踏勘调查所获得的有关资料。

（4）我公司在城区施工的类似工程施工经验。

（5）适用的标准：

序号	类别	标准、规范名称
1	国家	《桥梁用结构钢》
2	国家	《钢筋混凝土用钢筋焊接网》
3	国家	《钢筋混凝土用热轧带肋钢筋》
4	国家	《钢筋混凝土用热轧光圆钢筋》
5	国家	《预应力混凝土钢绞线》
6	国家	《道路工程术语标准》
7	国家	《建设工程工程量清单计价规范》
8	国家	《给水排水管道工程施工及验收规范》
9	国家	《公路桥梁板式橡胶支座》
10	行业	《城市桥梁工程施工与质量验收规范》
11	行业	《城市桥梁桥面防水工程技术规程》

续表

序号	类别	标准、规范名称
12	行业	《城市桥梁养护技术规范》
13	行业	《公路桥涵施工技术规范》
14	行业	《钢筋焊接及验收规程》
15	行业	《钢筋机械连接通用技术规程》
16	行业	《公路桥梁伸缩装置》
17	行业	《公路工程技术标准》
18	行业	《公路工程水泥混凝土外加剂掺合料应用技术指南》
19	行业	《公路工程质量检验评定标准》
20	行业	《公路沥青路面施工技术规范实施手册》
21	行业	《公路路基施工技术规范》
22	行业	《公路路面基层施工技术规范》
23	行业	《城镇道路工程施工与质量验收规范》
24	行业	《公路工程混凝土结构防腐蚀技术规范》
25	行业	《工程网络计划技术规范》

2. 编制原则

(1)严格遵守招标文件要求的原则

本工程施工组织设计的编制严格遵守某市政道路工程施工图纸、施工招标文件的各项要求。

(2)力求施工方案的先进性、合理性、适用性和经济性原则

本施工组织设计将结合本工程特点,运用平行流水作业,做好劳力、材料、机械设备的综合调配,在保证质量、技术安全的前提下,积极采用新工艺、新技术、新材料及新的检验试验方法。

(3)确保工期的原则

本工程计划工期600日历天,开工日期:2016年8月30日,开工日期以甲方通知为准。本工程涉及道路、桥梁、雨水管线、电力沟、综合管线施工等工程内容,工程量较大,施工难度较高且施工时间经历雨季和冬季,需合理安排施工工序,优化资源并充分考虑气候、节假日等对工期的影响,采用平行流水作业及均衡施工方法,运用网络计划技术控制施工进度,保证施工工期。

（4）确保质量的原则

确定本工程的质量目标,制定创优计划,建立健全质量保证体系,制定每道工序的施工技术措施,确保每道工序、每个分部工程质量均达到合格的要求。

（5）安全第一、预防为主、综合治理的原则

确立本工程安全目标,建立健全安全保证体系,完善各类安全管理制度,强化现场各项管理制度、措施的落实,确保安全目标的实现。

（6）确保环保、文明施工的原则

因地制宜,以人为本。交通、水电、材料、施工场地规划,本着节约用地、防止水土流失的原则,减少污染。精心布置施工现场,合理安排施工便道,充分利用本地资源,降低工程费用。保护周围环境,做好水土保护,创建文明施工工地。

（7）遵纪守法和尊重风俗的原则

施工中严格遵守国家的法律、法规,兼顾群众利益,尊重风俗习惯,做到不扰民、少扰民。

3. 指导思想

为确保优质、安全、按期完成本段的工程施工,编制施工组织设计的指导思想如下:

（1）施工现场组织采用三级管理:施工管理层、劳务管理层、劳务作业层。

（2）人员与施工队伍:项目经理部由具有丰富工程施工经验的人员组成,工程施工管理由年富力强的人员组成,形成坚强有力的领导班子。项目经理部调集具有类似工程施工经验的专业队伍,根据工程施工的要求组织专业化施工。

（3）施工组织:采用先进的组织管理技术,统筹计划,合理安排,组织分段、分工序平行施工流水作业,均衡生产,保证招标文件要求的工期。

（4）机械设备:合理配置充足的先进机械设备,建立功能匹配、良性循环的施工程序,充分发挥机械设备的生产能力。

（5）施工工艺:根据工程特点,采用先进的、成熟的施工工艺,实行样板引路、试验先行、全过程监控信息化施工。

（6）质量控制:进一步推进全面质量管理,严格按照 GB/T19001 标准质量体系进行质量程序控制,对施工现场实施动态管理和严密监控,上道工序必须为下道工序服务,质量具有优先否决权。

（7）环境及职业健康安全控制:严格按照 GB/T24001 - 2004 环境体系及 GB/T28001 - 2001 安全体系进行控制,确保实现环境及安全目标。

4. 质量、工期、安全文明施工目标

（1）质量标准：合格。

（2）工期目标：根据招标文件要求及答疑文件要求，本工程计划工期 600 日历天，开工日期：2016 年 8 月 30 日，开工日期以甲方通知为准。

（3）安全施工目标：严格按照施工组织设计组织施工，确保不出现任何重大安全事故，杜绝责任事故，争创省级安全文明示范工地。

（4）环境保护和文明施工目标：做到业主满意，市民认同，达到文明施工要求，争创省级安全文明示范工地。

二、工程简介

某市政道路工程，起点 K7＋800，南至南绕城高速，全长 2400m（另含某路 318m）共划分为 2 个标段。第一段北起 K7＋800，南至 K9＋119，全长 1319m。第二段北起 K9＋119，南至南绕城高速北侧，全长 883m，另外含某路段 318m。

1. 第一段工程简介

本工程第一段北起 K7＋800，南至 K9＋119，全长 1319m，红线宽 25m。主要施工内容包括道路工程、雨水工程、专业管线工程施工等。

1.1　道路工程

1.1.1　道路断面形式

外环路道路断面形式为：硬路肩（1m）＋快车道（8m）＋绿化带（7m）＋快车道（8m）＋硬路肩（1m）＝25m。

1.1.2　外环路道路结构层总厚度 58cm，由上到下依次为：

序号	项目名称	厚度（cm）
1	沥青玛蹄脂碎石混合料（SMA－13）	4
2	中粒式沥青砼（AC－16）	5
3	细粒式沥青砼（AC－20）	7
4	水泥稳定碎石	17
5	水泥稳定碎石	17
6	二灰碎石	18

1.1.3　边坡防护

（1）凤凰山挖方路段、现状大坑路段等高填方路段边坡防护采用三维植被网护坡。三维植被网横向宽 1.5m,搭接 10cm,采用 U 形钉固定,U 形钉间距 1m;植被网坡度为 1:1.5,纵向搭接 15cm;植被网中间采用钢钉固定;边坡中部设 30cm 厚 2m 宽浆砌片石平台。

(2)外环路 K7+850-K8+155 道路西侧边坡支护采用重力式挡土墙。挡土墙基础采用 C25 水泥混凝土基础,墙身采用 C25 水泥混凝土墙身,墙身外露面采用花岗岩板贴面,压顶采用 C25 砼台帽,墙身预埋 Φ60PVC 管(间距 3m)。

道路工程主要工程量

序号	项目名称	单位	工程数量
1	石灰、粉煤灰、碎(砾)石	m³	4690
2	水泥稳定碎(砾)石	m³	8673
3	粗粒式(AC-25)沥青混凝土	m³	1528
4	中粒式(AC-16)沥青混凝土	m³	1092
5	沥青玛蹄酯碎石混合料(SMA-13)	m³	873
6	安砌侧(平、缘)石	m	2678
7	三维植被网	m²	8950
8	MU30 片石	m³	213
9	护栏	m	37
10	挡墙基础 C25 砼	m³	277
11	现浇混凝土挡墙墙身 C25 砼	m³	792
12	现浇混凝土挡墙压顶 C25 砼	m³	46
13	边沟	m	1773
14	土工布	m²	6471

1.2 雨水工程

1.2.1 雨水管线位于外环路 K8+890-K9+072 段西半幅快车道下,管道北端连接现状邵而庄雨水管线,南端设八字式 C30 砼现浇出水口。雨水管道采用 D1500 钢筋砼管,管道基础采用 180°砂石基础。

1.2.2 高架桥雨水通过高架落水管连接收水沟解决。收水沟基础采用 C25 砼浇筑,渠道采用块砖砌筑,压顶采用 C25 砼浇筑,盖板采用 C30 砼预制混凝土盖板。

雨水工程主要工程量

序号	项目名称	单位	工程数量
1	D1500 混凝土管道铺设	m	182
2	八字式管道出水口基础 C30 砼	m³	34
3	八字式管道出水口墙身 C30 砼	m³	168
4	高架收水口	座	42

1.3 专业管线工程

专业管线包括燃气、原水及设施管线,燃气及原水管线位于西半幅快车道下,设施管线位于中央绿化带处,设施管线采用 PVC 管和 ABS 管。

专业管线工程主要工程量

序号	项目名称	单位	工程数量
	燃气管线		
1	槽基毛石处理:碎石	m³	1979
2	砌筑检查井	m	31
	原水管线		
1	沟槽地基处理:毛石	m³	356
2	砌筑检查井	座	1
3	混凝土检查井	座	3
4	支(挡)墩 C15 砼	m³	141
	设施管线		
1	硬塑料管敷设 PVC 管	m	6436
2	硬塑料管敷设 ABS 管	m	1100

2. 第二段工程简介

本工程第二段包括外环路(K9+119 至南绕城高速北侧)和某路段。主要施工内容包括道路工程、桥涵工程、雨水工程、电力沟工程、专业管线工程施工等。

2.1 道路工程(同一段)

本段道路工程包括外环路和某路段。外环路北起 K9+119,南至南绕城高速北侧,全长约 883m。某路段西起外环路(W0+000),东至 G104 国道(WK0+318),全长约 318m。

2.2 桥涵工程

2.2.1 陡沟桥梁工程

新建陡沟桥中心桩号位于外环路 K9 + 178 处,桥梁采用 3 * 12m 简支板桥。桥梁下部结构采用桩柱式墩(台)接盖梁(台帽)形式,桩基上部设横向系梁连接;桥梁上部结构采用预制预应力钢筋砼空心板。

(1)桩基均采用 C30 水下砼机械成孔灌注桩施工。桥墩桩长 27m,桩径为 φ120;桥台桩长 25m,桩径为 φ100。

(2)系梁采用 C30 砼浇筑,高度为 1m,宽度为 1.4m。

(3)桥墩采用 C30 砼浇筑,直径为 1m。

(4)盖梁采用 C30 砼浇筑,长度为 12.27m,宽度为 1.6m,高度为 1.2m。

(5)预制预应力钢筋砼空心板采用先张法 C50 砼预制,全桥中板共 138 块,边板 24 块。

2.2.2 陡沟支沟桥梁工程

陡沟支沟桥梁中心桩号位于外环路 K9 + 467 处,桥梁采用双孔(宽 7.7 * 高 6.2m)箱涵形式。箱涵垫层采用 C15 素砼垫层,底板、墙身及顶板均采用 C35 砼浇筑,箱涵孔内底部采用浆砌片石铺底。

2.2.3 雨水箱涵工程

雨水箱涵中心桩号位于文德路 WK0 + 262 处,箱涵采用单孔(宽 4m * 高 3.5m)形式。箱涵垫层采用 C15 素砼垫层,底板、墙身及顶板均采用 C35 砼浇筑,箱涵出口处接浆砌块石挡墙。

桥涵工程主要工程量

序号	项目名称	单位	工程数量
	陡沟桥梁		
1	机械成孔灌注桩 Φ≤1000	m	150
2	机械成孔灌注桩 Φ≤1200	m	162
3	混凝土垫层 C1 砼	m³	4
4	台帽 C30 砼	m³	126
5	桥墩盖梁 C30 砼	m³	101
6	墩柱 C30 砼	m³	70
7	系梁 C30 砼	m³	70
8	混凝土空心板 C50 砼	m³	337

续表

序号	项目名称	单位	工程数量
9	桥头搭板 30 砼	m³	83
10	后张法预应力钢筋 φ15.2 钢绞线	t	10
11	非预应力钢筋	t	205
12	金属栏杆	m	94
陡沟支沟桥梁			
1	垫层 C15 砼	m³	203
2	箱涵底板 C35 砼	m³	1521
3	箱涵墙身 C35 砼	m³	1700
4	箱涵顶板 C35 砼	m³	1352
5	非预应力钢筋	t	655
雨水箱涵			
1	垫层 C15 砼	m³	60
2	箱涵底板 C35 砼	m³	122
3	箱涵墙身 C35 砼	m³	173
4	箱涵顶板 C35 砼	m³	119
5	非预应力钢筋	t	98

2.3 雨水工程(同一段)

2.4 电力沟工程

电力沟位于某路东半幅快车道下。电力沟主体采用 C30 砼现浇,尺寸为宽 2.3m * 高 2.4m。电力沟垫层采用 10cm 砼,底板、侧墙及顶板均采用 C30 砼。

在某路 WK0 + 050 处电力沟下方预留 d2600 钢筋砼管道 55m,采用顶进法施工。

电力沟工程主要工程量

序号	项目名称	单位	工程数量
1	d2600 钢筋混凝土管道顶进	m	55
2	C15 砼垫层	m³	130
3	C30 砼混凝土基础	m³	229
4	C30 砼混凝土侧墙	m³	393

续表

序号	项目名称	单位	工程数量
5	C30砼混凝土顶板	m³	229
6	非预应力钢筋	t	131
7	接地母线敷设	m	1355
8	接地极(板)制作安装	根	27

2.5　专业管线工程(同一段)

三、工程地质气象水文简介

1. 地形、地貌及地下水

拟建道路沿线位于山前倾斜平原中上部,地势较高。场地内地下水埋藏较深,在勘探深度范围内未测到地下水,可不考虑场地内地下水对建筑材料的腐蚀性影响。

2. 场地土类别及稳定性评价

勘区第四系地貌单元属于山前倾斜平原上部,地势较高。勘区内无崩塌、滑坡、泥石流、地下采空区等不良地质作用,未发现影响场地稳定性的其它不良地质作用。场地类别为Ⅱ类。场地内不存在埋藏的河道、沟滨、暗沟、墓穴、孤石等对工程不利的埋藏物。适宜进行工程建设。

3. 气象条件

某市地处中纬度地带,属北温带湿润大区鲁淮区,为温暖半湿润季风性气候。春季干燥少雨,夏季炎热多雨,秋季天高气爽,冬季寒冷干燥。据济南气象台提供的近50年以来的资料,按气温、降水量、蒸发量、风向风速、湿度与气压要素和冻土情况简述如下:

(1)气温

某市气温七月最高,一月最低,年平均气温14.3℃,累年极高气温为42.5℃;累年极低气温为－19.7℃。

(2)降水量

某市年平均降水量669.30mm,年最小降水量为320.70mm,年最大降水量为1283.40mm(1973年),累计月最大降水量为504.5mm(1962年7月),一日最大降水量为298.4mm(1962年7月13日);一日最大降雪量为190mm(1971年3月2日);一年之中降水主要集中在六、七、八月份,多以暴雨形式降落,三个月的降水量占年降水量的65%。

（3）蒸发量

据统计资料，月平均蒸发量为218.40mm，月平均蒸发量一月份最小为61.10mm，六月份最大为340.30mm，年蒸发量为2263.00mm。

（4）风速与风向

济南地区主要以SSW风向为主，累年极大风速为33.3m/s（1951年7月21日），风向W，最大月份平均风速为26.3m/s，最小月平均风速为1.0m/s。

（5）湿度与气压

绝对湿度，月平均为8.54毫巴，各月的大小不均，七月份为18.93毫巴，冬季最小为3毫巴以下；相对湿度月平均为57.33%，最大月平均为74.60%，最小月平均为44.50%。气压平均为1010.5毫巴，一月份最高为1021.2毫巴，七月份最低为996.5毫巴。

（6）冻土

据某市气象台1954～2000年资料，年间最早冻结日期为十二月中旬，最晚为第二年的二月中旬，一般在一月上旬开始冻结；最早解冻日期为一月上旬，最晚为三月上旬，平均为二月上旬，最长连续冻结日期为81天（1966年12月8日～1967年3月6日），最短冻结日数为13天，（1964年1月12日～24日），平均连续冻结日期在30天左右。

第三章　施工方案及技术措施

单位工程施工组织设计是指以单位工程为主要对象编制的施工组织设计,对单位工程的施工过程起指导和制约作用。单位工程施工组织设计是一个工程的战略部署,是宏观定性的,体现指导性和原则性的,是一个将建筑物的蓝图转化为实物的总文件,内容包含了施工全过程的部署、选定技术方案、进度计划及相关资源计划安排、各种组织保障措施,是对项目施工全过程的管理性文件。

一、总体施工方案

1. 现场施工条件

某市政道路工程,起点 K7 + 800,南至南绕城高速,全长 2400m(另含文德路318m)共划分为 2 个标段。第一段北起 K7 + 800,南至 K9 + 119,全长 1319m。第二段北起 K9 + 119,南至南绕城高速,全长 1081m,另外含文德路 318m。

1.1　一段现场施工条件

本段全长约 1319km。

1.1.1　一段北段基本位于现状道路上,沿现状道路向北通往 G104。由于二期工程正在施工,现状路过往大型施工车辆较多且破损严重,道路两侧主要在建工地及民房等。

图 3.1　在建工地示意图　　　　图 3.2　民房示意图

1.1.2 一段中部基本位于现状道路东侧沟渠或荒地上,道路处现状地面比现状道路高程低约2-3m,道路处现状多为建筑垃圾、树木或杂草等。

图3.3 一段中部现状示意图

1.1.3 一段南段位于邵而庄,周边民房、商铺较多且工程位置处已基本拆除,周边有现状雨污水管线。经过邵而庄后,向南约有100m到达一、二段分界点,邵而庄以南现状为一片荒地,地势平坦。

图3.4 邵而庄民房及商铺示意图

图3.5 已拆除民房示意图　　　　图3.6 邵而庄以南现状示意图

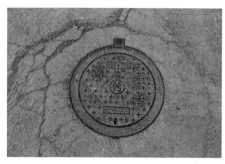

图 3.7 邵而庄雨污水管线示意图

1.2 二段现场施工条件

1.2.1 二段外环路北段位于外环路高架桥下方,现状主要为沟渠(陡沟、陡沟支沟)、农田或荒地等,且现状地面起伏较大。外环路高架桥项目部已进场施工,并在局部路段修筑了施工便道。

图 3.8 陡沟处现状示意图

图 3.9 陡沟支沟处现状示意图

图 3.10　高架桥项目部已修筑便道情况

1.2.2　外环路南段现状多为荒地,地势平坦与现状道路高程相差不大;终点处与现状沥青砼路面顺接,顺接处杂草较多,须进行清表处理。

图 3.11　外环路南段现状示意图

图 3.12　外环路终点处现状示意图

1.2.3　文德路与外环路交叉口处地势较高,现场土石方堆放较多且外环路正在施工中;文德路中部地势低洼,现状多为建筑垃圾、树木、农田、民房等;文德路与二环南路交口处有雨水箱涵一座,箱涵处杂草较多。

图 3.13 文德路与外环路交口处现状示意图

图 3.14 文德路中部现状示意图

图 3.15 文德路周边民房现状示意图

图 3.16　文德路与二环南路交口处现状示意图

2. 施工区域划分及施工安排

2.1　一段施工区域划分及施工安排

2.1.1　施工区域划分

根据施工内容和施工范围分布及现场勘查情况,考虑到本工程施工内容多、工程量大、线路较长,为保证工程顺利实施,拟将本工程一段分为施工一区和施工二区,两个施工区平行施工,各施工区内组织流水施工。

(1)施工一区:包括外环路 K7 + 800 – K8 + 500 施工范围内所有工程内容施工。

(2)施工二区:包括外环路 K8 + 500 – K9 + 119 施工范围内所有工程内容施工。

2.1.2　总体施工安排

考虑到本工程一段地面道路与高架桥位置重叠且工期大致相同,相互干扰较大,并且答疑文件明确要求"应考虑高架桥对地面道路施工的影响"的情况,拟将本段划分为 4 个施工阶段:道路土石方及挡墙施工阶段、高架桥上部结构施工阶段、地面道路及管线施工阶段、沥青砼面层及附属施工阶段。

首先进行道路土石方施工,道路土石方施工完毕后,在进行高架桥下部结构施工过程中同时完成挡土墙施工;高架桥上部结构施工完毕支架拆除后,进行地面道路及管线施工。地面道路及管线施工采取分幅施工,即先进行西半幅地面道路及管线施工,后进行东半幅地面道路施工。

2.1.3　各施工阶段具体安排

根据前述施工区划分情况可知,两个施工区施工内容基本相同,但施工现场周边情况不同,施工过程中根据现状情况进行组织,具体施工安排如下:

(1)施工准备

进场后首先进行施工准备工作,完成人员、机械设备进场及施工前期测量放线工作。

(2)道路土石方及挡墙施工阶段

外环路 K7 +800 – K8 +100 段地面道路与现状路重叠,可利用现状路作为施工便道,在现状路两侧进行路基土石方填筑施工。

外环路 K8 +100 – K8 +500 段地面道路位于现状沟渠处,无现状路,采取封闭施工。

道路土石方施工完毕后,在高架桥下部结构施工过程中,同时完成挡墙施工和 K8 +890 – K9 +072 段雨水连接管及出水口施工。

(3)高架桥上部结构施工阶段

道路土石方及挡墙施工完毕后,进行高架桥上部结构施工。

(4)地面道路及管线施工阶段

高架桥上部结构施工完毕支架拆除后,进行地面道路及管线施工。地面道路及管线施工采取分幅施工,即先进行西半幅地面道路及管线施工,后进行东半幅地面道路施工。

①首先进行原水、燃气管线施工,然后进行西半幅道路结构层施工;西半幅两个施工区道路结构层全部(除沥青砼面层外)施工完毕后,统一进行西半幅沥青砼中下面层施工。

②西半幅沥青砼中下面层施工完毕并进行交通改线后,进行东半幅道路结构层施工;考虑到此时进入冬期施工,东半幅道路结构层施工至水稳基层完毕后,进行覆盖保温处理。

(5)沥青砼面层及附属施工阶段

天气回暖后,进行东半幅沥青砼中下面层施工,然后统一进行全线沥青砼上面层施工,最后进行边坡防护施工。

(6)竣工清理

全部工程内容施工完毕后,进行现场清理,准备竣工验收。

2.1.4 施工力量部署

通过熟悉招标文件及现场考察,结合我公司类似工程的施工经验,组建"济广高速济南连接线南段地面道路(外环路南延)三期工程施工第一段项目部",项目经理由具有国家一级建造师资质的人员担任,项目经理在总经理的授权范围内对该工程进行全方位管理,代表公司履行合同,执行公司的质量方针,实现工程质量目标、工期目标、安全目标,并对工程项目质量、工期、成本、安全及文明施工等各项管理工作全面负责;项目部配备业务能力强、经验丰富的管理人员和工程技术人员,形成坚强有力的领导班子;施工队伍调集具有类似工程施工经验的专业队伍,根据施工要求组织专业化施工。

本段项目部下设两个项目分部:管网工程项目分部和道路工程项目分部。管网工程项目分部负责雨水连接管、高架桥雨水收水沟、挡土墙、路灯设施管线、原水及燃气管线土建施工等;道路工程项目分部负责路基土石方、道路基层、道路面层、道路附属的施工等。

(1)管网工程项目分部

根据施工内容和专业要求,管网工程项目分部下设5个专业施工队伍:土石方施工队、雨水管线施工队、路灯设施施工队、原水管线土建施工队、燃气管线土建施工队。

①土石方施工队主要负责施工范围内管线沟槽、挡土墙基坑开挖及回填等工作。

②雨水管线施工队负责的雨水连接管、检查井、高架桥雨水收水沟施工等工作。

③路灯设施施工队负责路灯的管道敷设、路灯安装及设备基础施工等工作。

④原水管线土建施工队负责原水管线的沟槽开挖及回填、检查井砌筑施工等工作。

⑤燃气管线土建施工队负责燃气管线的沟槽开挖及回填、检查井砌筑施工等工作。

(2)道路工程项目分部

根据施工内容和专业要求,道路工程项目分部下设5个专业施工队伍:土石方施工队、稳定土施工队、沥青砼施工队、边坡防护施工队、附属工程施工队。

①路基施工队主要负责施工范围内路基土石方清理及路基处理。

②稳定土施工队负责水泥稳定碎石、二灰碎石基层的摊铺、碾压及养护等工作。

③沥青砼施工队负责沥青砼的摊铺、碾压等工作。

④边坡防护施工队负责挡土墙、三维植被网施工等工作。

⑤附属工程施工队负责立沿石安装、硬路肩施工等工作。

(3)交通组织及安全文明小组

交通组织及安全文明小组主要负责施工期间的安全检查及预防安全事故发生,路口协助指挥交通、临时便道维护、路面清扫、围挡擦拭、洒水降尘等工作。

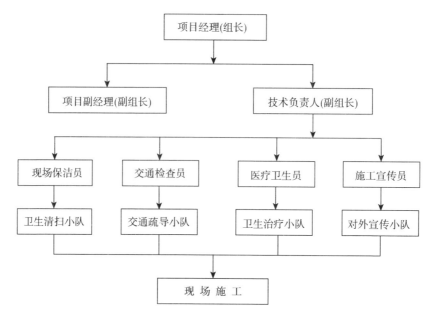

图 3.17 文明施工组织机构框图

二、施工准备技术措施

施工准备阶段是项目部实施生产的首要环节,结合本工程的具体情况,开工前做好如下准备工作:

1. 现场施工准备工作

1.1 接通施工临时供水、供电线路。

1.2 修建为施工服务的各类暂设工程及辅助、附属设施。

1.3 组织施工力量,调整和健全施工组织机构。

1.4 组织材料、半成品的加工、订货和分批进场。

1.5 施工机具的维修、组装、试验、测试和鉴定。

1.6 进行现场的场地准备,根据施工计划,平整施工现场,以便于组建办公室、宿舍及材料加工场地等。

1.7 根据现场情况、设计要求及施工计划,现场平面布置如下:

1.7.1 项目部设置

一段:组建"一段项目部",项目部下设两个项目分部:道路工程项目分部和管网工程项目分部。各项目分部分别负责各自专业范围内工程的施工。

二段:组建"二段项目部",项目部下设两个项目分部:项目一分部和项目二分部。各项目分部分别负责各自施工范围内工程的施工。

项目分部设仓库、民工宿舍、材料加工、堆放场地和机械停放场地等,项目总部设办公室、各职能部室及职工宿舍等;各种配套设施满足招标文件、业主要求。

1.7.2 临时用水

生活用水和施工用水由沿线居住区、单位接入,每标段现场各配备 2 台 8000L 洒水车,以用于施工用水运输及现场洒水养护、抑尘。

1.7.3 临时用电

现场施工用电由现场高压线接入变压器,二环西沿线市政电力系统可考虑接入临时用电及生活生产用电,在各个施工面设置配电箱以便从线路接电,现场配备备用发电机用于用电高峰期或停电时使用。

1.7.4 施工围挡:根据本工程现场条件,进场后沿施工范围红线全部采用标准统一硬质围挡封闭施工区域,将施工区域与生产生活区分隔开,做到文明施工。施工围挡喷涂统一标志,并在围挡外侧上设置夜间警示灯等设施。

1.7.5 卫生设施:提前与当地医疗机构联络,构建和谐伙伴关系,保证管理施工人员的身体健康。

上述施工准备工作按计划完成后,然后按开工报告制度申请开工。

2. 建立施工的技术条件

2.1 编制详细的施工组织设计。

2.2 编制各分部工程的计划成本。

2.3 编制各分部工程的计划网络图。

2.4 编制各分部工程的材料、机械设备计划。

2.5 确定各种混合料实验配合比及生产配合比。

2.6 配备建设部及交通部颁布的设计规范、市政施工技术规范、质量验收评定标准,国家及有关部委颁发的标准、规范及规程。

3. 建立施工的物资条件

3.1 对材料市场进行调查、询价、订购、检验,对原材料进行提前储备。

3.2 调试砼拌合站、稳定土拌合站及沥青混凝土拌合站,组织现场机械设备的进场、安装和调试。

3.3 落实临时设施,包括临时办公室、临时料场、用水、用电、交通通讯设施等。

3.3.1 办公区设置钢制彩板房,主要供项目部、项目分部、会议室使用。

3.3.2 生活区设置活动板房,供现场施工管理人员住宿。

3.3.3 在施工现场设置机械停置场地。

3.4 落实临时用水、用电等。

3.5 落实钢筋、混凝土及其它工程用材料的供应能力。

4. 组织施工力量

落实劳务队伍,签订劳务合同。主要包括:考查施工队伍资质,主要包括施工能力和技术水平两个方面,择优选择,并与之签订劳务合同、安全合同等。

5. 做好项目管理的基础工作

5.1 建立以责任制为核心的规章制度,包括:

5.1.1 岗位责任制。使人人有基本职责;有明确的考核标准;有明确的办事细则。

5.1.2 经济管理规章制度。如内外合同制度、考勤、奖惩制度、领用料制度、仓库保管制度、内部计价及核算制度、财务制度等。

5.2 标准化工作,包括技术标准、技术规程和管理标准的制定、执行和管理工作。

5.3 制定各类技术经济定额。根据项目管理的实际情况,制定出反映项目水平的劳动消耗定额,以便指导完成对施工队伍的管理。

5.4 进行技术经济调查:

5.4.1 调查该地区的气象、水文、地质、地形等情况。

5.4.2 调查地方材料市场及供应情况,如水泥、砂、石等地方材料的生产、质量、价格、供应条件等,同时必须了解材料供应季节性的特点,必要时提前进行储备。

5.4.3 调查施工地区的交通运输条件,如现有交通运输设施条件以及可能为施工服务的能力大小等。

三、施工测量技术措施

1. 施工测量准备

由项目技术部专业测量人员成立测量小组,根据给定的坐标点和高程控制点进行工程定位、建立导线控制网。按规定程序检查验收,对施测组全体人员进行详细的图纸交底及方案交底,明确分工。所有施测的工作进度及逐日安排,由组长根据项目的总体进度计划进行安排。

1.1 严格执行测量规范;遵守先整体后局部,先控制后碎部的工作程序;先确定平面控制网,后以控制网为依据,进行各局部轴线的定位放线。

1.2 必须严格审核测量原始数据的准确性,坚持测量放线与计算工作同步校核的工作方法。

1.3 定位工作执行自检、互检合格后再报检的工作制度。

1.4 测量方法要简捷,仪器使用要熟练,在满足工程需要的前提下,力争做到省工省时省费用。

1.5 明确为工程服务,按图施工,质量第一的宗旨。紧密配合施工,发扬团结协作、实事求是、认真负责的工作作风。

2. 测量工具仪器准备

配备经过国家有关计量部门鉴定合格的仪器设备:

每标段配备精度不低于1的全站仪4台;DS2水准仪12台。

3. 施工测量组织管理

为做到测量成果的准确无误,本工程测量工作坚持三级管理,配备测量经验丰富的技术人员和先进测量仪器。工区测量小组进行日常的施工放样工作;项目部测量队对工区测量小组工作进行检查、校核、监督和控制;公司精测队负责布置、测量加密控制点,复测导线控制点和水准点。在工程的各个施工阶段,严格执行测量多级复核制,并且所有上报的测量成果均须附有测量原始资料。

本项目设测量组,测量组设测量负责人1名,测量工程师1名,测量技术人员8名,以满足施工现场测量的需要,负责本工程施工测量控制监测工作,归项目技术部管理

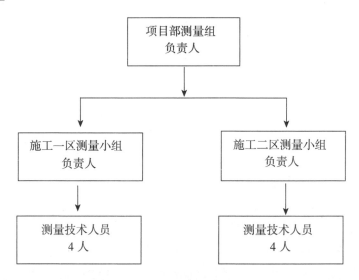

图3.18 本工程测量组织机构图

4. 控制测量

在施工前进行控制点的加密埋设和联测。在工程施工中,布设导线,采用复合导线来进行控制测量,导线测量按导线测量技术相关规定要求进行施测,观测左角,测角中误差、两半测回差、角度闭合差、坐标相对闭合差符合技术规范要求,全站仪测边时,测距中误差 ±15mm,每站测四次,取其平均值,再取相邻两站(同一边)的平均值,作为该边的边长。

水准测量按四等水准测量技术要求要求进行,闭合差≤20mm(L 为水准路线长,以 Km 计)。测量成果及时上报监理,测量成果得到监理工程师的批准签认后,方可作为以后施工和检测的依据。

导线点和水准点选在地势较高,通视条件好,方便安置仪器的牢固地方。导线联测时和相邻的导线闭合,并至少测过一个导线点和水准点,避免将来发生穿袖和错台。

5. 控制点复核测量

在施工前进行控制点复核测量,核对设计路线,补桩或加桩,使各项中线桩完整无缺,以便准确地进行施工放样。施工测量按招标文件技术规范、施工图纸及相关规定执行。

依据路线平面图,直线、曲线及转角点一览表、护桩记录等进行核对查找。对整个工程场区地面平面控制网按精密导线网布设,对丢失的桩位应及时采取补测措施。补测转角点桩时,采用延长切线法,交出丢失的转角点桩,并打钉护桩保护。补测转点桩,采用正倒镜延长直线法重新补测。对施工时难以保留的桩,如加桩、曲线上各点桩,加钉护桩予以保护。加钉护桩的方法,如图所示。护桩上标出相应的桩号和量出的距离,同时还绘制草图并记入记录簿内,以备查用。

6. 水准点的复查与加设

对整个工程场区地面高程控制网按Ⅱ等加密水准网布设。复核交付的水准点,并进行水准点闭合,达到规范标准要求,超出允许误差范围时查明原因并及时更正。

施工水准测量在相邻两个高程控制点间,采用符合水准测量方法。临时设置水准点与设计水准点复测闭合,允许闭合差为 ±12mm 其中 L 为两控制点间距即水准线长度以 km 计。临时水准点在道路施工范围采用200～300m 设置一个。临时水准点的距离以测高不加转点为原则,平均取 200m 左右。临时设置的水准点设置坚固稳定,对跨年度或怀疑被移动的水准点应在复测校核后方可使用。

中线复测后,进行标平和中平测量,复核水准点一览表中原设水准基点标高和中线。

7. 桩点设置及拴桩

控制点采用钢筋砼桩,在砼桩顶面的铁板上标出点位位置。

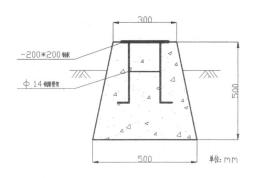

图 3.19　钢筋砼桩剖面示意图　　　　图 3.20　钢筋砼桩剖面样图

为防止基准点在施工过程中遭受损坏,需对各主要基准点进行拴桩保护。万一基准点损坏,可通过拴桩点迅速恢复。

8. 地面高程控制测量

控制点采用钢筋砼桩,在砼桩顶面的铁板上标出点位位置。

对于施工时的高程控制测量,采用复核或增设的水准基点,按二等水准测量要求把高程引测至红线内,并在红线内设置水准基点,且不能少于两个,通过红线内和地面上的水准基点对本工程道路、管线施工进行高程控制测量。

水准基点设在施工范围以外,便于观测和寻找的岩石或永久建筑物上,或设在埋入土中至少1m的木桩或混凝土桩上,其标高应与原水准基点相闭合,符合精度要求。

第四章　质量保证措施和创优计划

质量保证(Quality Assurance)也是质量管理的一部分,它致力于提供质量要求会得到满足的信任。质量保证是指为使人们确信产品或服务能满足质量要求而在质量管理体系中实施并根据需要进行证实的全部有计划和有系统的活动。质量保证一般适用于有合同的场合,其主要目的是使用户确信产品或服务能满足规定的质量要求。

质量保证的内容绝不是单纯的保证质量,保证质量是质量控制的任务,质量保证是以保证质量为其基础,进一步引申到提供"信任"这一基本目的。

一、质量保证措施

1. 质量目标

质量标准:合格。

2. 施工质量保证体系

为确保质量目标的实现,建立以项目部经理为第一具体责任人的质量保证体系。项目经理代表本公司对本段工程质量负责,把工程创优目标分解到各作业班组,进行质量目标管理。建立以班组为基础,技术人员为核心的 QC 小组,按照科学的工作程序方法—PDCA 循环法,对整个工程自上而下进行全面质量管理。加强工序质量控制,严格按 ISO9001 质量保证体系组织生产,执行规定的各工序、各环节的操作标准、工艺标准、检查标准,对工序标准执行情况如何做好记录,使工序衔接有序。

明确规定各部门、管理人员在质量工作中具体任务和权利,在整个工程进行中做到环环有人管,人人有专责,办事有标准,过程有检查,发挥全体管理职工的积极性,形成严密的质量管理组织系统,提高工作质量;以保证单项工程质量,实现工程项目质量总目标,达到合格标准。

严格执行建设部及交通部颁布的设计规范、市政施工技术规范、质量验收评定标准,国家及有关部委颁发的标准、规范、规程,确保工程质量。

2.1　质量管理机构

2.1.1　公司质量管理机构

公司成立全面质量管理领导小组确定创优目标制定创优规划和措施,建立组织保证体系、施工过程保证体系、思想保证体系、质量管理保证体系,实现全过程工序质量控制。

2.1.2　项目部质量管理机构

(1)项目部成立质量管理领导小组,项目经理任组长。

(2)项目部设专职质检工程师。

(3)各施工队成立质量管理小组,队长任组长。

(4)设技术组,负责技术交底,并配合质检小组工作。

(5)各施工作业工班建立 QC 质量小组。

2.2　质量管理责任制

2.2.1　总则

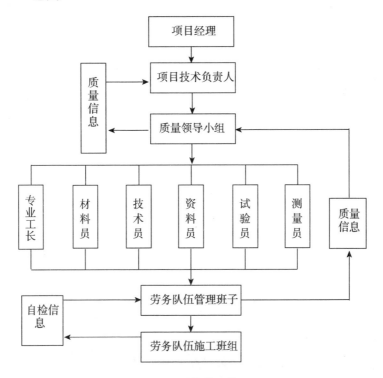

图 4.1　质量管理体系

(1)某市政道路工程质量管理责任制严格执行国家、交通部及本公司现行的质量责任制管理规定、制度。

(2)坚决贯彻执行谁管生产谁负责质量,谁管技术谁监督质量,谁操作,谁把好质量关的原则。

2.2.2　项目经理质量责任制

(1)项目经理是经理部质量工作的组织者,领导者,对所承担的工程质量负全部责任。

(2)主持召开工程质量工作会(定期或不定期),对质量工作进行部署、检查、表彰和奖励质量工作中有显著成绩者,处罚质量事故的直接责任者,直至追究法律责任。

(3)对全体职工进行"用户在我心中,质量在我手中"的思想教育,不断提高全体职工质量意识。

(4)强化质量管理,保证人员稳定,树立质量监督人员权威,确保质量工作正常运转。

(5)组织有关人员向班组操作者进行技术、质量交底,按施工程序合理地组织施工,对分项工程要先做好样板,攻点带面,经检查符合要求后,再全面组织施工,推动工程质量不断提高。

(6)督促班组认真开展自检、互检、交接检的"三检"制度,参加上级部门质量检查工作,主动为质检人员提供便利,并对存在的问题组织质量攻关。

(7)每月一次施工员、技术、质量、班组长联合大检查,随时掌握工程目前的质量情况,做好检查记录,找出问题根源,寻求解决办法。

(8)对造成质量事故的直接责任者必须坚持"三不放过"的原则,按有关规定及时上报,不得隐瞒和袒护。

(9)工程用料必须有出厂合格证和试验合格证,不合格材料不准使用。对使用不合格材料所造成的质量问题及事故要负领导责任。

(10)参加对质量事故的调查处理工作。

2.2.3　项目技术负责人质量责任制

(1)认真贯彻执行国家规程、规范和质量标准,确保项目经理部目标实现,在质量和技术上负管理责任。

(2)负责编制某市政道路工程施工组织设计,施工方案、技术措施、工艺流程、操作方法和工程质量目标设计。负责向工长、班组长进行详细技术交底,处理好日常技术问题,对工程负有技术质量监督责任。

(3)经常深入施工现场检查施工人员是否按图纸、规范和标准施工,是否达到质量要求,对不按图纸、工艺标准及施工规范班组和个人,有权给予停工、返工、罚款处理。

(4)认真熟悉图纸,及时办理变更、洽商。

(5)积极参加质量活动,对关键部位的放线定位和样板项目,严格把关,督促有关人员做好隐检记录及其它内部资料的管理,对因没有及时检查、制止而造成的质量问题负有重要责任。

(6)建立健全质量资料台账,做好原始资料的收集和整理工作。资料的整理要及时、齐全。

(7)必须参加结构和竣工质量检查评定工作。

2.2.4　技术员的质量责任制

(1)必须熟悉本专业的图纸,解决好工序间出现的技术质量问题,负责本专业的技术、质量交底工作,对本专业的质量负全部责任。

(2)组织班组严格按图纸、规范、标准、程序进行施工,对违反"五按"原则的操作班组和个人给予停工、返工、罚款处理。

(3)组织开展三检(自检、交接检、专检)活动,组织本专业分项、分部工程的检查、评定和交接检工作,对操作的质量问题必须及时处理。

(4)控制本工序的主要材料使用,对无出厂证明和试验单的材料不得使用,对使用不合格材料造成的工程质量低劣和事故者,应负直接责任。

(5)及时认真填写施工日志,做好三检原始资料的移交工作,积极密切配合质检人员的工作。

(6)负责组织技术员、质检员对在建工程各分项进行隐、预检工作,发现问题及时处理。

2.2.5　班组长质量责任制

(1)班组长是直接操作的领导者,对操作质量负有直接责任,对造成的经济损失负有不可推卸的责任。

(2)领导本班组严格按图纸技术交底,施工规范及操作规程进行施工,严守工艺标准,树立"为用户服务,对用户负责"的思想,端正态度。

(3)把好材料使用关,各种配比关,对不合格的材料有权拒绝使用。

(4)严格按技术交底施工,在没有技术交底、标准不明确、无措施,无法保证质量的情况下,有权不接受工作面,不进行施工操作。

（5）做到以样板引路，达到标准后，再全面开展工作，对不合格的分项工程，下道工序不接，本工序不交。

2.2.6 专职试验员、测量员的质量责任制

（1）试验员：严把材料进场质量关，特别是钢筋、水泥、石砂的必试关，及时收集材料合格证，一旦发现材料不合格，必须及时向有关人员汇报，隐瞒不报或擅自处理者，按照有关规定给予处理。严把材料使用关，如砼的配比、现场计量。

（2）内业资料严格按规定要求填写整理。

（3）测量员：严格按照设计图纸、现场技术员交底的尺寸及时准确地测放三线位置（结构线、标高线、施工线），同时按照有关规定办理验线程序、手续。内业资料严格按规定的要求填写整理。

2.3 建立工地实验室

加强工程试验工作。施工现场设置满足工程需要的试验室，严格按照工程设计要求和试验规范标准编制试验大纲，并报有关单位审批，施工过程中的试验工作将严格按照批准的试验大纲实施。严格检验各种工程材料，严格按施工配合比配料，确保各混凝土及试件合格率达到100%。

工地实验室要具备基本土工实验、筛分实验、水泥含量检测、石灰含量检测、压实度检测等工地现场基本的现场跟踪检测能力。

2.4 企业内部质量自检制度和奖罚制度

2.4.1 进行定期质量大检查

（1）项目部每10天组织一次质量大检查，并进行质量评定，作为验工计价的依据。

（2）质量大检查由项目经理主持、项目总工程师、施工技术、计划统计、安全质量、设备、物资、财务负责人、各队施工主管和质量检查人员参加，在质检工程师监督下实施。

（3）质量大检查以检查工程质量为主。查看规章制度为辅，同时检查质量管理工作。主要检查内容为：

1）质量管理规章制度

2）施工中运用科学方法，提高工程质量的保证措施

3）施工方案中的质量保证措施

4）工程日志

5）设计变更记录

6）物资合格证

7）试验报告单

8）"三检制"实施记录

（4）实施工程项目分解评分制,检查评定,九十分及以上为优秀,八十到八十九分为良好,低于八十分为不合格。

（5）检查中发现质量问题,检查组要及时提出改进措施,限期改正,并进行复查。

2.4.2 实行作业队质量"三检制"

自检:分操作工人自检和班组自检。工班长每日（班）收工前,要会同质量检查人员对班组完成的工作量进行一次自检,作出记录,检后讲评。

互检:组织工种之间或工班之间的相互检查,一般采用不定期形式,主要是互相观摩、交流经验、取长补短、互相促进、共同提高。

交接检:同一工种的轮班制上下班之间或多工种的上下工序之间的交接检查。各队组织交接检查,各班组要树立"用户是上帝,下道工序是用户"的思想,做到不合格产品不出班组,质量事故隐患不留给下道工序。交接检查情况由组织者及时记入施工日志。

2.4.3 建立健全企业内部的奖罚

项目部成立以项目经理为组长,项目副经理、项目技术负责人为副组长、施工员、质检员、材料员等为组员的质量检查小组,严格按照分部分项质量控制目标施工,对达不到质量要求的相关人员进行处罚,根据质量责任的大小,处以500～5000元不等的罚款。对达到工程目标的相关人员分别给予奖励,奖励最高金额达10000元。

3. 关键工序质量保证措施

3.1 前期准备的质量保证措施

3.1.1 对所有施工用的测量仪器,要按校检周期要求定期到指定单位进行校检。施工过程中,如发现仪器误差过大,应立即送去修理,并重新检校,满足精度要求后,方可使用,对已做出的测量结果进行复测。

3.1.2 对设计单位交付的测量资料进行检查、核对,如发现问题及时补测加固,重测或重新测校,并通知设计单位及现场监理工程师。

3.1.3 施工基线、水准线、测量控制点,应定期半月校核一次。工序开工前,应校核所有的测量点。

3.1.4 测量成品保护措施

（1）所有测量成果、资料有专人保存、管理,不得涂改、遗弃或丢失。

(2)测量控制点选在不易被破坏的位置且做明显标识,并有效保护措施。

(3)已测设完的高程、中线桩标识清晰,有专人负责,不得改动或破坏。一旦被改动或破坏,立即停止使用,由测量人员重新测量。

3.2 土石方工程的质量保证措施

3.2.1 基坑沟槽开挖的质量保证措施

(1)开挖采用机械结合人工开挖,挖土开槽严格控制基底高程。基底设计标高以上20cm的原状土用人工清理至设计标高。如果局部超挖或发生扰动,按设计或规范要求处理夯实。施工坑底不得受水浸泡,尽可能缩短开挖暴露时间。一旦发生泡槽,应及时将水排除,把基地受泡软化的表层土清除做好基础处理,以便回填使用。雨天来不及回填的沟槽用塑料布覆盖。

(2)在沟槽的沿线每100米设立1个临时水准点,做到随时可以检查高程,并对水准点定期校核。

(3)在沟槽开挖前、开挖后等阶段通过多次放样,对沟槽轴线进行校核。

(4)对沟槽较深或地质较差的采用木支撑、工字钢等对槽壁进行保护,支撑设置将严格按规范要求施工,并由专人负责。

(5)采用有一定刚度且不宜变形的材料制作坡度板,用来控制坡度。

3.2.2 挖方边坡塌方质量保证措施

(1)在斜坡地段开挖边坡时应遵循由上而下,分层开挖的顺序,合理放坡,不要过陡,同时避免切割坡脚,以防导致边坡失稳而造成塌方。

(2)在有地表滞水或地下水作用的地段,应做好排、降水措施,以拦截地表滞水和地下水,避免冲刷坡面和掏空坡脚,防止坡体失稳。特别在软土地段开挖边坡,应降低地下水位,防止坡体发生侧移。

(3)施工中避免在坡顶堆土和存放建筑材料,并避免行驶机械设备和车辆振动,以减轻坡体负担,防止塌方。

(4)对临时性边坡塌方,可将土方清除,将坡顶线后移或将坡度改缓;对永久性边坡局部塌方,在将塌方松土清除后,用石块填砌或由下而上分层回填2:8或3:7灰土嵌补,与土坡面接触部位做成台阶式搭接,使结合紧密。

3.2.3 土方出现橡皮土质量保证措施

(1)夯(压)实填土时,应适当控制填土的含水量,土的最优含水量可通过击实试验选定,也可采用ωp±2%作为土的施工控制含水量(ωp为土的塑限)。工地简易的检验,一般以手握成团,落地开花为宜。

(2)避免在含水量过大的粘土、粉质粘土、淤泥质土、腐殖土等原状土上进行回填。

（3）填方区如有地表水时,应设排水沟排走;有地下水应降至基地 0.5m以下。

（4）用干土、石灰粉、碎砖等吸水材料均匀掺入橡皮土中,吸收土中水分,降低土的含水量。

（5）将橡皮土翻松、晾晒、风干至最优含水量范围,再夯(压)实。

3.2.4 回填土下沉质量保证措施

（1）基坑回填前,应将槽中积水排净,淤泥、松土、杂物清理干净,如有地下水或地表滞水,应有排水措施。

（2）回填土采取严格分层回填、夯实。每层虚铺厚度不得大于300mm。土料和含水量应符合规定。回填土密实度按规定抽样检查,使符合要求。

（3）回填土料中不得含有大于50mm 直径的土块,不应有较多的干土块,应按图纸要求回填夯实。

3.2.5 回填的质量保证措施

回填时要控制回填的分层厚度以及压实度。施工中超厚回填、倾斜碾压、填土不符合要求、带水回填均造成回填土达不到标准要求的密实度。为杜绝以上现象,在施工过程中应采取以下措施:

（1）按照规范要求和质量标准,回填土的虚铺厚度不超过规定。

（2）分段填土时,分层倒退留出台阶。台阶高等于压实厚度,台阶长不小于1m。

（3）严格管理,对填土中的大砖块、大石块、大混凝土块要取出,对大于10cm的硬土块打碎或取出。

（4）沟槽回填前,将槽底木料、杂草等杂物清除干净。

（5）有降水措施的沟槽,在回填至地下水位以上夯实完毕,再停止降水。

（6）如有积水且排除困难,将淤泥清除干净,再分层回填砂或砂砾,在最佳含水量下进行夯实。

（7）槽边弯曲不齐的,将槽边切齐,使碾轮靠边碾压;对于检查井周围或其他构筑物附近的边角部位,用动力夯或人力夯夯实,周围空间应满足夯实机具尺寸要求。

3.3 道路工程的质量保证措施

3.3.1 二灰碎石基层施工质量保证措施

二灰碎石混合料采用拌和站集中拌和,人工配合摊铺机进行摊铺、压路机碾压成型。为减少纵向和横向施工缝,各施工段要连续作业。

(1)摊铺时粗细料分离

摊铺时粗细料离析,出现梅花(粗料集中)砂窝(细料集中)现象。

原因分析:在装卸运输过程中造成离析,或用机械摊铺时使粗细料集中,未实行重新搅拌措施。

预防措施:

1)如果在装卸运输过程中出现离析现象,在摊铺前进行重新搅拌,使粗细料混合均匀后摊铺。

2)如果在碾压过程中看出有粗细料集中现象,将其挖出分别掺入粗、细料搅拌均匀,再摊铺碾压。

(2)干碾压或过湿碾压

混合料失水过多已经干燥,不经补水即行碾压。或洒水过多,碾压时出现"弹软"现象。

原因分析:

1)混合料在装卸、运输、摊铺过程中,水分蒸发,碾压时未洒水或洒水不足,或洒水过量。

2)在搅拌场拌合时加水过少或过多。

预防措施:

1)混合料出厂时的含水量控制在最佳含水量 0 和 +1.5% 之间。

2)在等于或大于最佳含水量(气候炎热干燥时,基层混合料可大 1% ~2%)时进行碾压,直到达到标准规定的压实度。

(3)二灰碎石碾压完成后,立即覆盖毛毡并用洒水车洒水养护。养生期不少于 7 天,二灰碎石表面保持适宜的湿度。养护期间封闭交通,除洒水车辆外,其他车辆一概不得通行。

3.3.2 道路水稳基层质量控制措施

水泥稳定碎石是在一定级配的破碎砂砾或碎石中,按一定比例掺加少量水泥和粉煤灰,加入适当水量,拌合均匀的混合料(以下简称混合料),水泥稳定碎石做基层时,水泥剂量不宜超过 6%。由于混合料的生产工艺不当和使用方法不当,在应用中产生诸多通病。

(1)摊铺时粗细料分离

摊铺时粗细料离析,出现梅花(粗料集中)砂窝(细料集中)现象。

原因分析:在装卸运输过程中造成离析,或用机械摊铺时使粗细料集中,未实行重新搅拌措施。

预防措施:

1)如果在装卸运输过程中出现离析现象,在摊铺前进行重新搅拌,使粗细料混合均匀后摊铺。

2)如果在碾压过程中看出有粗细料集中现象,将其挖出分别掺入粗、细料搅拌均匀,再摊铺碾压。

(2)干碾压或过湿碾压

混合料失水过多已经干燥,不经补水即行碾压。或洒水过多,碾压时出现"弹软"现象。

原因分析:

1)混合料在装卸、运输、摊铺过程中,水分蒸发,碾压时未洒水或洒水不足,或洒水过量。

2)在搅拌场拌合时加水过少或过多。

预防措施:

1)混合料出厂时的含水量控制在最佳含水量 0 和 + 1.5% 之间。

2)在等于或大于最佳含水量(气候炎热干燥时,基层混合料可大 1% ~ 2%)时进行碾压,直到达到标准规定的压实度。

3.3.3 沥青混凝土路面工程质量控制措施

(1)在正式铺筑前,选择有代表性的路段作为试验段,确定松铺厚度、碾压遍数等。

(2)沥青混凝土严格按照配合比进行拌合,控制好运输时间保证混合料的稳定,联机作业减少纵缝、横缝,为了保证各阶段的碾压作业始终在混合料处于稳定的状态下进行,碾压作业时先静压后振动碾压,最后再静压;压路机不得在新铺混合料上转向、调头、左右移动位置或突然刹车和从刚碾压完毕的路段进出,保证沥青混凝土面层结构不受破坏,平整度不受影响。

(3)沥青混凝土路面成品保护

1)沥青砼路面

图4.2 沥青混凝土施工完毕保护实例

①设专人维护压实成型的沥青混凝土路面,必要时设置围挡,完全冷却后(一般不小于24小时)才能开放交通。

②施工过程中加强对路缘石、绿化等附属工程的保护,路边缘采用小型机械压实。

图4.3 路边缘采用小型机械压实例

③施工人员不得随意在未压实成型的沥青混凝土路面上行走。

④当天碾压完成的沥青混凝土路面上下不得停放一切施工设备,以免发生沥青混凝土路面面层变形。

⑤严防设备漏油污染路面。

2)SMA沥青混凝土路面

①SMA 沥青路面碾压完成后,派专人维护,封闭交通,待摊铺层自然降温至表面温度低于 50℃后,方可开放交通。

②摊铺面无异常情况,人员不得在其上行走。

③设立明显标识,禁止有遗洒、漏油的车辆上路,防止污染成品路面。

④当天施工结束,所有机械不得停放在新铺沥青混凝土面上,以免造成面层永久变形。

3.3.4　路缘石安装质量保证措施

(1)路线大半径曲线,除严格依照已控制的道路中线量出立沿石位置控制线安装,还要做好宏观调顺后,再回填固定。

(2)小半径圆曲线要使用圆半径控制圆弧,按路口或断口的纵横断或等高线高程控制立沿石顶高。

(3)过小半径圆弧曲线,为了防治长缘石的折角和短沿石的不稳定及勾缝的困难,按照圆半径预制圆弧沿石。

3.4　陡沟桥施工的质量保证措施

3.4.1　桩基施工质量保证措施

(1)钻孔施工所用的护筒必须有足够的强度和刚度,保证施工时不会产生变形。

(2)认真熟悉设计提供的地质资料,结合实际情况确定每节护筒的开挖深度。

(3)钻孔过程中,保持水头差 1.0m~2.0m,注意孔内降水。

(4)遇到孔身倾斜,应分析原因,及时处理后方可继续造孔。

(5)钻进过程中,要随时对钻渣取样,核实地质情况,实际地质与设计是否相符。

(6)钻孔深度达到设计要求后,应对孔径、深度、斜度和孔底沉渣厚度全面仔细检查,并申报监理工程师,符合要求且在监理工程师同意后方可浇注混凝土。

(7)钢筋笼应符合图纸设计尺寸,笼体应完整牢固,并采用垫块保证钢筋笼有适当的保护层。

(8)保证灌注首批混凝土后导管埋入深度不小于 1.0m。

3.4.2　承台、墩柱质量保证措施

(1)承台施工时,桩头要严格按设计要求和规范要求处理,且严禁桩头积水或有松散混凝土块。

(2)承台施工时要根据地下水位高低情况采取相应的降水措施。

(3)混凝土施工后,应有足够养生期,拆模时必须达到规定的强度防止拆期过

早引起混凝土开裂。

（4）模板安装前,应进行试拼,并编好号,以保证模板间接缝的严密,安装时按编号顺序进行。

（5）模板要严格除锈,以免锈斑粘在混凝土表面,影响混凝土外观质量。

（6）加强混凝土外观质量的控制,用高频振动棒振捣。

（7）所有混凝土外露面均不得进行装修。

3.4.3 空心板预制吊装施工质量保证措施

（1）混凝土施工

①浇筑砼时,不允许加水改变砼稠度,坍落度过大过小不得使用,严格控制砼搅拌时间。

②施工中严防漏捣、欠捣和过度振捣,不可在钢筋上平拖,碰撞模板、钢筋、辅助设施（如定位架等）。在每层砼初凝前浇筑下步砼,保证无层间冷缝。

③顶板混凝土应进行二次抹面,第二次抹面应在混凝土近初凝前进行,以防早期无水引起表面干裂,混凝土浇筑完毕后,派专人覆盖麻袋或草袋进行湿润养护。

④混凝土原材料和外加剂选用、配合比设计要符合施工技术规范要求,以保证梁体质量。

⑤冬季施工时,砼用热水搅拌,用土工布、彩条布全部覆盖通蒸气养护。

（2）预应力施工

①施工前做好如下准备工作:

购买正规厂家的夹具、导向器,并按照批次送检,确保质量;张拉设备施工前做工作性能检验,并配备备用的张拉设备和发电设备。

②穿束前检查导向器和底板钢筋绑扎情况,确保位置正确。

③预应力钢束可分批、分段对称张拉,其张拉顺序符合设计规定。

④张拉工序注意事项:

张拉设备定期进行检查校正,检验周期为 6 个月或 200 次为一周期,若施工中发生下列情况应重新校验。

a 张拉过程中预应力高强钢筋或整根钢束突然断裂;

b 千斤顶发生故障严重漏油;

c 油泵压力指针不能退回零点;

任何时候千斤顶、油泵、油表必须配套,指定配套使用,不得更换变动。

预应力钢绞线断裂或滑落的数量,严禁超过结构同一截面钢材总根数的1%,

且严禁相邻两根预应力钢材断裂或滑落。如发生此类情况,必须在浇筑混凝土前将发生的断裂或滑落的预应力钢绞线予以更换。

锚固时,张拉端预应力筋的回缩量不得大于施工规范规定。张拉锚固后,预应力钢绞线对设计位置的偏差不得超过5mm。

转向器直拉板与U形拉板的连接销及U形拉板拆下来后应及时清除其附着沾污的水泥砂浆,且浸泡在油水里。

放张用分离式机械锁紧油压千斤顶在戴上大螺母之前应在螺纹内涂抹黄油,起润滑和防锈作用。

3.5 陡沟支沟桥、雨水箱涵及电力沟等构筑物工程的质量保证措施

3.5.1 钢筋工程

(1)钢筋堆放时质量控制

钢筋是钢筋混凝土结构的重要原材料,使用前除应检查其外观质量外,还必须按材料质量控制的要求进行检验及试验。

钢筋成型时外形准确,但在堆放过程中发现扭曲、角度偏差。

1)原因分析:成型后往地面摔得过重,或因地面不平,或与别的钢筋碰撞变形,堆放过高压弯,搬运频繁。

2)预防措施:搬运、堆放轻抬轻放,放置地点应平整;尽量按施工需要运去现场并按使用先后堆放,以避免不必要的翻垛。

3)治理方法:将变形的钢筋抬在成型台上矫正;如变形过大,检查弯折处是否有碰伤或局部出现裂纹,并根据具体情况处理。

(2)钢筋安装时质量保证措施

钢筋绑扎或焊接好的骨架必须具有足够的刚度和稳定性,以便在运送、吊装和浇筑混凝土时不发生松散、变形和移位,必要时可加斜筋加固或在钢筋骨架的某些连接点处焊接加强,可能的话尽量采用现场绑扎,减少成品运输。钢筋入模后,应在模板上垫好垫块,并在钢筋骨架侧面绑好垫块,以确保钢筋保护层厚度。

1)外伸钢筋错位

通风口、上人孔的外伸钢筋位置偏离设计要求过大,使它与相应的对接钢筋搭接不上。

①原因分析

a. 钢筋安装后虽已自检合格,但由于固定钢筋措施不可靠,发生变位。

b. 浇捣混凝土时被振动器或其他操作机具碰歪撞斜,没有及时校正。

②预防措施

a. 在外伸部分加一道临时箍筋，按图纸位置安好，然后用样板、铁卡或木方卡好固定；浇捣混凝土前再复查一遍，如发生移位，则校正后再浇捣混凝土。

b. 注意浇捣操作，尽量不碰撞钢筋，浇捣过程中由专人随时检查，及时校正。

2）结构或构件拆模时发现混凝土表面有钢筋露出

①原因分析

保护层砂浆垫块垫得太稀或脱落；由于钢筋成型尺寸不准确，或钢筋骨架绑扎不当造成骨架外形尺寸偏大，局部抵触模板；振动混凝土时，振动器撞击钢筋，使钢筋移位或引起绑扣松散。

②预防措施

a. 砂浆垫块垫得适量可靠，竖立钢筋采用埋有钢丝的垫块绑在钢筋骨架外侧；同时，为使保护层厚度准确，用钢丝将钢筋骨架拉向模板，将垫块挤牢。

b. 严格检查钢筋的成型尺寸。模外绑扎钢筋骨架时，控制好它的外形尺寸，不得超过允许偏差。

③治理方法

范围不大的轻微露筋可用水泥浆或水泥砂浆堵抹；露筋部位附近混凝土出现麻点，沿周围敲开或凿掉。直至看不到孔眼为止，然后用砂浆抹平。为保证修复水泥浆或砂浆与原混凝土接合可靠，原混凝土面要用水冲洗、用铁刷子刷净，使表面没有粉层、砂粒或残渣，并在表面保持湿润的情况下补修。重要受力部位的露筋应经过技术鉴定后，采取措施补救。

（3）钢筋闪光对焊的质量保证措施

钢筋闪光对焊主要用 u_N 系列对焊机，焊接参数包括闪光留量、闪光速度、顶锻留置、顶锻速度、顶锻压力、调伸长度及变压器级数等。采用预热闪光对焊时还有预热留量，钢筋闪光对焊包括连续闪光焊、预热闪光焊、闪光—预热—闪光焊及电热处理几种工艺，各种工艺有其操作方法和适用条件，应根据钢筋的级别、直径选择闪光对焊的工艺和焊接参数。

由于种种原因，钢筋焊接接头的形成条件往往偏离正常状态，使焊口或近焊缝区产生缺陷，影响接头的性能。

1）未焊透或脆断

焊口局部区域未能相互结晶，焊缝不良，接头墩粗变形量很小，挤出的金属毛刺极不均匀，多集中于上口，并产生严重胀开现象为未焊透；

低应力状态下，接头处发生无预兆的突然断裂称为脆断。脆断包括淬硬脆断、过热脆断和烧伤脆断。

①原因分析

a. 焊接工艺方法不当,钢筋截面大小与对焊工艺不匹配。如断面较大的钢筋应用预热闪光焊工艺施焊,却采用了连续闪光焊工艺。又如焊接过程温度梯度陡降、冷却速度加快,产生淬硬缺陷。

b. 焊接参数选择不合适,如烧化留量太小、烧化速度太快及变压器级数过高等,均会造成焊件端面加热不足、不均匀,未形成比较均匀的熔化金属层。

c. 对于某些焊接性能较差的钢筋,焊后热处理效果不良,形成脆断。

②预防措施

a. 适当限制连续闪光焊工艺的使用范围。例如对 VN1－100 型焊机,钢筋直径Ⅰ级在20mm 以下、Ⅱ级或 5 号钢在18mm 以下、Ⅲ级在16mm 以下,方能采用连续闪光焊工艺。其他直径则采用预热闪光焊工艺。

b. 针对钢筋的焊接性能采用相应的焊接工艺。钢筋闪光对焊时碳含量与焊接性能有关系。

c. 重视预热作用,掌握预热要领,力求扩大沿焊件纵向的加热区域,减小温度梯度。对焊接性"差"的钢筋,考虑预热的方式。

2)过热或烧伤

焊缝近缝区断口上可见粗晶状态称为过热;钢筋与电极接触处在焊接时产生的熔化状态称为烧伤。对淬硬倾向较敏感的钢筋,这是不可忽视的危险缺陷。

①原因分析

a 预热过分,焊口及其近缝区金属强烈受热;预热时接触太轻、间歇时间太短,使热量过分集中于焊口;沿焊件纵向的加热区域过宽,顶锻留量偏小,顶锻过程不足以使近缝区产生适当的塑性变形并未能将过热金属排除于焊口之外;带电顶锻延续较长或顶锻不得法等使金属过热,均会造成过热。

b 电极外形不当或严重变形,导电面积不足,使局部区域电流密度过大;钢筋与电极接触处洁净程度不一致、夹紧力不足,局部区域电阻太大,产生了不允许的电阻热;热处理时电极太脏;变压器级数过高等造成烧伤。

②预防措施

a 根据钢筋级别、品种及规格确定其预热程度,在施焊时严加控制。采取预热留量与预热次数相结合的工艺措施。

b 采用低频预热方式,控制预热的接触时间、间歇时间和压紧力,使接头处既能获得较宽的低温加热区,改善接头性能,又不致产生大的过热区。

c 严格控制顶锻温度及留量。预热温度偏高时,加快烧化过程的速度,必要时重新夹持钢筋再次进行快速烧化过程,同时确保其顶锻留量,以便顶锻过程能够在有力的情况下完成,从而有效地排除过热金属。

d 严格控制带电顶锻过程,切忌采用延长带电顶锻过程的有害做法。

e 电极做成带三角形槽口的外形,长度不小于55mm。使用时经常整修,保证与钢筋有足够的接触面积。

f 钢筋端部130mm长度范围内,仔细清除锈斑污物,电极表面保持干净,确保导电良好。焊接或热处理时,夹紧钢筋,防止烧伤。

g 热处理时,变压器级数宜采用Ⅰ、Ⅱ级,并且电极表面经常保持良好状态。

3)塑性不良

接头冷弯试验时,受拉区(即外侧)在横肋根部产生大于0.15 mm的裂纹。

①原因分析

a 调伸长度过小,焊接时向电极散热加剧。变压器级数过高,烧化过程过于强烈,温度沿焊件纵向扩散距离过小,形成温度梯度陡降,冷却速度加快,接头处产生硬化倾向而引起塑性不良。

b 烧化留量过小,接头处可能残存钢筋断料冷加工的压伤痕迹。在焊接热量影响下,超过再结晶温度(500℃左右)的区段产生晶粒长大,并在达到时效温度(300℃左右)的区段产生时效现象,使塑性降低。

c 顶锻留量过大,致使顶锻过分,接头区金属纤维弯曲。

②预防措施

a 在不致发生旁弯的前提下,尽量加大调伸长度,以消除钢筋断料产生的刀口压伤和不平整的影响,实现均匀加热。若在同一台班内需焊接几个级别或几种相近规格的钢筋时,按焊接性差的钢筋选择调伸长度。不同级别、不同直径钢筋对焊时,将电阻大的一端调伸长度调大一些,以便在烧化过程中引起较多的缩短能得到相应的补偿。

b 根据钢筋端部情况,采用相应的烧化留量,力求将刀口压伤区在烧化过程中予以彻底排除。

c 对Ⅱ级中限成分以上的钢筋,取用较弱的焊接规范和低频预热方式施焊,以利接合处获得较理想的温度分布。

d 在采取适当顶锻留量的前提下,快速有力完成顶锻过程,保证接头具有匀称的外形。

4)接头弯折或偏心

接头处发生弯折,折角超过规定,或接头处偏心,轴线偏移大于0.1d(d 为钢筋直径)或 2mm。

①原因分析

a 钢筋端头歪斜。

b 电极变形太大或安装不准确。

c 焊机夹具晃动太大。

d 操作不注意。

②预防措施

a 钢筋端头不良时,焊前予以矫直或切除。

b 经常保持电极正常外形,变形较大时应及时修理或更换,安装时力求位置准确。

c 夹具如因磨损晃动较大,及时维修。

d 接头焊毕,稍冷却后再小心地移动钢筋。

(4)钢筋电弧焊质量保证措施

钢筋电弧焊接头中常见的焊接缺陷有两种:一种是外部缺陷,另一种是内部缺陷。有的缺陷既可能存在外部,也可能存在内部。如气孔,裂纹等。

1)焊瘤

焊瘤是指正常焊缝之外多余的焊着金属。焊瘤使焊缝的实际尺寸发生偏差,并在接头中形成应力集中区。

①原因分析

a 熔池温度过高,凝固较慢,铁水在自重作用下下坠形成焊瘤。

b 坡口焊、帮条焊或搭接立焊中,如焊接电流过太,焊条角度不对或操作手势不当也易产生这种缺陷。

②预防措施

a 熔池下部出现"小鼓肚"现象时,用焊条左右摆动和挑弧动作加以控制。

b 在搭接或帮条接头立焊时,焊接电流比平焊适当减少,焊条左右摆动时在中间部位走快些,两边稍慢些。

c 焊接坡口立焊接头加强焊缝时,选用直径 3.2mm 焊条,并适当调整焊接电流。

2)咬边

焊缝与钢筋交界处烧成缺口没有得到熔化金属的补充。特别是直径较小钢筋的焊接及坡口立焊中的上钢筋很容易发生这种缺陷。

①原因分析

焊接电流过大,电弧太长,或操作不熟练。

②预防措施

选用合适的电流,避免电流过大。操作时电弧不能拉得过长,并控制好焊条的角度和运弧的方法。

3)裂纹

①原因分析

a 焊接碳、锰、硫、磷化学成分含量较高的钢筋时,在焊接热循环的作用下,近缝区易产生淬火组织。这种脆性组织加上较大的收缩应力,容易导致焊缝或近缝区产生裂纹。

b 焊条质量低劣,焊芯中碳、硫、磷含量超过规定。

c 焊接次序不合理,容易形成过大的内应力,引起接头裂纹。

d 焊接环境温度偏低或风速大,焊缝冷却速度过快。

e 焊接参数选择的不合理,或焊接线能量控制不当。

②预防措施

a 为了防止裂纹产生除选择质量符合要求的钢筋和焊条外,选择合理的焊接参数和焊接次序。如在装配式框架结构梁柱刚性节点钢筋焊接中,应该一头焊完之后再焊另一头,不能两头同时焊接,以免形成过大的内应力,造成拉裂。

b 在负温焊接时,环境温度不得低于 -20 度,采取控温循环施焊,必要时采取挡风、防雪、焊前预热、焊后缓冷或热处理等措施,刚焊完的接头防止碰到雨雪。在温度较低时,尽量避免强行组对后进行定位焊(如装配式框架结构钢筋接头),定位焊缝长度适当加大,必要时采用碱性低氢型焊条。定位焊后应尽快焊满整个接头,不得中途停顿和过夜。

③治理方法:铲除重新焊接。

4)夹渣

焊缝金属中存在块状或弥散状非金属夹渣物,俗称夹渣。

①原因分析

产生夹渣的原因很多,基本上是由于准备工作未做好或操作技术不熟练引起。如运弧不当、焊接电流小、钝边大、坡口角度小、焊条直径较粗等。夹渣也可能来自钢筋表面的铁锈、氧化皮、水泥浆等污物,或焊条药皮渗入焊缝金属所致。在多层施焊时,熔渣没有清除干净,也会造成层间夹渣。

②预防措施

a 采用焊接工艺性能良好的焊条,正确选择焊接电流,在坡口焊中选用直径

3.2mm 的焊条。焊接时必须将焊接区域内的脏物清除干净;多层施焊时,层层清除焊渣。

b 在搭接焊和帮条焊时,操作中注意熔渣的流动方向,特别是采用酸性焊条对,必须使熔渣滞留在熔渣池后面;当熔池中的铁水和熔渣分离不清时,应适当将电弧拉长,利用电弧热量和吹力将熔渣吹到旁边或后边。

c 焊接过程中发现钢筋上有脏物或焊缝上有熔渣,焊到该处将电弧适当拉长,并稍加停留,使该处熔化范围扩大,以把脏物或熔渣再次熔化吹走,直至形成清亮熔池为止。

5)气孔

焊接熔池中的气体来不及逸出而停留在焊缝中所形成的孔眼,大半呈球状。根据其分布情况,可分为疏散气孔、密集气孔和连续气孔等。

①原因分析

a 碱性低氢型焊条受潮,药皮变质或剥落、钢芯生锈;酸性焊条烘焙温度过高,使药皮变质失效。

b 钢筋焊接区域内清理工作不彻底。

c 焊接电流过大,焊条发红造成保护失效,使空气侵入。

d 焊条药皮偏心或磁偏吹造成电弧强烈不稳定。

e 焊接速度过快,或空气湿度太高。

②预防措施

a 各种焊条均按说明书规定的温度和时间进行烘焙。药皮开裂、剥落、偏心过大以及焊芯锈蚀的焊条不能使用。

b 钢筋焊接区域内的水、锈、油、熔渣及水泥浆等必须清除干净,雨雪天气不能焊接。

c 引燃电弧后,将电弧拉长些,以便进行预热和逐渐形成熔池。在已焊缝端部上收弧时,将电弧拉长些,使该处适当加热,然后缩短电弧,稍停一会再断弧。

d 焊接过程中,可适当加大焊接电流,降低焊接速度,使熔池中的气体完全逸出。

3.5.2　模板支架工程质量保证措施

模板的制作与安装质量,对于保证混凝土、钢筋混凝土结构与构件的外观质量、几何尺寸的准确以及结构的强度和刚度等将起到重要作用。由于模板尺寸错误或缺陷,支架位移、变形不牢固甚至倒塌等引起的工程质量问题时有发生。模板、支架的质量是工程质量控制的重要环节,必须引起高度重视。

模板支架的设计和施工必须符合以下要求：

具有必需的强度、刚度和稳定性，能可靠地承受施工过程中可能产生的各种荷载，保证结构物各部形状、尺寸和相互位置的准确；

尽量采用组合钢模板或钢框架胶合板、竹塑板类大模板以及新型高效模板体系，以节约木材，提高模板的适应性和周转率，提高构筑物的外观质量；

模板板面平整，接缝严密不漏浆，模内必须洁净；

构造简单，装拆容易，施工操作方便，确保施工安全。

（1）现浇混凝土结构的模板

现浇混凝土结构模板安装前，根据设计图纸、结构要求和施工现场情况，妥善解决模板安装、钢筋安放及混凝土浇筑等工序需要交错进行时的合理施工顺序及模板钢筋的安装顺序。

混凝土墙模板缺陷主要表现在：

1）炸模、倾斜或变形。

2）墙体厚薄不一，墙面高低不平。

3）墙根跑浆、露筋及蜂窝麻面，模板底部被混凝土及砂浆裹住，拆模困难。

4）墙角模板拆不出。

5）墙体分层浇筑出现接茬不平、错台。

6）变形缝处橡胶止水带未被混凝土包裹住或被挤偏。

原因分析如下：

1）模板制作不平整，厚度不一致，相邻两块墙模板拼接不严、不平。支撑不牢，没有采用对拉螺栓来承受混凝土对模板的侧压力，以致混凝土浇捣时炸模（或因选用的对拉螺栓直径太小，不能承受混凝土侧压力而被拉断）。

2）模板间支撑方法不当。只有水平支撑，属不稳定结构。当振动混凝土时，墙模受混凝土侧压力作用向两侧挤出，外侧有斜支撑顶住，模板不易外倾；而只有水平支撑，侧压力使模板鼓凸，水平支撑推向模模，使模板内凹，墙体失去平直；当浇捣混凝土时，其侧压力推向位置偏移更大。

3）混凝土浇灌分层过厚，振动不密实，模板受侧压力过大，支撑变形。

4）角模与墙模板拼装不严，水泥浆漏出，包裹模板下口。拆模时间太迟，模板与混凝土粘结力过大。

预防措施：

1）墙面模板拼装平整，符合质量检验评定标准。

2）有几道混凝土墙时，除顶部设通长连接钢管或木方定位外，相互间均用剪刀撑撑牢。

3)墙身中间用穿墙对拉螺栓拉紧,以承担混凝土的侧压力,确保不炸模(一般采用 Φ12～Φ16mm 螺栓)。两片模板之间,根据墙体的厚度用钢管或硬塑料套管撑住,以保证墙体厚度一致。在有防水要求时,采用设有止水设施的螺栓。

4)每层混凝土的浇筑厚度,控制在施工规范允许范围内。

5)不采用对拉螺栓工艺时,两侧墙体的支撑在施工方案中进行复核计算并严格按施工方案施工,通过认真的检查后方能浇捣混凝土。

(2)支架

支架的设计和选用保证模板支架在施工荷载、泵送混凝土所产生的冲击荷载等作用下有效的抵抗倾倒,必须符合《公路桥涵施工技术规范》等施工规范要求和结构特点,避免出现压弯、折断、失稳倾倒等一系列质量通病。

3.5.3 混凝土施工质量保证措施

(1)原材料进场除作常规试验外,还必须做碱骨料反应试验,水质化验,以此选定原材料。

(2)根据混凝土的强度要求准确计算出混凝土的配合比,并申报监理工程师审批,监理工程师同意后方可使用,使用过程中,要严格按配合比执行。

(3)混凝土拌合设备配备自动上料计量配料系统,运输设备采用混凝土输送泵,混凝土拌合时派专人(试验人员)到搅拌站监督检查配合比执行情况以及原材料、坍落度、试件取样、称量衡器检查校准以及拌合时间是否相符。

(4)混凝土运抵现场后,必须经过坍落度试验,符合要求后才能浇筑,若坍落度损失过大,试验人员可根据实际情况征得监理工程师同意后加入适量水泥浆,确保混凝土的水灰比不变,并要搅拌均匀后方可浇筑。

(5)浇筑混凝土前,全部模板和钢筋清洗干净,不得有杂物,模板若有缝隙应填塞密实,并经监理工程师检查批准后方能开始浇筑,混凝土的浇筑方法,必须经过监理工程师的批准。

(6)混凝土浇筑施工时,要严格控制分层厚度,最大不超过 40cm,一般在 30～40cm 左右,同时要严格控制混凝土自身下落高度,最高不能超过 2m,超过 2m 要使用串筒或流槽,以免混凝土产生离析。

(7)混凝土浇筑作业应连续进行,如因故发生中断,其中断时间应小于前次混凝土的初凝时间或能重塑时间,超过中断时间,应采取相应措施处理,并立即向监理工程师报告。

(8)混凝土振捣时,采用高频振动器,振动器的插入或拔出的速度要慢,振捣点均匀,振动器不能达到的地方应辅以插铲式振捣,以免发生漏振现象。

(9)施工缝的处理,应按规定或监理工程师的要求进行,在混凝土表面浇筑新混凝土前,必须将表面凿毛清洗干净,用水湿润后,先浇一层水泥砂浆以确保新旧混凝土之间能结合良好。

(10)混凝土终凝以后要采取适当措施养护,并在浇筑部位注明养护起止日期,以免遗漏。

(11)在监理工程师监督下按照交通部《公路工程水泥混凝土试验规程》规定制作试件测试强度。

(12)混凝土外观质量保证措施

①选用普通硅酸盐水泥,不使用矿渣或粉煤灰水泥。

②选用天然洁净的砂子和石子,必要时石子在现场冲洗。

③选用高频振动器,减少混凝土表面气泡。

④制定合适的混凝土施工工艺。

⑤模板选用大块钢模,模板制作要精加工。

⑥加强操作人员的外观质量教育和技能培训。

(13)混凝土成品保护措施

①在已浇的混凝土未达到 1.2Mpa 以前,不得在其上踩踏或进行任何施工操作。

②在拆除模板是不得强力拆除,以免损坏结构棱角或清水混凝土面。

③不在清水混凝土面上乱涂乱画,以免影响美观。

④在模板拆除后,对易损部位的结构棱角采取有效措施予以保护。

3.6 雨水管道工程质量保证措施

3.6.1 某市政道路工程管道沟槽采用机械结合人工开挖,挖土开槽严格控制基底高程。基底设计标高以上20cm 的原状土用人工清理至设计标高。如果局部超挖或发生扰动,按设计或规范要求处理夯实。沟槽底部如遇块石、碎石、砖等坚硬物体,铲除到设计标高以下 0.2m,并按设计要求进行换填及夯实。施工槽底不得受水浸泡,尽可能缩短开槽长度,做到成槽快、回填快。一旦发生泡槽,应及时将水排除,把基地受泡软化的表层土清除做好基础处理,以便回填使用。下雨天时对来不及回填的沟槽用塑料布覆盖。

3.6.2 在铺设管道的沿线每100 米设立 1 个临时水准点,做到随时可以检查高程,并对水准点定期校核。

3.6.3 在管道沟槽开挖前、开挖后、铺管前等阶段通过多次放样,对管道轴线进行校核。

3.6.4 在对直径较大的管道沟槽开挖后,采用木支撑对槽壁进行保护,支撑设置将严格按规范要求施工,并由专人负责。

图4.4 混凝土管道安装实例图

3.5.5 采用有一定刚度且不宜变形的材料制作坡度板,来控制槽底坡度。

3.5.6 管道施工完毕并经检验合格后,立即组织回填。回填时,应保证沟槽内不得有积水和杂物。采用两侧同时对称回填,确保管道不产生位移,必要时可采用限位措施。

3.5.7 检查井及雨水口的施工应严格按规范要求施工。

3.5.8 管线工程成品保护措施

(1)管道吊装时要按规定进行,有专人指挥,施工人员听从指挥,避免碰撞沟槽壁。

(2)管道基础施工完毕后,管道吊装必须轻放,防止破坏基础。

(3)管道两侧回填材料的高差必须控制在30mm以内,防止管道移位。

(4)管道铺设应在沟底标高和管道基础质量检查合格后进行,在铺设管道前要对管材、管件等重新做一次外观检查,发现有问题的管材、管件均不得采用。

(5)管道不得铺设在冻土上,铺设管道和管道试压过程中,应防止沟底冻结。

(6)管材连接好后平稳放入沟槽内,分部回填、试压。

(7)管材在吊动及放入沟内时,应采用可靠的软带吊具,平稳下沟,不与沟壁或沟底激烈碰撞,应防止划伤、扭曲或过大的拉伸和弯曲。

4. 试验、检验控制措施

公司将本着"以数据为准,以文字为据"的原则,组织综合素质强、技术水平高的检测人员到项目工程现场进行试验检测工作,同时仪器设备采用先进、可靠、且各方面性能均需满足检测需要的,检测方法采用公路或市政行业通用与专用的各类标准、规范、规程,检测工作严格遵守和执行国家有关检测试验工作的规定、工程项目业主的有关规定和公司的管理体系文件(包括作业指导书)的规定,确保本项目检测试验服务工作顺利开展和优良完成。

4.1 公司按下述内容开展试验检测工作

4.1.1 开工前期现场试验室按试验检测实施细则和施工组织设计编制试验检测计划,进行日常试验管理和抽检工作。

4.1.2 现场试验室完成自身的建设。

4.1.3 按技术规范及质量评定标准,进行验证、标准、抽样、工艺和验收试验,保证足够的试验频率、规范的试验方法、正确的试验成果;并及时向监理工程师、业主提交检测报告和其他相关文件。

4.1.4 按业主和监理工程师的指令完成与检测业务相关的工作,并及时汇报。

4.1.5 试验记录应规范,清楚整齐,计算准确,签字齐全,并且有可追溯性。试验室出具报告,数据应与试验记录吻合,试验者、复核人及授权签字人签认完备。

4.1.6 建立完善的试验检验工作记录及仪器设备台账。

4.1.7 经常对试验设备进行保养维修,保证设备的完好和精度。

4.1.8 对试验检验工作进行量化,每月 25 日前,将当月有关试验检验工作以《试验检测月报表》的形式,上报业主。

4.2 主要试验项目内容及工作程序

4.2.1 验证试验

验证试验是对材料和商品构件进行预先鉴定和试验,以及决定是否可用于工程。验证试验采取随机抽样试验,并按以下要求进行:

对于自购材料(原材料、成品和半成品)或商品构件订货之前,施工单位应向监理工程师提供生产厂家的生产许可证、产品合格证书及试验报告。监理工程师根据报告进行审查(必要时监理工程师会同试验室对生产厂家的生产设备、工艺及产品合格率进行的现场调查了解),在业主指定实验室检测之前,自行对生产厂家的产品进行抽样试验。对于甲供材料,应按甲供材料质量控制流程办理,重要构件与设备由监理工程师审批,报备业主。

4.2.2 标准试验

标准试验主要包括标准击实试验、集料级配筛析试验、混合料的配合比试验、结构的强度试验等。标准试验按以下要求进行：

(1)在各分项工程开工前,施工单位把标准试验计划提交公司试验室。

(2)施工单位在各分项工程开工前按技术规范规定进行取样送检。公司试验室按照相关标准规范进行检验,需要进行平行试验是应按规定进行平行验证。

4.2.3　抽样试验

抽样试验主要是施工过程中进行符合性的抽样检查试验,主要包括各种材料的物理力学性能、土石方及其它填筑施工的压实度、混凝土的强度等测定和试验。抽样试验按以下要求进行：

(1)试验室按技术规范的有关规定、标准要求,全频率检查试验,并将相应试验结果及资料及时反馈到项目部,以便做出调整。

(2)试验室将试验结果每月汇总上报公司科室。

4.2.4　工艺试验

工艺试验是依据技术规范的规定,在动工之前对路基、路面施工、钢筋制作安装、钢筋焊接等需要通过预先试验方能正式施工工序预先进行工艺试验,以对其可靠性加以验证。

4.2.5　验收试验

验收试验是对各项已完成工程的实际内在品质做出评定。各工程或工序完成后,进行规定的验收检测。主要包括桩基检测、路基承载力检测、路面及其基层验收检测、路基验收检测、桥梁主要构件的验收检测、结构检测等。

试验室根据编制的验收试验方案实施检验和试验,详细记录数据,并出具检验报告。

4.3　试验总体计划

依照施工图设计图纸、有关技术文件、法规及检测规程的要求,做出详细的检测计划,以便有条不紊地做好试验工作,真正做到把好原材料及其半成品、成品的质量关,严防不合格材料用在工程上,确保工程质量。

4.3.1　室内试验的主要内容有:工程进场原材料复试、标准型试验(各种回填材料的土工击实、混凝土/砂浆配合比设计、沥青混凝土配合比设计、道路结构层混合料配合比设计等)、混合料各种性能指标检验等。

4.3.2　对于工程原材料检测,如砂石材料、水泥、钢筋、粉煤灰、石灰、检查井盖、管材等,应在材料进场时立即取样送检。

4.3.3　对于土工击实试验,如土、灰土、石屑、水泥石屑等材料的轻、重型击实标准,应在摊铺或回填施工前5d送样检验。

4.3.4 对于混凝土、砂浆配合比设计,应在施工前30d送样检验。

4.3.5 对于沥青混凝土和无机结合料稳定材料配合比设计,应在混合料摊铺施工前10d送样检验。

4.4 室内检测

4.4.1 室内检测流程图:

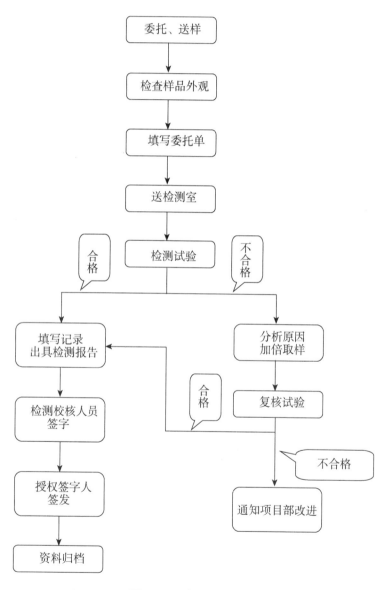

图4.5 室内检测流程图

表4.1 室内试验各项检测项目的检测时限、检验频率：

检验项目	检验参数	检测时限	检验频率
1. 混凝土路缘石	外观质量、尺寸偏差、力学性能	3d	同一类别、同一型号、同一规格、同一等级，每20000件为一批
2. 道路石油沥青	针入度、软化点、延度	1d	同一生产厂家、同一品种、同一标号、同一批号连续进场的沥青（石油沥青每100t为一批，改性沥青50t为一批）
3. 烧结普通砖	抗压强度	4d	同一产地、同一规格按3.5~15万块为一检验批批
4. 混凝土路面砖	外观质量、尺寸偏差、力学性能、吸水率	2d	同一类别、同一规格、同一等级，每20000块为一批
5. 石子	筛分、含泥、泥块、针片状含量、堆积密度/紧密密度/表观密度、压碎指标值	3d	同产地、同品种、同规格且连续进场的石，以400m³或600t为一验收批
6. 岩石	抗压或抗折强度	2d	每单项工程一批
7. 砂子	筛分、含泥量、泥块含量、表观密度/堆积密度、空隙率	3d	同产地、同品种、同规格且连续进场的砂，以400m³或600t为一验收批
8. 检查井盖、井箅	外观、尺寸、承载能力	1d	同一级别、同一种，类、同一原材料在相似条件下生产的检查井盖构成批量，500套为一批
9. 有机管材	环刚度、环柔度、烘箱试验、规格尺寸、外观、颜色	2d	同一原料、配方和工艺生产的同一规格管材，每单项工程检验1批
10. 混凝土排水管材	外观质量、尺寸允许偏差、外压荷载、保护层厚度	2d	同一厂家生产的统一规格、等级的管材，每单项工程检验1批
11. 乳化沥青	常规检验	1d	
12. 粉煤灰	$SiO_2 + Al_2O_3 + Fe_2O_3$ 的含量、烧失量、细度	3d	同一生产厂家每200t一批
13. 石灰	有效钙镁含量	2d	同一生产厂、同一进厂日期的石灰不少于100t为一批
14. 砂浆	抗压强度	成型后28d	同一配合比每50m³取1组（3块）
	普通配合比设计	28d	

续表

检验项目	检验参数	检测时限	检验频率
15. 土工试验	界限含水率	3d	同一土质，每1000米1组
	标准击实	3d	每种材质1组
	滴定曲线	2d	
	CBR	5d	
	灰剂量	1d	每回填井段/层或每车1组
16. 无机结合料（二灰碎石、水稳、级配碎石）	配合比	14d	同一材质、同一生产厂家、每一结构层混合料检验1次
	制件无侧限抗压强度	8d	每2000m²成型1组
	水泥或石灰剂量	1d	每100t检验1批
	碎石含量	1d	材料发生变化时
	级配筛分	1d	材料发生变化时
17. 沥青混合料	配合比	10d	同种进场材料，同一类型混合料可做一个配合比
	离心法测油石比及矿料级配	1d	每生产台班、每规格型号检验1次
	车辙试验	2d	
	马歇尔试验	2d	每生产台班、每规格型号检验1次
18. 钢筋	屈服点、抗拉强度、伸长率、冷弯	1d	同牌号、同炉号、同规格、同交货状态的钢筋，每60t为一批
19. 钢材焊接	抗拉强度、冷弯性能	1d	在同一台班内，由同一焊工完成的300个同牌号、同直径钢筋焊接接头应作为一批
20. 混凝土	立方体抗压强度	成型后28d	每拌制100盘但不超过100立方米的同配合比的混凝土，取样次数不得少于一次
	抗折强度	成型后28d	
	抗渗性能	成型后32d	
	普通混凝土配合比设计	28d	

检验项目	检验参数	检测时限	检验频率
21. 钢绞线	表面	逐盘卷	合同批为一个订货合同的总量。在特殊情况下,松弛试验可以由工厂连续检验提供同一原料、同一生产工艺的数据所代替
	外形尺寸	逐盘卷	
	钢绞线伸直性	3 根/每批	
	整根钢绞线最大力	3 根/每批	
	规定非比例延伸力	3 根/每批	
	最大力总伸长率	3 根/每批	
	应力松弛性能	不小于 1 根/每合同批	
22、水泥	凝结时间、安定性、强度、细度	3d/28d	同生产厂家、同批号、同品种、同强度等级、同出厂日期且连续进场的水泥,散装水泥每 500t 为一批,袋装水泥每 200t 为一批

4.5 现场检测

4.5.1 现场试验主要有:桥梁桩基检测、路基土石方及道路基层面层弯沉、压实度、厚度等。

4.5.2 现场检测流程图

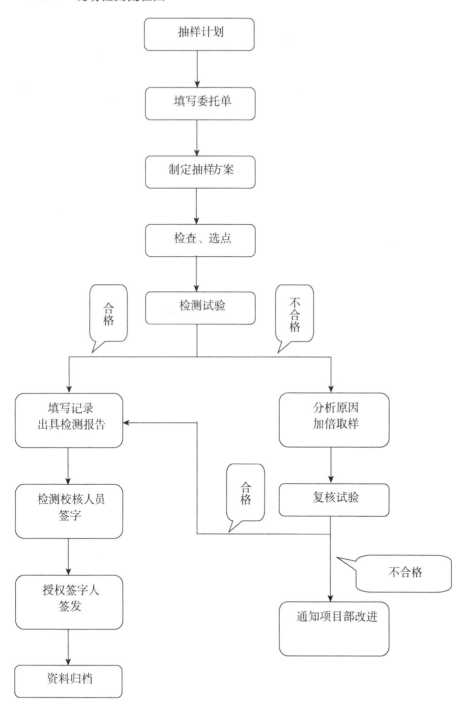

图 4.6　现场检测流程图

表 4.2 现场试验各项检测项目的检验频率

检验项目	检验参数	检验频率
1. 土工试验	环刀法测压实度	路基压实度,每 1000m² 每层取 3 个点; 管道回填压实度,两井段之间每层 3 点,胸腔每层每侧 3 点。
	灌砂法现场取样测压实度	基层压实度,每 1000m² 每层取 1 个点; 管道回填压实度,两井段之间每层 3 点
2. 桩基检验	单桩	按图纸要求允许 ±5cm
	护筒	内径比孔径大 20 - 40cm,偏位允许 5cm
	钻孔	孔深 0— +50cm,倾斜度 <1%
	钢筋笼	主筋间距 ± 10mm,箍筋间距 ± 20mm,笼直径 ± 10mm,笼长度 ±100mm
	导管	导管悬高 30 - 50cm,导管埋深首批 1m 以上,后续浇注 2m 以上
	混凝土	坍落度 18 - 20cm
3. 无机结合料	钻芯法测强度、厚度	每 1000m² 取芯检验 1 点,并检查芯样完整性
4. 沥青混合料	钻芯法测压实度、厚度	每 1000m² 取芯检验 1 点
	摩擦系数	每一侧车行道,每 1km 5 个点
	构造深度	激光平整度仪法:全线连续测量; 铺砂法:每一侧车行道,每 1km 5 个点
	平整度	激光平整度:全线连续测量 3m 直尺:每车道每 100m 检测 10 尺
5. 道路弯沉	弯沉值	每车道每 20m 检测一点
6. 动力触探	测地基承载力(轻型)	每 20m
	测地基承载力(重型)	需要时

表 4.3 试验计划及具体内容

项目分类	工序	检测项目	检测参数
道路工程	路床	土工	标准击实,界限含水率
			CBR,压实度
		道路弯沉	弯沉值
	基层、底基层	无机结合料	水泥、石灰、粉煤灰等材料检测
			配合比设计
			无侧限抗压强度
			碎石含量,级配筛分
			水泥或石灰剂量
		现场试验	压实度
			弯沉值
			钻芯法测强度、厚度
	面层	沥青混凝土	沥青、乳化沥青、砂石等材料检测
			配合比设计
			沥青含量(油石比),矿料级配
			马歇尔稳定度,车辙试验
		现场试验	钻芯法测压实度、厚度
			弯沉值、平整度、构造深度等
桥涵工程	水泥	细度、标准稠度用水量、凝结时间、安定性、胶砂强度	袋装水泥:以同一厂家、同品种、同标号、同批号的水泥每200T检验1次。散装水泥:以同一厂家、同品种、同标号、同批号的水泥每500T检验1次,不同批号及不足500T的均按一批次检验。碱含量试验同品种、同标号的水泥做1次
	钢筋原材	外观、拉伸、冷弯	每批次进场检验一次,每检验批代表数量不得超过60T,超过60T部分,每增加40T(或不足40T的余数),增加一个拉伸试验试样和一个冷弯试验试样。
	钢筋焊接/机械连接	外观、拉伸冷弯	以300个同接头型式,同钢筋级别的接头作为一批

项目分类	工序	检测项目	检测参数
桥涵工程	砼外加剂	匀质性检验、拌和物性能检验	以进场的同批号产品数量为一检验批,不同批号产品分别取样。
	钢筋网片	外观检测、拉伸强度、弯曲试验、单位面积质量、抗剪力试验	每进场一批检验一次,每检验批代表数量为200件,不足200件按一批检验
	伸缩缝	外观质量、最大水平摩阻力、变位均匀性、钢板、角钢位置、钢板与橡胶粘结	每进场或生产一批检验一次,每检验批代表数量为500m,不足50m按一批检验
	异型钢	外观尺寸、力学性能	每进场一批检验一次,每检验批代表数量为60T,不足60T按一批检验

表4.4 项目质量关键点及质量控制计划表

检测项目	质量关键点	质量控制计划
室内试验及现场抽检:		1. 样品的抽取应具有代表性; 2. 样品制备应符合标准规范要求; 3. 检测人员应持交通部检测人员资格证书或省建管局执业管理手册,并经培训上岗,具备相应检测能力; 4. 仪器设备应经相关部门检定校准,使用状态良好; 5. 选用正确的检测方法,规范检测; 6. 严格控制检测环境条件; 7. 针对本项目实行检测结果汇总报表制度,定期进行数理统计分析,并就不合格项目数据列表及时上报招标人。
水泥	凝结时间、胶砂强度	
沥青	针入度、延度、软化点	
砖	力学性能	
钢筋	力学性能	
石	压碎值指标	
井盖、井箅	承载能力	
管材	承载能力	
粉煤灰	烧失量、氧化物含量	
石灰	有效氧化钙含量	
混凝土	力学性能	
砂浆	力学性能	
土工	标准击实、滴定曲线	

检测项目	质量关键点	质量控制计划
无机结合料	水泥/石灰剂量、无侧限强度	8. 检测过程中遇到特殊的难以解决的问题时，项目组将组织全部人员开展研讨会议，探讨问题的解决方案，必要时可以会同招标人请示定夺，确保检测质量； 9. 定期开展内部交流会议，对已经完成的阶段性检测任务进行内部评估，并将其作为案例进行分析讨论，组织检测人员之间交流学习，不断提高检测人员的业务素质，不断提高工程的检测质量。
沥青混合料	矿料级配、油石比	
土工	环刀法压实度	
	灌砂法压实度	
无机结合料	钻芯法测强度、厚度	
沥青混合料	钻芯法测压实度、厚度	
	平整度	
道路弯沉	弯沉值	
排水	环刀法压实度	

5. 材料质量保证措施

5.1 试验准备

在施工准备规定的时间内，建立工程试验室，配备相应的建材、土工检测试验设备，以满足该工程试验的需要，编制试验大纲，并上报审批，建立健全工程试验管理制度。

本段建立一个试验室，在"试验大纲"中明确试验设备的效能。

5.2 原材料检验和试验

对原材料、半成品及成品（使用前都必须进行验证检验和试验，未经检验和试验的物资决不投入使用或加工，以保证使用合格品）。

检验和试验按照国家、部颁发的标准及行业标准的规定进行。

物资的检验和试验由工地试验室负责实施，工地试验室不能完成的试验项目由试验室负责人填写《材料试验委托单》经监理同意后送国家法定检测机构进行试验。

施工中所用的砂子、碎石等材料，先取样试验，合格后再进行开采进料，不得边采、边用、边试验。

5.2.1 水泥

采用强度高，收缩性小，耐磨性强，抗冻性好的水泥。其物理性能和化学成分应符合国家有关标准的规定；道路采用硅酸盐水泥。

水泥进场时，有产品合格证及化验单。并对品种、标号、包装、数量、出厂日期等进行检查验收；出厂期超过三个月或受潮的水泥，必须经过实验，按其实验结果决定正常使用或降级使用,已经结块变质的水泥不使用。

袋装水泥:对同期出厂、同品种、同标号的水泥,以一次进厂(场)同一出厂编号的水泥为一批。一批的总量不得超过100t,随机地从不少于20袋中各取等量水泥,经混拌均匀后,再从中称取不少于12kg水泥作为检验试样。

当水泥来源固定,水泥质量稳定,需方又基本掌握其性能时,视进库水泥情况可不定期地采取试样进行强度检验。

检验试验水泥的项目为安定性、强度、标准稠度、细度。

5.2.2 砼用砂、碎石:

在料堆上取样时,取样部位应均匀分布,取样前先将取样部位表面铲除,然后由各部位抽取大致相等的砂(8份)、碎石(卵石)15份,组成一份试样。从汽车上取样时,从不同部位和深度抽取大致相同的砂8份、碎石16份,组成一组样品。

检验项目为级配范围、杂质含量、压碎指标、坚固性试验。

表4.5 砂的技术要求

项目		技术要求					
颗粒级配	筛孔尺寸(mm)	方孔				圆孔	
		0.16	0.315	0.63	1.25	2.50	5.0
	I区	100~90	95~80	85~71	65~35	35~5	10~0
	II区	100~90	100~90	70~41	50~10	25~0	10~0
	III区	100~90	100~90	40~16	25~10	15~0	10~0
泥土杂物含量(冲洗法)(%)		3					
硫化物和硫盐含量(折算为SO_3)(%)		1					
有机物的含量(比色法)		颜色不应深于标准溶液的颜色					
其他杂物		不得混有石灰、煤渣、草根等其他发物					

注:I区砂基本属于粗砂。II区砂基本属于中砂。III区砂属于细砂。有机物含量标准溶液的配制方法:取2克酸粉溶解于98ml的10%酒精溶液中即得所需的酸溶液,然后取该溶液2.5ml注入97.5ml浓度为3%的氢氧化钠溶液中,加塞后剧烈摇动,静置24小时即得标准溶液。

采用洁净,坚硬,符合规定级配,细度模数在 2.5 以上的粗,中砂;当无法取得粗,中砂时,经配合比实验可行,可采用泥土杂物含量小于 3% 的细砂;砂的技术要求应符合附表的规定。有机物含量标准溶液的配制方法:取 2 克酸粉液溶解于 98ml 的 10% 酒精溶液中即得所需的酸溶液,然后取该溶液 2.5ml 注入 97.5ml 浓度为 3% 的氢氧化钠溶液中,加塞后剧烈摇动,静置 24 小时即得标准溶液。

表 4.6　碎石技术要求

项　目		技术要求			
级配颗粒	筛孔尺寸(mm)(圆孔筛)	40	20	10	5
	累计筛余量(%)	0~5	30~65	75~90	95~100
强度	饱水抗压强度与混凝土抗压强度比	200			
	石料强度分级	3 级			
针片状颗粒含量(%)		15			
硫化物及硫酸盐含量(折算为 SO_3)(%)		1			
泥土杂物含量(冲洗法)(%)		1			

注:石料强度分级,应符合《公路工程石料实验规程》的规定。石料强度可采用压碎指标值(%)。

5.2.3　砂浆质量检查

通过试验选定,并要按规定填写《砂浆成分配合比选定报告单》,其强度检查试件按下列要求制取。每 100m³ 砌体要制作一组,不足 100m³ 也要制取一组(每组6 块)。当水泥品种标号有变动或配合比有调整及砂浆标号有变动时,取试件一组。

5.2.4　混凝土掺用的外加剂

为减少混凝土拌合物的用水量,改善和易性,节约水泥用量,提高混凝土强度,可掺入减水剂。

5.2.5　钢筋

(1)钢筋采购:生产厂家必须经过 ISO9000 质量体系认证,产品出厂要有质量保证书,没有出厂质量保证书的钢筋,不能采购,对使用的钢筋要严格按规定取样试验合格后方能使用。

(2)各种牌号、规格、分批验收分别堆放,不得混杂,且立牌以便识别。钢筋在运输、储存过程中,避免锈蚀和污染。钢筋堆置在钢筋棚内,当露天堆放时,垫高并加遮盖。钢筋要具有出厂质量证明书,使用前按规定频率进行抽检,其力学性能符合国家标准的规定才能使用,对不合格的钢筋材料清理出场。

（3）各种钢筋下料尺寸一定符合设计要求。钢筋截断前,根据设计图纸先将同直径不同长度的各种编号钢筋按顺序填制配料表再按表中各种钢筋的长度和数量配料,使钢筋的断头废料尽量减少;下料前认真核对钢筋规格、级别及加工数,防止差错;下料后挂牌注明所用部位,型号、级别,并分别堆放。加工成型的钢筋符合下列质量标准:

①钢筋直径、钢号符合设计要求。

②钢筋的技术条件必须符合设计要求及有关标准的规定。

③钢筋必须调直,调直后表面伤痕及锈蚀不应使钢筋截面积减小。

④钢筋无裂纹、断伤和刻痕。

⑤钢筋洁净、无油污等。

⑥加工钢筋的偏差不大于规范规定。

5.2.6 砼质量检测控制

混凝土在浇筑前要测定砂石含水量、换算施工配合比、填写配料单,经项目总工师审签后,送交施工负责人据此施工。施工单位接到配料单后,要按配料单上规定的配料数量及材料规格,指定专人负责过秤,加水,并挂牌标明配合比及每盘各材料用量。

砼组成材料的外观检查、配料和拌合正确性的检查控制,每工班至少一次。砼的坍落度及和易性的检查试验,每一工班至少二次。砂石料含水率（温度）试验和配合比的调整,每日开工前测一次,开工后宜每隔 4 小时测一次,如遇降雨或其它原因温度发生变化时,要随时进行检测调整配合比。水泥要分种类、分标号覆盖存放,不同品种和不同标号的水泥严禁混用。过期或受潮结块的水泥,严禁使用。

试块要在浇筑地点采取随机取样,每组 3 块,按试验技术要求和规定制作,检查试件要在标准条件下（湿度 20 + 3℃,相对湿度在 90% 以上）养护 28 天,作抗压强度试验,取样制作试件的组数应符合下列规定:不同标号或不同配合比的砼,要分别制作试件;砼量较大时,每灌注 50 ~ 100m³ 做试件一组,不足 50m³ 者也应制作一组。根据施工需要制作的施工检查用试件应在与工程结构同条件下养护,以检查结构或构件养护、拆模、吊装、加荷等强度,试件组数可视需要确定。

5.2.7 管材质量检测

（1）重视钢筋砼管资料的检查。要求施工单位选用正规厂家生产的管材,并且检查管材的出厂合格证及送检力学试验报告等资料是否齐全。

（2）重视钢筋砼管外观的检查。管材进场后,工程材料员应对管材外观进行检查,管材不得有破损、脱皮、蜂窝露骨、裂纹等现象,对外观检查不合格的管材不得使用。

（3）加强钢筋砼管的保护。应要求生产厂家在管材运输、安装过程中加强对管材的保护。

6. 机械设备质量保证措施

6.1 机械设备的保证措施

施工单位充分做到工作有程序、检查有标准、操作有规程、过程有控制、整改有措施、纠正有验证、活动有记录、事事有章可循。保证设备管理科学化、制度化、规范化。

项目部对设备使用实行动态管理,加强并控制设备的计划、管理、使用、保养、维修各个环节,使设备始终处于良好技术状态,满足工程施工的质量和进度要求。

6.1.1 根据工程特点编制设备计划。为提高施工效率采用机械化施工,工程机械化施工是由多种机械协同作业,发挥同一工程中多种作业机械的最大效率和保证工程质量,施工机械必须配套,机械配套首先选好既定工程的主导机械,其它机械必须与主导机械进行配套,各配套机械的工作能力必须相匹配,同一作业要尽量使用同一型号的机械,以便于维修管理。

6.1.2 建立设备进场验收制度。设备进场前组织有关人员对准备进场设备的技术状况进行检查和鉴定,尤其对使用于影响工程质量的特殊工序和关键工序的设备在使用前对其技术状况再进行鉴定,确保设备技术能力满足施工要求。对需要现场安装,如摊铺设备,组织相关技术人员进行安装、调试、试运转,合格后使用。

6.1.3 建立设备使用制度。由于机械设备使用数量大,项目部组建设备管理机构,制定设备使用制度,建立设备台账,对重要的和大型设备定机定人,实行机长负责制,中小型设备按机型分工负责。严格执行持证上岗制度,对所有操作人员必须进行进场培训,使之熟练掌握设备的操作规程和维护保养技术,达到"三好"、"四会"。作业前由项目部技术人员对设备操作人员进行技术交底和安全交底,使操作人员知道施工的部位、技术要求、质量标准、安全要求等。每天作业后及时填写运转记录和交接班记录。现场设备统一挂牌标识,便于管理。现场设备管理员对设备的使用进行全过程监控管理,认真做好设备进场检查、运转记录、过程控制、定期维护等工作。

6.1.4 建立定期检查制度。为掌握现场设备实际运行的情况,设备管理人员对设备使用过程每月进行监督检查,检查主要内容有:设备的运转情况、技术状态和技术能力、润滑情况、安全防护设施是否齐全、作业效果等。检查结果填入设备标识牌的"检验状态"一栏中,检查结果分为"合格、不合格、停用",同时施工设备管理员将检查情况填入《机械设备检查评定表》中。对检查不合格的设备制定整改措施,限期完成,停用设备组织维修班维修或作退场处理,确保使用的设备的技术状态和技术能力处于良好。

6.1.5　建立设备维护、维修、保养制度。项目部配备维修班组,负责对设备进行维护、维修、保养。维修班组根据设备运行记录和操作人员反映情况,按照设备的保养指导书进行维护、保养。防止"小病"变"大病",确保设备的完好率大于95%。

工程施工需要大量的机械设备,施工中各种机械配置合理,正常运行,对确保工程施工连续均衡,提高工程质量至关重要。

7. 质量通病防治措施

7.1　土石方工程质量通病及防治

7.1.1　挖方边坡塌方

(1)产生原因:

①采用机械整平,未遵循由上而下分层开挖的顺序,坡度过陡或将坡脚破坏,使边坡失稳,造成塌方或流坡。

②在有地表水、地下水作用的地段开挖边坡,未采取有效的降、排水措施,地表滞水或地下水侵入坡体内,使土的粘聚力下降,坡脚被冲蚀掏空,边坡在重力作用下失稳而引起塌方。

③软土地段,在边坡顶部大量堆土或堆放建筑材料,或行驶施工机械设备、运输车辆。

(2)预防措施:

①在斜坡地段开挖边坡时应遵循由上而下,分层开挖的顺序,合理放坡,不要过陡,同时避免切割坡脚,以防导致边坡失稳而造成塌方。

②在有地表滞水或地下水作用的地段,应做好排、降水措施,以拦截地表滞水和地下水,避免冲刷坡面和掏空坡脚,防止坡体失稳。特别在软土地段开挖边坡,应降低地下水位,防止坡体发生侧移。

③施工中避免在坡顶堆土和存放建筑材料,并避免行驶机械设备和车辆振动,以减轻坡体负担,防止塌方。

7.1.2 土方出现橡皮土

（1）产生原因：

在含水量很大的粘土或粉质粘土、淤泥质土、腐殖土等原状土地基土进行回填，或采用这种土作土料进行回填时，由于原状土被扰动，颗粒之间的毛细孔遭到破坏，水分不易渗透和散发。当施工时气温较高，对其进行夯击或碾压。表面形成一层硬壳，更加阻止了水分的渗透和散发，因而使土形成软塑状态的橡皮土。这种土埋藏越深，水分散发越慢，长时间不易消失。

（2）预防措施

①夯（压）实填土时，应适当控制填土的含水量，土的最优含水量可通过击实试验确定，工地简易的检验，一般以手握成团，落地开花为宜。

②避免在含水量过大的粘土、粉质粘土、淤泥质土、腐殖土等原状土上进行回填。

③填方区如有地表水时，应设排水沟排走；有地下水应降至基地 0.5m 以下。

④暂停一段时间回填，使橡皮土含水量降低。

7.1.3 回填土沉陷

（1）产生原因：

①基坑中的积水、淤泥杂物未清除就回填；或基础两侧用松土回填，未经分层夯实；或槽边松土落入基坑，夯填前未认真进行处理，回填后土受到水的浸泡产生沉陷。

②基槽宽度较窄，采用手夯进行夯实，未达到要求的密实度。

③回填土料中夹有大量干土块，受水浸泡产生沉陷；或采用含水量大的粘性土、淤泥质土、碎块草皮作土料，回填质量不合要求。

④回填土采用水泡法沉实，含水量大，密度达不到要求。

（2）预防措施：

①基坑回填前，应将槽中积水排净，淤泥、松土、杂物清理干净，如有地下水或地表滞水，应有排水措施。

②回填土采取严格分层回填、夯实。每层虚铺厚度不得大于 300mm。土料和含水量应符合规定。回填土密实度按规定抽样检查，使符合要求。

③回填土料中不得含有大于 50mm 直径的土块，不应有较多的干土块，急需进行下道工序时，宜用 2∶8 或 3∶7 灰土回填夯实。

7.3.4 沟槽浸水

（1）产生原因：

沟槽开挖时,防水、排水措施没有或考虑不周;或开挖前,不进行人工降水,以及人工降水失效,造成沟槽浸水。

(2)预防措施:

①开挖沟槽前,在沟槽周围的场地上,设置排水系统,截留地面水,防止地面水流入基坑。

②在地下水位较高地区,需在地下水位以下挖土,可采用明排水和三级深度挖土法挖基坑。即挖土深度和排水沟、集水井,始终保持三级深差,每级深差一般为 0.2~0.5m。开挖时,先从标高最低处开始,并在最低处设置集水井。除明排水后,也可采用各种井点降水法,将地下水降至基坑最低标高以下 0.5m 再开挖。

③如果基坑开挖后,不能立即进行下一道工序施工时,可在基坑设计标高之上,预留 0.15~0.3m 厚的一层土不挖,待下一工序开始前,再人工开挖至槽底的设计标高。

④要备足排水设备,随挖随排水。排水设备要根据水量而定,排水量应大于进水量,排水时间应自挖方开始到填方完成为止。

⑤在距河、沟、浜或灌溉渠较近的地方,应在沟槽外(近河、沟、浜一侧)设一道截水沟,截水沟距沟槽边线 3m 以上,使外界水流入截水沟,而避免流入沟槽内。截水沟中的水也应及时排出。

⑥沟槽已被泡软的土方应予挖除,并回填砂、石等粒料至土基标高。

7.1.5 沟槽回填沉陷

(1)产生原因:

压实机具不合适;填料质量欠佳、含水量控制不好等原因影响压实效果,给工后造成过大的沉降。

(2)预防措施

①沟槽回填时必须根据回填的部位和施工条件选择合适的填料和压(夯)实机具。

②沟槽较宽时可采用小型压路机碾压,沟槽较窄时采用人工或蛙式打夯机夯填。不同的填料,不同的填筑厚度应选用不同的夯压器具,以取得最佳的压实效果。

③填料中的淤泥、树根、草皮及其腐殖物既影响压实效果,又会在土中干缩、腐烂形成孔洞,这些材料均不可作为填料,以免引起沉陷。

④控制填料含水量大于最佳含水量2%左右;遇地下水或雨后施工必须先排干水再分层随填随压密实;杜绝带水回填或水夯法施工。

7.2　道路工程质量通病及防治

7.2.1　路基回填质量通病防治措施

路基填筑是某市政道路工程路基施工的关键工序。施工中超厚回填、倾斜碾压、填土不符合要求、带水回填均造成回填土达不到标准要求的密实度。

为杜绝以上现象,在施工过程中应采取以下措施:

(1)按照规范要求和质量标准,路基及沟槽回填土虚铺厚度不超过规定。

(2)在路基总宽度内,采用水平分层方法填筑。路基地面的横坡或纵坡陡于1:5时应作成台阶。回填沟槽分段填土时,分层倒退留出台阶。台阶高等于压实厚度,台阶长不小于1m。

(3)严格管理,对填土中的大砖块、大石块、大混凝土块要取出,对大于10cm的硬土块打碎或取出。

(4)在填筑前清除地面杂草、淤泥等,过湿土及含有有机质的土一律不得使用。属于沟槽回填,将槽底木料、杂草等杂物清除干净。

(5)过湿土,经过晾晒或掺加干石灰粉,降低至接近最佳含水量时再进行摊铺压实。

(6)有降水措施的沟槽,在回填至地下水位以上夯实完毕,再停止降水。

(7)如有积水且排除困难,将淤泥清除干净,再分层回填砂或砂砾,在最佳含水量下进行夯实。

(8)按规范要求,分段、水平、分层回填,段落的端头每层倒退台阶长度不小于1m,再接填下一段时碾轮要与上一段碾压过的端头重叠。

(9)槽边弯曲不齐的,将槽边切齐,使碾轮靠边碾压;对于检查井周围或其他构筑物附近的边角部位,用动力夯或人力夯夯实,周围空间应满足夯实机具尺寸要求。

7.2.2　道路基层质量通病防治措施

水泥稳定碎石是在一定级配的破碎砂砾或碎石中,按一定比例掺加少量水泥和粉煤灰,加入适当水量,拌合均匀的混合料(以下简称混合料),水泥稳定碎石做基层时,水泥剂量不宜超过6%。由于混合料的生产工艺不当和使用方法不当,在应用中产生诸多通病。

(1)摊铺时粗细料分离

摊铺时粗细料离析,出现梅花(粗料集中)砂窝(细料集中)现象。

原因分析:在装卸运输过程中造成离析,或用机械摊铺时使粗细料集中,未实行重新搅拌措施。

预防措施：

如果在装卸运输过程中出现离析现象，在摊铺前进行重新搅拌，使粗细料混合均匀后摊铺。

如果在碾压过程中看出有粗细料集中现象，将其挖出分别掺入粗、细料搅拌均匀，再摊铺碾压。

（2）干碾压或过湿碾压

混合料失水过多已经干燥，不经补水即行碾压。或洒水过多，碾压时出现"弹软"现象。

原因分析：

混合料在装卸、运输、摊铺过程中，水分蒸发，碾压时未洒水或洒水不足，或洒水过量。

在搅拌场拌合时加水过少或过多。

预防措施：

混合料出厂时的含水量控制在最佳含水量 0 和 +1.5% 之间。

在等于或大于最佳含水量（气候炎热干燥时，基层混合料可大 1%～2%）时进行碾压，直到达到标准规定的压实度。

7.2.3　道路面层工程质量通病防治措施

因为沥青混合料路面较水泥混凝土路面施工周期短，铺筑速度快，但是也存在一些质量缺陷。

（1）路面非沉陷型早期裂缝

①路面碾压过程中出现的横向微裂纹，往往是某区域的多道平行微裂纹，裂纹长度较短。

②采用半刚性基层材料，做基层的沥青路面，通车后半年以上时间出现的近似等间距的横向反射裂缝。

③路面在纵、横向接茬处产生不规则纵、横裂缝；或冬季发生的冻胀纵、横裂缝。

④路面出现的凸起开花和不规则的短裂缝。

原因分析：

①碾压当中出现微小裂缝：

碾压当中出现微小裂缝的原因是，由于碾压前沥青混合料摊铺时间过长，其表面变冷，形成僵皮，其内部较热，可塑性好，形成压路机串皮碾压，或过早使用重碾，均会造成沥青混合料在压路机碾轮前出现波浪；或由于底层与面层粘结不好，

（如下层表面脏污，或没有喷洒沥青结合料），或过碾产生推移横裂纹。

压路机加速或减速太猛，尤其是转向时过猛产生路面横纹。

沥青混合料过细，其结合料太少，（即油石比过低）；上碾过早，沥青混合料温度过高；沥青混合料中集料级配太差，石料偏少；由于刮风下雨或喷水防粘时碾轮喷水过量等，造成沥青混合料温度过低，产生的横向微裂纹。

整平找补料层过薄；或在坡道上摊铺沥青混合料过厚；或对薄沥青混合料层过量碾压等产生的横向微裂纹。

②在路面上出现半刚性基层开裂反射的或自身产生的较规律的横向裂缝产生的原因是：

石灰稳定土、水泥土或其他无机结合料的基层、垫层，由于碾压后未能潮湿养生，造成较大的干缩反射上来的横裂。

由于道路发生冻胀，产生的路面拱起开裂。

由于沥青原材料低温延性差或沥青混合料粘结力低，造成路面早期开裂。

当沥青混合料分幅碾压或纵向接茬时，由于接茬处理不符合操作规程要求而造成接茬开裂。

预防措施：

①在沥青混合料摊铺碾压中做好以下工作，防止产生横向裂纹。

严把沥青混合料进厂摊铺的质量关，集料过细，油石比过低，炒制过火，油大时，必须退货并通知生产厂家，严重时向监理或业主报告。

严格控制摊铺和上碾，大风和降雨时停止摊铺和碾压。

严格按碾压操作规程作业。平地碾压时，使压路机驱动轮总接近摊铺机上；压路机驱动轮在后面，使前轮对沥青混合料预压，下坡碾压时，驱动轮应在后面，用来抵消压路机自重产生的向下冲力。碾压前，用轻碾预压。压路机启动、换向尽量在压好的路段上。

双层式沥青混合料面层的上下两层铺筑，在当天内完成。如间隔时间较长，下层受到污染，铺筑上层前应对下层进行清扫，并浇洒适量粘层沥青。

沥青混合料的松铺系数宜通过试铺碾压确定。掌握好沥青混合料的摊铺厚度，使其等于沥青混合料层设计厚度乘以松铺系数。

采用摊铺机联机作业，以减少纵向分幅接茬。按 GB50092－96《沥青路面施工及验收规范》做好纵横向接缝。

纵缝要尽量采取直茬热接的方法，摊铺段不宜太长，一般在 60～100m 之间，于当日衔接，第一幅与第二幅搭接 2.5～5cm，然后再推回碾压。不是当日衔接的纵横缝上冷接茬,要刨直茬,可用热沥青混合料预热,即将热沥青混合料敷于冷茬上厚 10 ~ 15 cm,待冷茬混合料融化后(5 ~ 10 分钟)再清除敷料,进行搂平碾压,或用喷灯烘烤冷茬后即用热沥青混合料接茬压实。

②在设计和施工中采用下列措施,防止石灰稳定土等半刚性基层的收缩裂缝:

控制基层施工中,压实时的含水量为最佳含水量时,降低其干缩系数。

设计中,在半刚性基层上,加层厚≥10 cm 的沥青碎石,或厂拌碎石联结层,减低裂缝向沥青混合料面层的反射程度。

在半刚性基层材料层中,掺入 30% ~ 50% 的 2 ~ 4 cm 粒径的碎石,减少收缩裂缝,并提高碾压中抗拥推的能力。

对半刚性基层碾压后潮湿养护,随气候湿度不同,至少 5 ~ 14 天为宜。控制沥青混合料所用沥青的延度,或进行低温冷脆改性。

(2)路面泛油、光面

路面的沥青上泛至表面,形成局部油层,或由于行车作用,矿料磨光,路面形成磨阻值小的光面。

原因分析:

①层铺法施工,沥青用量过大或矿料不足,或矿料过细,不耐磨耗。

②层铺法在低温季节施工,路面未成型,嵌缝料散失,面层沥青量相对变大。

③采用下封层时沥青用量过大。

④拌合法表面处治的油石比过大或沥青稠度过低。

防治措施:

①用适当粒径的矿料进行罩面,提高路面粗糙度。

②根据泛油程度不同,在高温季节撒铺不同规格和数量的矿料,撒料时掌握先粗后细,少撒,勤撒的原则,然后用重碾强行将矿料压入光面。

(3)检查井与路面衔接不顺

路面上的各类检查井较路面高或低洼,或井周路面下沉、碎裂。

原因分析:

①检查井周围土基回填不实,路面基层密实度不够,造成井周下沉。

②升降检查井时,检查井圈未与路面高度和路纵横坡吻合。

③检查井圈缺乏足够的水泥砂浆和水泥混凝土固结牢固,经车辆刨压后活动,致使井周路面结构碎裂。

预防措施:

①为了使井周围路面基层松散材料能够压实和检查井与路面衔接平顺,在路床顶面或在石灰稳定土基层顶面将检查井用钢板盖死,将井位用拴点法拴牢,将路面中面层以下结构同其他部位一起摊铺碾压成活后,再将检查井挖出,这样可免于后补井圈。

②按照某市市政质量技术监督站统一要求进行加固,加固时,检查井圈的升降高度要用小线仔细校核保证井圈、高度和纵、横坡完全吻合。

7.2.4 道路附属构筑物工程质量通病防治措施

(1)立沿石安装的质量通病主要表现在:

①路线大半径弯道,局部不圆顺,有折点,路口小半径八字不符合圆半径要求,出现折角,或出现多个弧度。

②立沿石高程与路面边缘相对高差悬殊,出现较切点以外明显高突,多数出现在路口小半径八字和隔离带断口圆头处。

(2)原因分析:

①路线大半径曲线立缘石安装后,局部弯曲直顺度未调顺,即还土固定。

②小半径圆弧,未放出圆心,未按设计半径控制弧度。

③隔离带断口未按断口纵横断面高程或设计所给等高线控制立沿石高程。对顶面高程随意性较强。

(3)预防措施:

①路线大半径曲线,除严格依照已控制的道路中线量出立沿石位置控制线安装,还要做好宏观调顺后,再回填固定。

②小半径圆曲线要使用圆半径控制圆弧,按路口或断口的纵横断或等高线高程控制立沿石顶高。

③过小半径圆弧曲线,为了防治长缘石的折角和短沿石的不稳定及勾缝的困难,按照圆半径预制圆弧沿石。

7.3 桥涵及构筑物工程质量通病及防治

7.3.1 钢筋工程的质量通病及防治

(1)钢筋加工质量通病及防治

1)钢筋堆放扭曲、变形

钢筋是钢筋混凝土结构的重要原材料,使用前除应检查其外观质量外,还必须按材料质量控制的要求进行检验及试验。

钢筋成型时外形准确,但在堆放过程中发现扭曲、角度偏差。

原因分析:成型后往地面摔得过重,或因地面不平,或与别的钢筋碰撞变形,堆放过高压弯,搬运频繁。

预防措施:搬运、堆放轻抬轻放,放置地点应平整;尽量按施工需要运去现场并按使用先后堆放,以避免不必要的翻垛。设置专用钢筋加工场地。

治理方法:将变形的钢筋抬在成型台上矫正;如变形过大,检查弯折处是否有碰伤或局部出现裂纹,并根据具体情况处理。

2)钢筋电弧焊质量通病及防治

钢筋电弧焊接头中常见的焊接缺陷有两种:一种是外部缺陷,另一种是内部缺陷。有的缺陷既可能存在外部,也可能存在内部。如气孔,裂纹等。

a 焊瘤

焊瘤是指正常焊缝之外多余的焊着金属。焊瘤使焊缝的实际尺寸发生偏差,并在接头中形成应力集中区。

原因分析:

①熔池温度过高,凝固较慢,铁水在自重作用下下坠形成焊瘤。

②坡口焊、帮条焊或搭接立焊中,如焊接电流过太,焊条角度不对或操作手势不当也易产生这种缺陷。

预防措施:

①熔池下部出现"小鼓肚"现象时,用焊条左右摆动和挑弧动作加以控制。

②在搭接或帮条接头立焊时,焊接电流比平焊适当减少,焊条左右摆动时在中间部位走快些,两边稍慢些。

③焊接坡口立焊接头加强焊缝时,选用直径 3.2mm 焊条,并适当调整焊接电流。

b 咬边

焊缝与钢筋交界处烧成缺口没有得到熔化金属的补充。特别是直径较小钢筋的焊接及坡口立焊中的上钢筋很容易发生这种缺陷。

原因分析:

焊接电流过大,电弧太长,或操作不熟练。

预防措施:

选用合适的电流,避免电流过大。操作时电弧不能拉得过长,并控制好焊条的角度和运弧的方法。

c 裂纹

原因分析:

①焊接碳、锰、硫、磷化学成分含量较高的钢筋时,在焊接热循环的作用下,近

缝区易产生淬火组织。这种脆性组织加上较大的收缩应力,容易导致焊缝或近缝区产生裂纹。

②焊条质量低劣,焊芯中碳、硫、磷含量超过规定。

③焊接次序不合理,容易形成过大的内应力,引起接头裂纹。

④焊接环境温度偏低或风速大,焊缝冷却速度过快。

⑤焊接参数选择的不合理,或焊接线能量控制不当。

预防措施:

①为了防止裂纹产生除选择质量符合要求的钢筋和焊条外,选择合理的焊接参数和焊接次序。如在装配式框架结构梁柱刚性节点钢筋焊接中,应该一头焊完之后再焊另一头,不能两头同时焊接,以免形成过大的内应力,造成拉裂。

②在负温焊接时,环境温度不得低于-20℃,采取控温循环施焊,必要时采取挡风、防雪、焊前预热、焊后缓冷或热处理等措施,刚焊完的接头防止碰到雨雪。在温度较低时,尽量避免强行组对后进行定位焊(如装配式框架结构钢筋接头),定位焊缝长度适当加大,必要时采用碱性低氢型焊条。定位焊后应尽快焊满整个接头,不得中途停顿和过夜。

治理方法:铲除重新焊接。

d 夹渣

焊缝金属中存在块状或弥散状非金属夹渣物,俗称夹渣。

原因分析:

产生夹渣的原因很多,基本上是由于准备工作未做好或操作技术不熟练引起。如运弧不当、焊接电流小、钝边大、坡口角度小、焊条直径较粗等。夹渣也可能来自钢筋表面的铁锈、氧化皮、水泥浆等污物,或焊条药皮渗入焊缝金属所致。在多层施焊时,熔渣没有清除干净,也会造成层间夹渣。

预防措施:

①采用焊接工艺性能良好的焊条,正确选择焊接电流,在坡口焊中选用直径3.2mm 的焊条。焊接时必须将焊接区域内的脏物清除干净;多层施焊时,层层清除焊渣。

②在搭接焊和帮条焊时,操作中注意熔渣的流动方向,特别是采用酸性焊条对,必须使熔渣滞留在熔渣池后面;当熔池中的铁水和熔渣分离不清时,应适当将电弧拉长,利用电弧热量和吹力将熔渣吹到旁边或后边。

③焊接过程中发现钢筋上有脏物或焊缝上有熔渣,焊到该处将电弧适当拉长,并稍加停留,使该处熔化范围扩大,以把脏物或熔渣再次熔化吹走,直至形成

清亮熔池为止。

e 气孔

焊接熔池中的气体来不及逸出而停留在焊缝中所形成的孔眼,大半呈球状。根据其分布情况,可分为疏散气孔、密集气孔和连续气孔等。

原因分析:

①碱性低氢型焊条受潮,药皮变质或剥落、钢芯生锈;酸性焊条烘焙温度过高,使药皮变质失效。

②钢筋焊接区域内清理工作不彻底。

③焊接电流过大,焊条发红造成保护失效,使空气侵入。

④焊条药皮偏心或磁偏吹造成电弧强烈不稳定。

⑤焊接速度过快,或空气湿度太高。

预防措施:

①各种焊条均按说明书规定的温度和时间进行烘焙。药皮开裂、剥落、偏心过大以及焊芯锈蚀的焊条不能使用。

②钢筋焊接区域内的水、锈、油、熔渣及水泥浆等必须清除干净,雨雪天气不能焊接。

③引燃电弧后,将电弧拉长些,以便进行预热和逐渐形成熔池。在已焊缝端部上收弧时,将电弧拉长些,使该处适当加热,然后缩短电弧,稍停一会再断弧。

④焊接过程中,可适当加大焊接电流,降低焊接速度,使熔池中的气体完全逸出。

(2)钢筋安装质量通病及防治

1)外伸钢筋错位

外伸钢筋位置偏离设计要求过大,使它与相应的对接钢筋搭接不上。

原因分析:

①钢筋安装后虽已自检合格,但由于固定钢筋措施不可靠,发生变位。

②浇捣混凝土时被振动器或其他操作机具碰歪撞斜．没有及时校正。

预防措施:

①在外伸部分加一道临时箍筋,按图纸位置安好,然后用样板、铁卡或木方卡好固定;浇捣混凝土前再复查一遍,如发生移位,则校正后再浇捣混凝土。

②注意浇捣操作,尽量不碰撞钢筋,浇捣过程中由专人随时检查,及时校正。

2)结构或构件拆模时发现混凝土表面有钢筋露出。

原因分析:

保护层砂浆垫块垫得太稀或脱落;由于钢筋成型尺寸不准确,或钢筋骨架绑扎不当造成骨架外形尺寸偏大,局部抵触模板;振动混凝土时,振动器撞击钢筋,使钢筋移位或引起绑扣松散。

预防措施:

①砂浆垫块垫得适量可靠,竖立钢筋采用埋有钢丝的垫块绑在钢筋骨架外侧;同时,为使保护层厚度准确,用钢丝将钢筋骨架拉向模板,将垫块挤牢。

②严格检查钢筋的成型尺寸。模外绑扎钢筋骨架时,控制好它的外形尺寸,不得超过允许偏差。

治理方法:

范围不大的轻微露筋可用水泥浆或水泥砂浆堵抹;露筋部位附近混凝土出现麻点,沿周围敲开或凿掉,直至看不到孔眼为止,然后用砂浆抹平。为保证修复水泥浆或砂浆与原混凝土接合可靠,原混凝土面要用水冲洗、用铁刷子刷净,使表面没有粉层、砂粒或残渣,并在表面保持湿润的情况下补修。重要受力部位的露筋应经过技术鉴定后,采取措施补救

7.3.2 模板支架工程质量通病及防治

模板的制作与安装质量,对于保证混凝土、钢筋混凝土结构与构件的外观质量、几何尺寸的准确以及结构的强度和刚度等将起到重要作用。由于模板尺寸错误或缺陷,支架位移、变形不牢固甚至倒塌等引起的工程质量问题时有发生。模板、支架的质量是工程质量控制的重要环节,必须引起高度重视。

模板支架的设计和施工必须符合以下要求:

具有必需的强度、刚度和稳定性,能可靠地承受施工过程中可能产生的各种荷载,保证结构物各部形状、尺寸和相互位置的准确;

尽量采用组合钢模板或钢框架胶合板、竹塑板类大模板以及新型高效模板体系,以节约木材,提高模板的适应性和周转率,提高构筑物的外观质量;模板板面平整,接缝严密不漏浆,模内必须洁净;

构造简单,装拆容易,施工操作方便,确保施工安全。

①现浇混凝土结构的模板

现浇混凝土结构模板安装前,根据设计图纸、结构要求和施工现场情况,妥善解决模板安装、钢筋安放及混凝土浇筑等工序需要交错进行时的合理施工顺序及模板钢筋的安装顺序。

混凝土墙模板缺陷主要表现在:

a 炸模、倾斜或变形。

b 墙体厚薄不一,墙面高低不平。

b 墙根跑浆、露筋及蜂窝麻面,模板底部被混凝土及砂浆裹住,拆模困难。

c 墙角模板拆不出。

d 墙体分层浇筑出现接茬不平、错台。

e 变形缝处橡胶止水带未被混凝土包裹住或被挤偏。

原因分析如下:

a 模板制作不平整,厚度不一致,相邻两块墙模板拼接不严、不平。支撑不牢,没有采用对拉螺栓来承受混凝土对模板的侧压力,以致混凝土浇捣时炸模(或因选用的对拉螺栓直径太小,不能承受混凝土侧压力而被拉断)。

b 模板间支撑方法不当。只有水平支撑,属不稳定结构。

c 混凝土浇灌分层过厚,振动不密实,模板受侧压力过大,支撑变形。

d 角模与墙模板拼装不严,水泥浆漏出,包裹模板下口。拆模时间太迟,模板与混凝土粘结力过大。

预防措施:

a 墙面模板拼装平整,符合质量检验评定标准。

b 有几道混凝土墙时,除顶部设通长连接钢管或木方定位外,相互间均用剪刀撑撑牢。

c 墙身中间用穿墙对拉螺栓拉紧,以承担混凝土的侧压力,确保不炸模(一般采用 $\Phi12 \sim \Phi16mm$ 螺栓)。两片模板之间,根据墙的厚度用钢管或硬塑料套管撑住,以保证墙体厚度一致。有防水要求时,采用设有止水设施的螺栓。

d 每层混凝土的浇筑厚度,控制在施工规范允许范围内。

e 不采用对拉螺栓工艺时,两侧墙体的支撑在施工方案中进行复核计算并严格按施工方案施工,通过认真的检查后方能浇捣混凝土。

②支架

支架的设计和选用保证模板支架在施工荷载、泵送混凝土所产生的冲击荷载等作用下有效的抵抗倾倒,必须符合《公路桥涵施工技术规范》(JTJ041-2004)等施工规范要求和结构特点,避免出现压弯、折断、失稳倾倒等一系列质量通病。

7.3.3 混凝土工程质量通病及防治

水泥混凝土和钢筋混凝土是各种工程项目施工中最关键的环节之一,其最主要的通病就是混凝土裂缝。

按裂缝的方向、形状有:水平裂缝,垂直裂缝,纵向裂缝,横向裂缝,斜向裂缝以及放射状裂缝等。按裂缝深度有:表面裂缝,深进裂缝和贯穿裂缝等。

（1）塑性收缩裂缝（龟裂）

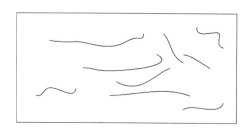

图 4.7 塑性收缩裂缝

裂缝在结构表面出现，形状很不规则，类似干燥的泥浆面。大多在混凝土浇筑初期（一般在浇筑后 4 小时左右），当混凝土本身与外界气温相差悬殊，或本身温度长时间过高（40℃以上），而气候干燥、气温高、风速大的情况下出现。塑性裂缝又称龟裂，严格而言属于干缩裂缝，出现很普遍。裂缝较浅，多为中间宽两端窄，且长短不一，互不贯通。

1）原因分析

①混凝土浇筑后，早期养生不良，表面没有及时覆盖，受风吹日晒，表面游离水分蒸发过快，产生急剧的体积收缩，而此时混凝土早期强度低，不能抵抗这种变形应力而导致开裂。

②使用收缩率较大的水泥，水泥用量过多，或使用过量的粉砂。

③混凝土水灰比过大，模板、垫层过于干燥，吸水量大，也是导致这类裂缝出现的因素。

④斜坡上浇筑混凝土，由于重力作用混凝土有向下流动的倾向，亦会产生收缩裂缝。

2）预防措施

①配制混凝土时，严格控制水灰比和水泥用量，选择级配良好的石子，减小空隙率和砂率；同时要捣固密实，以减少收缩量，提高混凝土抗裂强度。

②浇筑混凝土前，将基层和模板浇水湿透。

③混凝土浇筑后，对裸露表面及时用潮湿材料覆盖，认真养护。

④在气温高、湿度低或风速大的天气施工，混凝土浇筑后，及早进行洒水养护，使其保持湿润；大面积混凝土宜浇完一段，养护一段。此外，加强表面的抹压和成品保护工作。

⑤混凝土养护采用喷洒养护剂，或覆盖湿麻袋、塑料薄膜等方法；当表面发现微细裂缝时，及时抹压一次，再覆盖养护。

⑥设挡风设施。

3）治理方法

此类裂缝对结构强度影响不大，但会使钢筋锈蚀，且有损美观，故一般可在表面抹一层薄砂浆进行处理。对于预制构件，也可在裂缝表面涂环氧胶泥或粘贴环氧玻璃布进行封闭处理。

（2）干缩裂缝

裂缝为表面性的，宽度较细，多在 0.05～0.2mm 之间。其走向纵横交错，没有规律性。较薄的梁、板类构件（或桁架杆件），多沿短方向分布，整体性结构多发生在结构变截面处；平面裂缝多延伸到变截面部位或块体边缘；大体积混凝土在平面部位较为多见，侧面也常出现；预制构件多产生在箍筋位置。这类裂缝一般在混凝土露天养护完毕经一段时间后，在表层或侧面出现，并随湿度和温度变化而逐渐发展。

1）原因分析

混凝土收缩分为湿度收缩（即干缩）和自收缩。湿度收缩是混凝土中多余水分蒸发，随湿度降低体积减小而产生的收缩，其收缩量占整个收缩量的绝大部分。自收缩为水泥水化作用引起的体积收缩，收缩量只有前者的 1/5～1/10，一般可包括在湿度收缩内一起考虑。干缩裂缝产生的原因是：

①混凝土成型后，养护不当，受到风吹日晒，表面水分散失快，体热收缩大，而内部湿度变化很小，收缩也小，因而表面收缩变形受到内部混凝土的约束，出现拉应力，引起混凝土表面开裂；或者平卧薄型构件水分蒸发，产生的体积收缩受到地基、垫层或台座的约束，而出现干缩裂缝。

②混凝土构件长期露天堆放，表面湿度经常发生剧烈变化。

③采用含泥量大的粉砂配制混凝土。

④混凝土经过度振动，表面形成水泥含量较多的砂浆层，收缩量加大。

⑤后张法预应力构件露天生产后没有及时张拉等。

2）预防措施

①混凝土水泥用量、水灰比和砂率不能过大；严格控制砂、石含泥量，避免使用过量粉砂。混凝土振动密实，并注意对表面进行二次抹压（在混凝土初凝后终凝前，进行二次抹压），以提高混凝土抗拉强度，减少收缩量。

②加强混凝土早期养护，并适当延长养护时间。长期露天堆放的预制构件，可覆盖草帘、麻袋，避免曝晒，并定期适当洒水养护，保持湿润。薄壁构件应在阴凉之处堆放并覆盖，避免发生过大的湿度变化。

（3）塑性沉降收缩裂缝

裂缝多沿结构上表面钢筋通长方向或箍筋上断续出现，或在预埋件附近周围出现。裂缝呈棱形，宽度不等，深度不一，一般到钢筋上表面为止。裂缝多在混凝土浇筑后发生，混凝土硬化后即停止。

1）原因分析

混凝土浇筑振动后，粗骨料沉落，挤出水分和空气，表面出现泌水，形成竖向体积收缩沉落。这种沉降受钢筋、预埋件、模板或粒径大的粗骨料以及已凝固混凝土的局部阻碍或约束，或因混凝土内部各部位相对沉降量过大，而引起裂缝。

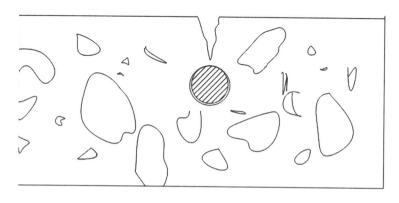

图 4.8　沉降裂缝断面

2）预防措施

①加强混凝土配制和施工操作控制，水灰比、砂率、坍落度不应过大。

②振动充分，避免漏振及过振。

③截面高度相差过大的构筑物，宜先浇筑较深部位的混凝土，静置 2~3 小时待混凝土沉降稳定后，再与上部薄截面混凝土同时浇筑。

④适当增加混凝土保护层的厚度。

3）治理方法：同"塑性收缩裂缝"的治理方法。

（4）凝缩裂缝

在混凝土初凝期间，表面呈现细小六角形花纹状裂缝。

1）原因分析

①混凝土表面过度抹平压光，使水泥和细骨料过多地浮到表面，形成含水量较大的砂浆层，它比下层混凝土的干缩性能更大，水分蒸发后，产生凝缩而出现裂缝。

②在混凝土表面撒干水泥压光，容易产生凝缩裂缝。

2）预防措施

混凝土表面刮抹应限制到最少程度。不得在混凝土表面撒干水泥抹压。如表面粗糙,含水量大,可撒较稠的水泥砂浆或干水泥砂再压光。

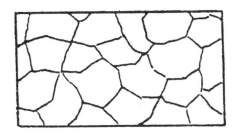

图 4.9　凝缩裂缝

3）治理方法

此类裂缝不影响强度,一般可不作处理。对外观质量要求高者,可在表面加抹薄层水泥砂浆。

（5）碳化收缩裂缝

在结构表面出现,呈花纹状,无规律性。裂缝深 1～5mm,有些在结构表面出现,呈花纹状,无规律直至钢筋保护层的全深;裂缝宽 0.05～1mm,多数发生在混凝土浇筑后数周或更长时间。

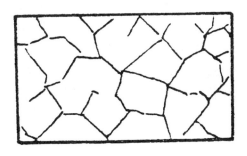

图 4.10　碳化收缩裂缝

1）原因分析

①混凝土的水泥浆中氢氧化钙与空气中二氧化碳作用,生成碳酸钙,引起表面体积收缩,受到结构内部未碳化混凝土的约束而引起表面龟裂。在空气相对湿度为 30%～50% 的干燥环境中尤为显著。

②在密闭不通风的地方用火炉加热保温,产生大量二氧化碳,使混凝土表面加速碳化,产生此类裂缝。

2)预防措施

①避免过度振动,不使表面形成砂浆层。加强养护,提高混凝土表面强度。

②避免在不通风之处采用火炉加热保温。

3)治理方法:与"干缩裂缝"相同。

7.4 灌注桩成孔的质量通病及防治

7.4.1 孔底虚土问题

孔底虚土在灌注桩施工中属常见病,一般采取超过灌注桩设计底高程0.5～1.2m,以消除虚土沉降对设计底高程的影响。这样虽然起到了一定的作用,但人为增加了施工成本。

7.4.2 孔底虚土的成因

(1)土质:对地质情况缺乏了解,是造成孔底虚土不容忽视的因素。松散性质的炉渣、砂卵石层易于坍塌,尤其是孔底含卵石较多的砂层易于坍塌,形成虚土,难以取出。

(2)钻杆及钻头:钻杆不直,使钻头在进尺过程中产生摆动,孔径增大,松土回落;螺旋叶片坡角与转速不适应,或叶片磨损向下弯曲造成落土;锥型钻头可钻碎瓦块或坚土,但取不净虚土。

(3)钻孔工艺:钻到既定孔深时,有两种清底方法:

①空转清底,停止回转,提升钻杆,称为静拔工艺;

②边拔钻杆边回转,随转随出土,称为动拔工艺。如两种工艺使用不当,将造成孔底虚土。另外,遇到碎砖瓦块、软硬交界层时,钻进速度快也易扩大孔径,造成虚土回落。

(4)施工工序:成孔后没有及时盖好孔口板,放钢筋笼前没有安放好孔口护筒,翻斗车等施工机械在孔口附近行走等,都将造成地面及孔壁震动,致使虚土回落。

(5)场地:场地不平整,使钻孔孔径加大;钻杆叶片与孔壁不均匀摩擦,使壁土回落,形成虚土。

(6)钻机自身:钻机在自身运转期间不规则抖动,对地面形成动荷载,产生震动,造成孔底虚土。

7.4.3 防治措施

机械进场使用前检修钻机、钻杆及叶片。根据地质勘测资料及试钻情况,选定钻头型式及施工工艺。试钻时确定是否需要二次投钻及方法。一般情况下,二次投钻可以减少虚土,土质较好时虚土厚度可以达到规定标准。对于粘性土或土中夹杂砖瓦时,采用动拔出土方法回落土较少;对于砂性土,采用静拔出土法,可减少虚土。加强施工管理,成孔后立即对孔口进行保护;安放钢筋笼时,注意垂直慢放钢筋笼,加强钢筋笼自身的架立强度,以防止起吊时变形,以致碰壁,避免孔口与孔壁土回落;翻斗车等施工机械不得靠近孔口;禁止翻斗车直接灌注混凝土;当日成孔当日灌注混凝土。

目前清除孔底虚土的方法还有:用抓斗清孔底;用套管旋转器清孔底;用手摇式绞盘,悬挂 125 kg 铁锤锤击虚土,锤击高度 0. 8 ~ 1. 2 m ,锤击 10 ~ 15 次,效果也很好;孔底先灌入水泥浆将虚土捣固,或用压力灌浆捣固,将孔底虚土固化。

7.4.4　成孔垂直度问题

根据文献规定灌注桩成孔垂直度不得超过桩身长度的 1 % 。否则将影响桥体的荷载分布,进而影响整个桥梁的使用寿命。造成成孔垂直度超标的原因如下:

(1)筑岛土料碾压不实,或在雨后施工,钻孔机械施工由于振动致使机械发生倾斜。

(2)场地不平,钻机钻孔前未进行超平,以至于钻杆不直,造成钻孔倾斜。

(3)钻孔时钻机摇晃,钻头受力不均产生倾斜。钻孔工作是灌注桩施工质量的关键,钻机就位时必须保持平稳,不发生倾斜和移动;钻机的转盘和底座应水平;钻杆、卡孔和护筒中心三者应在同一铅垂线上,保证垂直度。针对以上原因,采取以下防治措施:做好场地平整工作,松软场地及时进行分层碾压处理;雨季施工现场采取排水措施,防止钻孔处表面积水;钻机左右两侧增加调整装置,开钻前从两个方向校正钻杆的垂直度,钻头尖部一定要对准桩位,对中误差严格控制在 d/ 6 ,且 ≥200 mm 。并在钻孔时,经常校正钻机的垂直度。

7.4.5　成孔的扩径问题

关于成孔的扩径问题,在上述两个问题中均产生不同程度的扩径,值得补充的是地下流砂。地下流砂一般是在承压水的作用下,钻机破坏了原有的平衡系统使承压水带动细砂产生流动形成的,也是造成扩径甚至塌孔的主要原因。在实际施工中,要实地分析扩径的原因,采取正确措施。如果是地下流砂的原因,则通过采用反循环钻机,减慢成孔速度增加护壁泥浆的浓度以及外水头压力的办法,来预防孔壁坍塌造成的扩孔。

7.4.6　成孔过程中易发生孔位偏差

从钻孔的设备到地质条件,以及施工方法上考虑主要有以下几个方面:

(1)钻机或钻架安装不平,长时间施工产生移位。

①地质条件出现软硬界面,钻头受力不均,岩面处倾斜钻进。

②钻孔遇较大孤石或探头石造成倾斜。

③钢筋骨架固定不牢产生偏差。

④施工放样误差。

（2）预防措施

①每根桩首件开工前，由项目经理部进行边施工边实地详细的技术交底工作。

②桩位放样，采用标定精确的全站仪进行放样，并经技术负责人审核，监理工程师批准后方可实施，放样偏差控制在5mm以内。

③安装钻机时，要使转盘、底座水平，冲孔时经常检查钻机移位情况和孔位偏差，每班至少检查一次，并形成检查记录。

④终孔下骨架前，检查孔中心偏差在允许范围。

⑤骨架中心与桩位中心相重合，其偏差不得大于1cm，骨架要固定牢固防止移位。

⑥灌注混凝土过程中，下导管或提升导管时避免碰撞骨架。

⑦发生岩面倾斜或遇探头石时，应吊着钻杆控制进尺，低速钻进，或回填片石卵石，然后用冲锤冲击。

7.5　雨水沟槽施工工程质量通病及防治

7.5.1　边坡塌方的预防措施

根据土壤类别，土的力学性质确定适当的槽帮坡度。实施支撑的直槽槽帮坡度一般采用1：0.05。大开槽的槽帮坡度可参照下表的规定。

表4.8　大开槽槽帮坡度

土壤类别	槽帮坡度（高：宽）	
	槽深＜3m	槽深3～5m
砂　土	1：0.75	1：1.00
亚砂土	1：0.50	1：0.67
亚粘土	1：0.33	1：0.5
粘　土	1：0.25	1：0.33
干黄土	1：0.20	1：0.25

较深的沟槽，宜分层开挖。人工开挖多层槽的中槽和下槽.机械开挖直槽时，均需按规定进行支撑以加固槽帮。其支撑形式、方法和适用范围可参照下表确

定。掌握天然排水系统和现况排水管道情况,做好地面排水和导流措施。当沟槽开挖范围内有地下水时应采取排降水措施。将水位降至槽底以下不小于 0.5m,并保持到回填土完毕。

挖槽土方应妥善安排堆存位置。一般情况堆在沟槽两侧。堆土下坡脚与槽边的距离应根据槽深、土质、槽边坡来确定。其最小距离为 1.0m。若计划在槽边运送材料,有机动车通行时,其最小距离为 3.0m,当土质松软时不得小于 5.0m。

表4.9 支撑方法和适用范围

支撑名称	支撑方法	适用范围
坡脚短桩	打入小短木桩,一半外露,一半在地下,外露部分背面钉上横木板,然后填土	部分地段下部放坡不足,为保护坡脚,防止坍塌
断续式水平支撑	三至五块横板水平放置,紧贴槽帮,方木立靠在横板上,再用圆木或工具式横撑顶紧方木	湿度较小的粘性类土、槽深小于3m
连续式水平支撑	横板水平密排,紧贴槽帮,方木立靠在横板上,两侧同时设置,用方木或工具式横撑顶紧方木	容易坍塌,但容许支撑的砂性土,槽深在 3～5m 时
连续式垂直支撑	木板密排垂直放置,紧贴两侧槽帮,用方木水平靠在立板上,以撑木顶紧方木,并用木楔	容易坍塌,并需要随挖随支撑的砂性土
企口板桩支撑	挖直槽深 50～100cm,将板桩插入导架,沿底槽边密排,人工用锤打入土内随打随挖。用方木紧贴板桩,横撑顶紧方木。挖槽见底后需调整横撑位置	地下水比较严重,有流沙现象,不能排板,只能随打板桩随挖土时
钻孔埋钢梁式支撑	用 D400 螺旋钻钻孔,伸入槽底 1～1.5m,在孔内下工字钢,随挖土随固定横工字钢和横撑,并下立挡土板,横方木放在工字钢之间,别住挡土板	槽深大于4m,有可能坍塌的直槽时

沟槽挖方,在竖直方向,应自上而下分层,从平面上说 应从下游开始分段依次进行,随时做成一定坡势,以利排水。沟槽见底后应及时施工下一道工序,以防扰动地基。

7.5.2 沟槽断面不符合要求控制措施

施工技术人员要认真学习设计图纸和施工规范,充分了解施工环境。在研究确定挖槽断面时,既要考虑少挖土、少占地,更要考虑方便施工,确保生产安全和工程质量,做到开槽断面合理。

开槽断面系由槽底宽、挖探、槽层、各层边坡坡率以及层间留台宽度等因素确定。槽底宽度,应为管道结构宽度加两侧工作宽度。每侧工作宽度下表的规定选用。

表 4.10 管道结构每侧工作宽度

管道结构宽(mm)	每侧工作宽度(m)	
	金属管道及砖沟	非金属管道
200～500	0.3	0.4
600～1000	0.4	0.5
1100～1500	0.6	0.6

注:有外防水的砖沟,每侧的工作宽度宜取0.8m;管侧还土采用机械夯实时,每侧工作宽度应能满足机械安全操作的需要;现浇混凝土沟,每侧工作宽度在施工方案中确定;管道结构宽度:无管座者按外皮计算,有管座者按管座外皮计算,砖沟按墙外皮计算,有卵石基础的按卵石外边计算;有支撑时,工作宽度指结构外皮至撑板的净宽;采用边沟排水时,视降水级别,每侧另加0.3～0.5m。

操作人员要按照技术交底中合理的开槽断面和施工操作规程施工。

7.5.3 管道位置偏移或积水的控制措施

(1)施工前要认真按照施工测量规范和规程进行交接桩复测与保护。

(2)施工放样要结合水文地质条件,按照埋置深度和设计要求以及有关规定放样,且必须进行复测检验其误差符合要求后才能交付施工。

(3)施工时严格按照样桩进行,沟槽和平基要做好轴线和纵坡测量验收。

(4)施工过程中如意外遇到构筑物须避让时,应在适当的位置增设连接井,其间以直线连通,连接井转角应大于135°。

7.5.4 检查井变形、下沉的控制措施

(1)认真做好检查井的基层和垫层,破管做流槽的做法,防止井体下沉。

(2)检查井砌筑质量应控制好井室和井口中心位置及其高度,防止井体出现变形。

(3)检查井井盖与座要配套;安装时座浆要饱满;轻重型号和面底不错用,铁爬安装要控制好上、下第一步的位置,偏差不要太大,平面位置准确。

7.5.5　回填土沉陷的控制措施

（1）沟槽回填时必须根据回填的部位和施工条件选择合适的填料和压（夯）实机具。如本地区主干道下的排水等设施的坑槽回填用中粗砂。沟槽从胸腔部位填至管顶 30cm，再灌水振捣至相对密度≥0.7，实践证明效果很好。

（2）沟槽较窄时可采用微型压路机填压或人工和蛙式打夯机夯填。不同的填料，不同的填筑厚度应选用不同的夯压器具，以取得最经济的压实效果。

（3）填料中的淤泥、树根、草皮及其腐殖物既影响压实效果，又会在土中干缩、腐烂形成孔洞，这些材料均不可作为填料，以免引起沉陷。

（4）控制填料含水量大于最佳含水量 2% 左右；遇地下水或雨后施工必须先排干水再分层随填随压密实；杜绝带水回填或水夯法施工。

（5）不影响其它构筑物的少量沉降可不做处理或只做表面处理，如沥青路面上可采取局部填补以免积水。

（6）如造成其它构筑物基础脱空破坏的，可采用泵压水泥浆填充。

（7）如造成结构破坏的应挖除不良填料，换填稳定性能好的材料，经压实后再恢复损坏的构筑物。

二、创优计划

1. 工程创优要求

1.1　工程创优原则

高度重视策划，严格执行规范，积极创造亮点，精心处理细节。

1.2　工程创优依据

1.2.1　《工程创优实施细则》

1.2.2　《样板引路实施细则》

1.2.3　《竣工收尾实施细则》

1.2.4　《施工汇报实施细则》

1.2.5　《工程音像文件管理实施细则》

1.3　精品工程内涵

1.3.1　结构安全，功能完善是工程质量的本质，是满足工程产品运行使用的基础，包含了市政工程所必须具备的安全、实用、耐久的基本属性。施工过程中应严格执行强制性条文，保证生产和结构安全；通过深化功能和细部的施工设计，充分发挥使用功能，努力塑造工程亮点。

1.3.2　管理先进，控制严格。施工组织设计、专项施工方案要切实可行，创优策划要有预见性。通过保证管理体系的正常运行,保持过程输入因素的稳定;通过实施科学化、精细化管理,严格执行施工规范,提高质量控制标准,保证一次成优,实现过程精品。

1.3.3 技术创新,工艺改进。积极推广应用《建筑业十项新技术》,创造性地开展工作,提高工程的科技含量。深入开展质量管理活动,总结 QC 小组成果,编制企业工法。通过提高专业化、机械化、工具化、模块化程度,优化工艺流程,持续改进工艺和质量水平。

1.3.4 数据指导,记录规范。规范程序,坚持样板引路,总结工艺要点和技术参数,用数据指导施工;重视记录管理,收集真实、准确、完整的数据,编制与施工同步、标识清楚可追溯、格式和内容规范的施工和验收记录,整理系统全面、符合归档要求的施工技术文件。

1.3.5 安全文明,绿色环保。以人为本的安全文明施工理念、节能减排的绿色环保施工理念是工程建设的趋势,合理降低成本、切实减少消耗也是工程经济性的要求,要真正体现向管理要效益。

1.3.6 整体美观,细节精致。这是工程美观性的要求,是追求完美的意识和品位,是展示构思新颖、技术精湛、精工制造的能力,是展现责任和实力的态度。

2. 道路工程创优标准

2.1 观感项目

2.1.1 沥青路面

(1)表面平整,横向施工冷接缝、新旧路面衔接处结合紧密平顺,无明显跳车现象。

(2)面层坚实,无明显轮迹、推挤、裂缝、脱落、烂边、掉渣等现象。

(3)沥青混合料均匀一致,无明显粗骨料离析现象,无明显翻浆、泛油现象。

(4)基层应采取预控及补强措施,防止沥青路面产生结构性反射裂缝。

(5)严禁出现施工机械洒漏柴油、施工拌和水泥浆造成的路面污染现象,杜绝大型施工机械对路面的损伤现象。

(6)路面排水顺畅,路口、道路边部不得有积水现象。

2.1.2 混凝土路面

(1)混凝土表面无脱皮、印痕、裂纹、石子外露和缺边掉角等病害现象。

(2)路面侧石直顺,曲线圆滑。

(3)接缝填筑饱满密实。

(4)胀缝无明显缺陷。

2.1.3　路缘石

(1)路缘石材质应符合设计与规范要求,质地均匀、完整无明显修补。

(2)路缘石厚度一致、倒角一致、端面平整,安装稳固、线形直顺、顶面平整、立面垂直、缝宽均匀,无明显色差,无边角破损现象。

(3)路缘石表面无油料、水泥浆等污染现象。

(4)圆头路缘石应根据半径、弧度定制加工,尺寸标准,放样安装,相切自然,圆顺美观。

(5)坡道异形路缘石应按设计定制加工,安全岛锐角立沿石应考虑做成定型圆头。

(6)所有路缘石安装应按模数控制,人工切割补空长度不应小于1/2模数。

(7)路缘石后背混凝土支模浇筑,线形直顺、高度一致、牢固可靠。

2.1.4　其它

(1)路灯、设施基础等功能设施设置合理,安装规范,与道路观感质量相匹配。

(2)景观绿化效果显著,提升道路形象,改善周边环境。

2.2　结构安全和使用功能

2.2.1　路面平整度

从路基开始严格控制高程,结合道路层混凝土侧模工艺,逐层提高基层摊铺平整度控制标准(基层提高到5mm),沥青面层平整度应采用测平仪检测,标准差σ值提高到1.0以内。

2.2.2　路基、路面弯沉

应全部合格,并控制波动界限。

2.2.3　路面结构厚度

与高程和平整度关系密切,要通过强制推行基层、面层混凝土侧模工艺,并提高机械摊铺水平,来保证基层、面层厚度合格。

2.2.4　路面抗滑性能

摩擦系数(横向力系数)、构造深度应按要求检测合格。

2.2.5　路面渗水系数

渗水系数直接反映混合料和压实质量,有必要进行检测控制。

2.2.6　路面抗车辙能力

目前车辙是常见病害,主要出现在道路缓行区,需策划并实施改进措施。SMA沥青上面层目前可以满足要求,中粒式沥青混合料需要改善。

3. 桥梁工程创优标准

3.1　一般项目

3.1.1　灌注桩基础、承台

现浇混凝土基础表面无空洞、露筋,顶面高程、基础厚度、轴线偏移符合规范要求。

3.1.2　混凝土墩柱

现浇混凝土柱表面无孔洞、露筋、蜂窝、麻面,垂直度、顶面高层、直顺度、平整度符合允许偏差要求。

3.1.3　支座

支座安装允许偏差应当符合支座高程及支座偏移的允许范围要求。

3.1.4　预制空心板

预制空心板张拉台座、预应力钢绞线张拉力控制、钢筋制作安、模板安装、混凝土浇筑符合要求。

3.1.5　桥面铺装层及伸缩缝

桥面铺装层允许偏差符合厚度、横坡、平整度、抗滑构造深度的允许偏差要求,伸缩缝无渗漏、无变形、伸缩缝无阻塞。

3.2　结构安全和使用功能

3.2.1　灌注桩基础

(1)钻孔前应埋设护筒,

(2)储浆池设置在桥的下游,

(3)护筒高出施工水位2m,

(4)泥浆宜选用优质粘土,

(5)钻孔应当一次成孔,中途不得停顿,

(6)清孔时必须保持孔内水头,防止塌孔,

(7)钢筋笼吊装如孔后保持垂直,

(8)灌注水下混凝土前,应当再次检查孔内泥浆指标和沉渣厚度,必要时进行二次清孔,符合条件后方可进行水下砼浇筑。

3.2.2　承台

(1)承台施工前检查桩基位置,确认符合设计要求后方可进行施工,

(2)在坑内无积水的情况下浇筑钢筋混凝土承台,

(3)在基坑有渗水的情况下浇筑钢筋砼承台,应当有排水措施,坑内不得积水。

(4)承台砼应当连续浇筑成型。

3.2.3　混凝土墩柱

(1)混凝土柱浇筑前应当对基础砼表面进行凿毛处理,

(2)混凝土应分层进行浇筑,

(3)模板符合强度及刚度的要求,

(4)使用整体组合模板,快装组合支架。

3.2.4　支座安装

(1)支座水平位置及高程必须准确,

(2)墩台上部的支座垫石和挡块应当进行二次浇筑,确保高程及位置的准确,

(3)支座安装前垫石应当清理干净,

(4)支座安装后,支座与墩台顶钢垫板间应当密贴。

3.2.5　预制空心板

(1)张拉台座的设置必须满足施工要求,具有足够的强度及刚度。

(2)预制底扳必须平整,直接用作底板的混凝土必须保证砼强度。

(3)预应力钢绞线张拉时必须严格控制张拉力,并用理论伸长值与实测伸长值之差进行校核。

(4)钢筋的制作安装必须符合设计及规范要求,严禁出现少筋、漏筋现象。

(5)混凝土必须按施工配合比进行拌合,振捣必须密实。2.2.6　桥面铺装层。

4. 管道工程创优标准

4.1　观感项目

4.1.1　管道

(1)检查井内管道中心线交点与井中心应吻合,管外口应与井壁结构相切;支管与干管顶平接入,管道中心线应与井中心相交。

(2)管口端面应完整无损。

(3)大管径管道管内观感检查或小管径管道采用 CCTV 视频检测,应光洁平整,线形直顺,接口严密,管底清理彻底、无积水。

4.1.2　检查井

(1)应积极推广钢筋混凝土现浇、预制或模块拼装检查井,逐步废除烧结粘土砖砌筑检查井。

(2)井口尺寸应与井框内口有效尺寸一致。

(3)矩形井,井壁必须互相垂直;圆形井,井壁必须垂直于井底,收口段(逐步以盖板式取代)应顺滑、美观。

图4.11 检查井外观光滑

(4)井内壁应抹面压光,不得有空鼓、裂缝等现象;除污水有闭水要求可先进行井室抹面,其它检查井应最后(检查井盖加固混凝土拆模后)一次性完成。

(5)井内导流槽应与上下游管道底部接顺,应平顺、圆滑,井底坡度与管道坡度一致。井内沉淀深度一般为50cm。

(6)检查井内壁抹面完成后统一安装踏步,宜采用塑钢材质。要求安装牢固,位置准确,垂直于井壁,安放踏步避开支管,并应考虑井盖的开启方向垂直于踏步。

(7)应根据每座检查井的高度策划并准确计算踏步位置。踏步垂直距离36cm(上下应垂直对正,可采用垂直中心线控制),水平距离30cm(应为前端中心距离)。起点踏步在井盖下22cm,盖板下12 cm设一控制踏步,终点踏步或脚窝(D≥800时设)与井底的距离A、B按标准图执行。

(8)井内各部位不得有污染,不得有建筑垃圾等杂物。

(9)管道运行使用后,井内应流水顺畅无托水、堵塞现象。

4.2 结构安全和使用功能

4.2.1 管道位置及高程

作为主控项目,应全部合格;加强过程控制,技术文件、施工照片能够反映严格执行操作规程。

4.2.2 柔性管道环向变形

变形对后期结构安全和使用功能影响深远,应进行竣工阶段和使用一年后的检测数据对比,并建立长期监控机制。

4.2.3 管道严密性能

属强制性条文,应按要求制定试验方案;应逐步推广"闭气法"检测。严密性能试验检测应频率满足要求、操作程序规范、试验结果合格。

4.2.4 管沟回填

作为主控项目,回填压实度应全部合格;采用易密实材料时,专业回填应符合要求,道路结构回填压实度全部采用95%的检验标准。

4.2.5 混凝土抗压强度

所有结构性混凝土(基础、盖板、井室、井筒、构筑物等)抗压强度试件检测应全部合格。

4.2.6 混凝土抗渗性能

检查井或构筑物采用的抗渗混凝土,试件检测应全部合格。

4.2.7 地基、基础加固检测报告

管沟有地基承载力要求的,检测结果应全部合格。

5. 电力沟等构筑物工程创优计划

5.1 一般项目

5.1.1 混凝土

现浇混凝土基础表面无空洞、露筋,顶面高程、基础厚度、轴线偏移符合规范要求。

偏差应当符合轴线位置、顶板工程、断面尺寸、横坡、平整度的要求,结构表面无孔洞、露筋、蜂窝等现象。

5.1.2 伸缩缝

伸缩缝无渗漏、无变形、伸缩缝无阻塞。

5.1.3 模板

(1)模板安装必须稳固牢靠,接缝严密,不得漏浆。模板与混凝土的接触面必须清理干净并涂刷隔离剂。浇筑混凝土前,模板内的积水和杂物应清理干净。

(2)预埋件和预留孔洞的留置应符合设计要求。

5.1.4 变形缝

(1)缝内两侧平整、清洁、无渗水,并涂刷与嵌缝材料相容的基层处理剂。

(2)嵌缝密实,与两侧粘结牢固。

(3)止水带部位混凝土充分振捣,保证施工缝部位的混凝土充分密实。

(4)施工缝、变形缝填塞前,缝内应清扫干净,保持干燥,不得有杂物和积水。

5.2 结构安全和使用功能

5.2.1 施工前检查垫层位置,确认符合设计要求后方可进行施工。

5.2.2 在坑内无积水的情况下浇筑钢筋混凝土。

5.2.3 在基坑有渗水的情况下浇筑钢筋砼,应当有排水措施,坑内不得积水。

5.2.4 单节砼构筑物应当连续浇筑成型。

5.2.5 模板符合强度及刚度的要求。

5.2.6 使用整体组合模板,快装组合支架。

5.2.7 浇筑砼时采取防止支架不均匀沉降的措施。

6. 工程资料管理

6.1 整理要求

6.1.1 记录完整

要重视资料的要件、记录的要素。记录的信息(指标、数据、图表、签字、盖章等)必须清楚、齐全、完整。

6.1.2 内容准确

记录内容应符合规律、逻辑准确,工程语言简明扼要、术语准确。

6.1.3 真实可信

数据反映过程能力和质量波动,与工程进度同步。原件资料必须保存完好,并在检查时提供。

6.1.4 易于识别

对所有记录进行编号管理、分类整理;施工过程中检验批应划分合理;资料组卷应目录清晰,总目录、分目录、卷内目录要顺序合理,排列规范。

6.1.5 格式统一

各种记录表格应设计合理,版式、字体、字号、段落、行距等统一设计,布局合理。

6.2 复查要点

6.2.1 申报相关文件

(1)工程立项审批文件;

(2)国有土地使用证;

(3)建设用地、建设工程规划许可证;

(4)工程招投标文件、工程承包及专业分包合同;

(5)施工许可证;

(6)竣工验收资料(包括规划、公安消防、环保等部门出具的认可文件或准许

使用证及工程竣工验收备案资料等);

(7)优秀设计证书或工程设计水平评价证明等资料;

(8)市级及以上科技进步奖、工法、科技示范工程、发明专利、实用新型专利、QC成果及地市级以上文明工地的文件或证书。

6.2.2 复查共性内容

(1)企业资质证书、相关专业人员的岗位证书、特种作业人员有效资质证书等资料;

(2)单位工程施工组织设计、各专项施工方案、逐级技术交底、施工日志等施工技术资料;

(3)工程竣工备案资料、单位工程竣工验收报告;

(4)涉及结构安全及工程耐久性的分部工程有关资料;

(5)涉及工程使用功能的分部工程有关资料;

(6)施工过程控制资料;

(7)施工安全管理资料;

(8)竣工图。

7. 四新应用及技术创新

公司中标后,积极配合建设单位和设计单位采用新技术、新产品、新工艺、新材料,同时公司在本段施工中将应用以下几方面的新技术、新产品、新工艺、新材料,以保证工程施工安全、质量、工期。

7.1 新技术、新工艺的应用

7.1.1 新技术的应用

(1)利用新型全站仪进行测量放线,提高精密度,省时、省力,提高工作效率。

(2)采用GPS卫星定位系统,测量放线等全部采用1″全站仪,以提高工作效率和准确度。

(3)广泛采用管线探测仪探测技术。在对地下管线的勘测中,采用科学的手段和运用现代测绘技术、仪器,如英国雷迪公司生产的RD1000系列管线探测仪,即可有效的探测电力、电信、燃气、供热、供水、排水和有线电视等各类地下管线的准确位置和埋设深度等数据,在旧路开挖前进行全面探测,与现有管线图纸资料对照复核,以获得地下管线的准确信息,为管线保护取得第一手资料,避免管线破坏事故的发生。

(4)以往在管道吊装时,通常使用穿心吊和捆绑吊法进行吊装作业。当使用穿心吊时,砼管口处易被钢丝绳损坏,且安管时,为了便于摘取钢丝绳,管道接口处缝隙留设过大,超出了规定要求的 10—15MM。当使用捆绑吊时,可以解决管口缝隙的控制问题,但因平基已形成,造成管道就位后,钢丝绳被压在方道下方,难以摘取。

通过公司精心设计与改良实验,设计成型的专用夹具不仅可以解决以上两种吊法的弊端,还可以解决了工人频繁的摘挂钢丝绳,并且在管道吊装中,保证管材始终保持水平状态,便于管道就位安装提高工作效率。

(5)采用沟槽检验压力传感器、位移传感器对沟槽基底进行检验。压力传感器、位移传感器用于检测基坑开挖过程中的坑周边土体位移变化、坑周边土压力变化及坑底土体隆起变化。利用压力传感器、位移传感器实时测出内置液压油缸钢支撑装置的轴力变化,利用光学测距仪测出基坑周边横向及纵向距离,再利用三维激光扫描仪实时监测基坑地面隆起或凹陷变化,并通过计算机进行可视化监控及操作,实现自动采集的基坑支撑监测,提高自动化的程度和施工的安全性,节省人工的同时实现高效施工的目的。

(6)盖板采用定型钢模板制作,提高工作效率、节约材料、周转迅速、拆卸方便,保证砼构件的平整度及顺直度符合规范要求。

(7)砌筑用砂浆全部采用商品砂浆,采用砼罐车运输,保证砂浆的和易性和初凝时间。

(8)为保证回填材料的质量,回填料采用全自动稳定土拌合站拌合,稳定土拌合站原材料供应配比全部采用电子计量,确保配合比准确度,保证质量稳定。

(9)根据路幅宽度情况,将不同宽度的摊铺机组合成适用的形式,联机作业,实现无缝施工,消除路面纵缝,确保路面的整体性能。

(10)建筑节能和环保应用技术

临舍搭建积极采用新型墙体材料及保温节能型门窗,采用综合采暖供热技术,节能降耗,为建设节约型社会做出贡献。

(11)加强网络化信息平台管理和使用,充分利用计算机快捷、准确的优越性,配备多台电脑,设定一名专职信息员进行网页编制和管理,进行更广泛信息交流共享,加快四级管理体系之间的信息沟通,提高工作效率。

7.1.2 新工艺的应用

(1)采用预拌水泥砂浆,原材料供应配比全部采用电子计量,确保配合比准确度,保证质量稳定。

(2)钢筋接头根据承压情况采用机械连接,减少下脚料,节能降耗,绿色环保。

(3)加大检测手段,确保工程质量

根据不同的地质情况项目部采用多种检测手段,确保地基承载力的检测正确到位。

7.2 新产品、新材料的应用

7.2.1 新产品的应用

(1)采用信息化快速反馈技术,利用无线上网卡等设备推行信息化施工,加快信息反馈速度,提高工作效率,及时纠正施工过程中的偏差。

(2)推行先进的项目管理方法,利用先进工程项目管理体制进行工程管理。

(3)施工过程计算机模拟,优选施工方案,从而制定合理的施工计划,有效避免因施工方案自身的缺陷,造成工程成本的增加。

(4)采用梦龙智能网络编制施工计划,动态控制施工过程。利用该软件可以很快地编辑网络图、横道图,且能实时自动生成关键线路,可输出带资源图的时间坐标网络图(横道图),在施工过程中可以很容易地找出关键线路,易于宏观调控整个工程的施工。

(5)采用梦龙即时通进行文件和资料的网络传输,方便协同工作,用户的账号以项目部及业主、监理单位、设计单位、项目管理单位、审计单位的相关人员组成,方便相互之间进行信息交流、文件传输和数据的上传、下载等。

7.2.2 新材料的应用

(1)砌筑砂浆外加剂:砌筑砂浆掺加SG-2型外加剂,具有改善水泥砂浆和易性、保水性、粘结性、减水以及提高强度等功能,还可代替混合砂浆中的全部石灰,节约水泥用量,降低施工成本,提高工程质量,改善施工条件,减少环境污染,方便运输和使用等特点,能明显提高水泥砂浆的各项性能指标。

(2)沟槽压实设备

1)为保证沟槽、基坑回填压实质量,公司除采用传统的蛙式打夯机、平板冲击夯等压实机械外,结合某市政道路工程施工特点,采用先进的YZ1.8小型压路机对沟槽进行压实。

2)设备性能的优越性

①机械行走和振动传动具有可靠的性能。

②全轮行走传动,爬坡能力大。

③垂直振动,激振力大,压实效率高。

④前后压轮均有刮泥和洒水装置。

(3)测量仪器

1)投入KTS-440系列激光全站仪,以提高工作效率和测量准确度。

2)设备性能的优越性

①KTS－440 系列采用发射、接收双光纤，双马达系统，发光管、接收管、马达采用进口器件，质量稳定可靠。由于采用进口的大规模集成贴片电子元件，使测距头大大缩小，达到进口仪器的水平。

②大容量内存：能存储坐标数据 10000 点。

③高精度长测程：测距精度 2mm＋2ppm，测程 2.6 公里，达到国外同类产品的技术指标，满足用户需求。

④丰富的应用程序：三维坐标、三维放样、对边、悬高、偏心、测站点高程、方位角设置、后方交会、面积测量等多项功能。

⑤方便的数据管理系统：仪器能存储、编辑、查阅、删除文件和数据，能方便地与计算机传输数据。

⑥电子自动补偿：仪器的竖直角采用电子气泡补偿，大大提高了仪器的自动化和精度。

⑦长效电池：配备 KB－20(6V、3.8AH)大容量电池，能连续工作 8 小时，满足你一整天的工作量。

⑧优良防水防尘功能：仪器经专业的设计和生产，具备防水防尘功能。

3)测距仪高程传递技术。

4)用采用 GPS 卫星定位系统，测量放线等全部采用 1″全站仪，以提高工作效率和准确度。

（4）夜间施工照明设备

利用移动照明车等新型照明设备，提高夜间施工的灵活性，为工期目标、质量目标的顺利实现提供切实保障。

（5）地基探测雷达

沟槽基础检测采用新型的地基探测雷达，具有灵活、数据处理快、数据准确实用的特点。

（6）新型弯沉检测车辆

道路弯沉试验采用公司新型 CFWD－10T 车载落锤式弯沉车，电脑即时读数，效果及时、精确。

第五章　施工总进度计划及保证措施

一、施工总进度计划及网络进度计划

1. 施工总工期

按照招标文件及答疑文件要求：

某市政道路工程计划工期600日历天，开工日期：2016年8月30日，开工日期以甲方通知为准。

2. 工期计划安排

2.1　一段工期计划安排

本段施工环境复杂、工作量大。考虑到某市政道路工程一段地面道路与高架桥位置重叠且工期大致相同，相互干扰较大，并且答疑文件明确要求"应考虑高架桥对地面道路施工的影响"的情况，拟将本段划分为4个施工阶段进行施工安排，并保证按照网络图计划按期完成施工总体任务。

表5.1 一段施工进度计划表

位置	部位	项目名称	开始时间	完成时间	持续时间
		施工准备	2016.8.30	2016.9.8	10
施工一区		道路土石方	2016.9.9	2016.9.28	20
	挡墙	挡墙基坑	2016.9.29	2016.10.28	30
		挡墙基础	2016.10.14	2016.11.12	30
		墙身浇筑	2016.10.29	2016.12.2	30
		压顶	2016.11.18	2016.12.17	30
		回填	2016.12.3	2016.12.27	25
		高架桥下部结构	2016.9.29	2016.12.27	88
		高架桥上部结构	2016.12.28	2017.7.5	190
	专业管线	原水管线	2017.7.6	2017.8.16	42
		燃气管线	2017.7.6	2017.8.12	37
		雨水沟收水沟	2017.7.6	2017.8.4	30
		路灯设施	2017.8.5	2017.8.19	15
	西半幅道路	路床整形	2017.8.19	2017.9.3	15
		二灰碎石	2017.8.27	2017.9.11	15
		水泥稳定碎石	2017.9.2	2017.9.25	24
		立沿石	2017.9.17	2017.10.5	19
		沥青砼中下面层	2017.10.6	2017.10.10	5
	东半幅道路	路床整形	2017.10.11	2017.10.30	20
		二灰碎石	2017.10.21	2017.11.9	20
		水泥稳定碎石	2017.10.31	2017.11.27	28
		立沿石	2017.11.18	2017.12.9	22

续表

位置	部位	项目名称	开始时间	完成时间	持续时间
		道路土石方	2016.9.9	2016.9.28	20
	雨水连接管	沟槽开挖	2016.9.29	2016.10.23	25
		管道安装	2016.10.23	2016.11.7	15
		出水口	2016.11.8	2016.12.7	30
		回填	2016.12.8	2016.12.17	10
		高架桥下部结构	2016.9.29	2016.12.25	88
		高架桥上部结构	2016.12.26	2017.7.3	190
施工二区	专业管线	原水管线	2017.7.4	2017.8.13	41
		燃气管线	2017.7.4	2017.8.14	42
	西半幅道路	路床整形	2017.8.15	2017.8.28	14
		二灰碎石	2017.8.22	2017.9.5	15
		水泥稳定碎石	2017.8.31	2017.9.19	·20
		立沿石	2017.9.13	2017.9.28	16
		沥青砼中下面层	2017.10.6	2017.10.10	5
	东半幅道路	路床整形	2017.10.11	2017.10.30	20
		二灰碎石	2017.10.21	2017.11.9	20
		水泥稳定碎石	2017.10.31	2017.11.27	28
		立沿石	2017.11.18	2017.12.7	20
	东半幅沥青砼中下面层		2018.3.10	2018.3.15	6
	全线沥青砼上面层		2018.3.16	2018.3.22	7
	边坡防护及附属		2018.3.23	2018.4.11	20
	竣工清理		2018.4.12	2018.4.21	10

2.2　二段工期计划安排

本段施工环境复杂、工作量大。根据设计图纸要求,结合现场实际情况编制施工总体计划,按照施工工序进行安排,总体按照"外环西路地面道路施工为主线,其他工程穿插进行"的原则进行施工安排,并保证按照网络图计划按期完成,达到完成施工总体任务。

表 5.2 施工总体任务

位置	部位	项目名称	开始时间	完成时间	持续时间
	施工准备		2016.8.30	2016.9.8	10
施工一区	道路土石方		2016.9.8	2016.10.3	25
	桥涵及挡墙	陡沟桥	2016.10.4	2017.1.10	100
		陡沟支沟桥	2016.10.4	2017.1.7	97
		挡墙	2016.10.4	2016.11.27	55
	高架桥下部结构		2016.10.4	2017.1.1	91
	高架桥上部结构		2017.1.11	2017.7.29	200
	无高架桥段道路	路床整形	2017.1.11	2017.2.9	30
		二灰碎石	2017.1.26	2017.3.1	35
		水泥稳定碎石	2017.2.15	2017.3.31	45
		立沿石	2017.3.17	2017.4.15	30
		沥青砼面层	2017.4.16	2017.4.25	10
	有高架桥段西半幅道路	路床整形	2017.7.30	2017.8.18	10
		二灰碎石	2017.8.9	2017.8.29	21
		水泥稳定碎石	217.8.19	2017.9.16	29
		立沿石	2017.9.3	2017.10.1	29
		沥青砼中下面层	2017.10.2	2017.10.9	8
	有高架桥段东半幅道路	路床整形	2017.10.10	2017.10.29	20
		二灰碎石	2017.10.20	2017.11.9	21
		水泥稳定碎石	2017.10.30	2017.11.27	29
		立沿石	2017.11.14	2017.12.9	26
		沥青砼中下面层	2018.3.10	2018.3.15	6
	无高架桥段全线沥青砼面层		2018.3.16	2018.3.22	7
	边坡防护及附属		2018.3.23	2018.4.11	20

续表

位置	部位	项目名称	开始时间	完成时间	持续时间
施工二区		道路土石方	2016.9.9	2016.9.18	10
	雨水箱涵	单节箱涵	2016.9.19	2016.11.7	50
		双节箱涵	2016.11.8	2016.12.23	46
	车行道管线	电力沟	2016.12.24	2017.3.21	88
		雨水管线	2016.12.24	2017.3.13	80
		热力管线	2016.12.24	2017.2.26	65
		交通管线	2016.12.24	2017.2.11	50
		挡墙	2016.12.24	2017.3.8	75
	车行道道路	路床整形	2017.3.22	2017.4.8	18
		二灰碎石	2017.3.30	2017.4.17	19
		水泥稳定碎石	2017.4.7	2017.5.2	26
		立沿石	2017.4.23	2017.5.14	22
		沥青砼中下面层	2017.5.15	2017.5.24	10
	非机动车道管线	雨水管线	2017.5.25	2017.8.7	75
		给水管线	2017.5.25	2017.7.23	60
		燃气管线	2017.5.25	2017.7.23	60
		弱电管线	2017.5.25	2017.7.23	60
		路灯管线	2017.5.25	2017.7.13	50
	慢行一体道路	非机动车道	2017.8.8	2017.10.6	60
		人行道	2017.8.8	2017.10.4	58
	竣工清理		2018.4.12	2018.4.21	10

3. 分段工期控制点及施工进度网络图

3.1 分段工期控制点及施工进度网络图

某市政道路工程划分为 4 个施工阶段：道路土石方及挡墙施工阶段、高架桥上部结构施工阶段、地面道路及管线施工阶段、沥青砼面层及附属施工阶段。

首先进行道路土石方施工，道路土石方施工完毕后，在进行高架桥下部结构施工过程中同时完成挡土墙施工；高架桥上部结构施工完毕支架拆除后，进行地面道路及管线施工。地面道路及管线施工采取分幅施工，即先进行西半幅地面道路及管线施工，后进行东半幅地面道路施工。

3.1.1 工程施工准备节点

本节点完成人员、机械设备进场及施工前期测量放线工作。

本节点自 2016 年 8 月 30 日至 2016 年 9 月 8 日止,历时 10 日历天。

3.1.2 道路土石方及挡墙施工节点

本节点完成路基土石方、挡墙、雨水连接管施工。

本节点自 2016 年 9 月 9 日至 2016 年 12 月 27 日止,历时 110 日历天。

3.1.3 上部结构施工节点

本节点完成上部结构施工。

本节点自 2016 年 12 月 28 日至 2017 年 7 月 5 日止,历时 190 日历天。

3.1.4 地面道路及管线施工节点

本节点完成道路、管线、高架桥雨水收水沟、设施施工。

本节点自 2017 年 7 月 6 日至 2017 年 12 月 9 日止,历时 157 日历天。

3.1.5 沥青砼面层及附属施工节点

本节点完成东半幅沥青砼面层、西半幅沥青砼上面层、边坡防护及附属施工。

本节点自 2018 年 3 月 9 日至 2018 年 4 月 11 日止,历时 33 日历天。

3.1.6 工程竣工节点

本阶段进行竣工清理,竣工验收准备及竣工验收工作。

本节点自 2018 年 4 月 12 日至 2018 年 4 月 21 日,共计 10 日历天。

4. 施工进度网络图

二、保障进度计划需要的主要施工机械设备

1. 保障进度计划需要的主要施工机械设备

1.1 拟投入某市政道路工程的主要施工设备表

表 5.3 土石方施工机械设备表

序号	设备名称	型号规格	数量	国别产地	制造年份	额定功率（KW）	生产能力	用于施工部位	备注
1	挖掘机	CAT320B	4	美国	2009	128	斗容 1m³	土石方	
2	挖掘机	PC220	4	日本	2007	95.5	斗容 1m³	土石方	
3	液压破碎机	HM960V	2	美国	2000	256	350－500/min	土石方	
4	装载机	ZL30	2	常州	2000	88	斗容 1.7m³	土石方	

序号	设备名称	型号规格	数量	国别产地	制造年份	额定功率（KW）	生产能力	用于施工部位	备注
5	装载机	ZL40	2	山东	2008	240	斗容2m³	土石方	
6	装载机	ZL50	2	常州	2002	162	斗容3m³	土石方	
7	推土机	D85	2	日本	2007	184	最大牵引力123KN	土石方	
8	平地机	PY185	1	成都	2000	136	3m	土石方	
9	强夯机	YTQU55	4	徐州	2008	140	55t	土石方	
10	斯太尔自卸车	15T	25	济南	2000	210	15T	土石方	

表 5.4 道路工程施工机械设备表

序号	设备名称	型号规格	数量	国别产地	制造年份	额定功率（KW）	生产能力	用于施工部位	备注
1	沥青砼拌和站	玛莲尼4000	1	意大利	2008	850	320 t/h	道路	
2	沥青砼摊铺机	ABG473	1	德国	2009	100	8.5米	道路	
3	沥青砼摊铺机	ABG423	1	德国	2009	160	11.5米	道路	
4	沥青洒布车	F5115	1	浙江	2010	82	12m³	道路	
5	自卸汽车	15T	30	济南	2011	210	15T	道路	
6	平板拖车	HY962	1	武汉	2010	124	40t	道路	
7	振动双钢轮压路机	DD110	2	英国	2008	98	25t	道路	
8	振动双钢轮压路机	DD130	2	英国	2009	120	28t	道路	
9	胶轮压路机	3Y18－21	1	洛阳	2007	82	21t	道路	
10	小型压路机	DD16	2	靖江	2010	18	8t	道路	
11	铣刨机	LX100	2	西安	2009	112	6cm	道路	
12	稳定土拌和站	WDB500A	1	安丘	2008	90	500t/h	道路	
13	稳定土摊铺机	WLTL9000	1	镇江	2007	130	12m	道路	
14	振动压路机	XP261	2	徐州	2009	115	336KN	道路	
15	光轮压路机	3Y18/21	2	徐州	2010	100	18－21t	道路	

表5.5 管网及挡墙施工机械设备表

序号	设备名称	型号规格	数量	国别产地	制造年份	额定功率（KW）	生产能力	用于施工部位	备注
1	吊车	25T	1	徐州	2007	155	25T	管线	
2	蛙式夯土机	WH－60	3	青岛	2012	2.2	140－150次/min	管线	
3	小型压路机	YZJ10	2	徐州	2013	10		管线	
4	电焊机	BX－250	2	济南	2008	35	80－250A	挡墙	
5	钢筋弯曲机	GW－30	1	济南	2009	4	Φ8－Φ32	挡墙	
6	钢筋切断机	GQ－40	1	济南	2011	5.5	最大Φ40mm	挡墙	
7	钢筋调直机	TZH－4	1	青岛	2010	4	Φ8－Φ32	挡墙	
8	木工圆锯	450mm	1	济南	2010	2.2	300rpm	挡墙	
9	木工平刨床	300mm	1	济南	2010	2.2	4800r/min	挡墙	
10	木工压刨床	MB104A	1	济南	2010	3	3600r/min	挡墙	
11	插入式振捣棒	CR－50	6	宁波	2010	2.2	0.5m	挡墙	

表5.6 其他机械设备表

序号	设备名称	型号规格	数量	国别产地	制造年份	额定功率（KW）	生产能力	用于施工部位	备注
1	发电机组	150KW	2	常州	2010	150	150KW	其他	
2	发电机	30KW	4	济南	2008	30	30KW	其他	
3	洒水车	JYT5112	2	济南	2010	99	8000L	其他	
4	气夯	HCD－70	6	陕西	2004	3	HCD－70	其他	
5	污水泵	4"	20	上海	2008	2.2	扬程12m	其他	
6	泥浆泵	6"	10	蚌埠	2009	3	扬程10m	其他	
7	砂浆搅拌机		2	济南	2007	12	350	其他	
8	切割机		2	济南	2008	3.7	10cm	其他	

1.2 拟投入材料试验仪器设

表5.7 拟配备某市政道路工程的试验和检测仪器设备表

序号	仪器设备名称	型号规格	数量	国别产地	制造年份	已使用台时数	用途	备注
1	万能材料试验机	WE－600	1	无锡	2010	450	材料试验	
2	电热鼓风干燥箱	ZB101－3	3	无锡	2009	590	鼓风干燥	
3	光点液塑限仪	SYS－1	1	无锡	2011	240	液塑限检测	

续表

序号	仪器设备名称	型号规格	数量	国别产地	制造年份	已使用台时数	用途	备注
4	水泥砼养护箱	YH - 45B	3	无锡	2008	670	砼养护	
5	车载落锤式弯沉仪	CFWD - 10T	1	合肥	2011	310	弯沉检测	
6	水泥净浆搅拌机	NJ - 16	1	合肥	2010	260	水泥检测	
7	砂标准筛		2	临沂	2011	420	筛分检测	
8	石子标准筛		2	临沂	2011	420	筛分检测	
9	压力试验机	WYL - 200	1	无锡	2006	650	压力试验	
10	水泥标准稠度测定仪		1	重庆	2006	540	标准稠度测定	
11	水泥胶砂搅拌机	NRJ - 411A	1	济南	2008	490	水泥检测	
12	水泥胶砂振动台	GZ - 85	1	林荫	2005	320	水泥检测	
13	水泥凝结时间测定仪		1	无锡	2004	360	水泥检测	
14	雷氏夹膨胀值测定仪	LCY - 1	1	无锡	2008	210	夹膨胀值测定	
15	雷氏蒸煮箱	FZ - 31	1	无锡	2008	210	夹膨胀值测定	
16	水泥标准养护箱	SYB - 20B	1	苏州	2006	850	试块养生	
17	自动控温控湿设备	HBS - II	1	苏州	2007	720	试块养生	
18	混凝土振动台	BZT - 1×1	1	苏州	2005	890	砼检测	
19	混凝土坍落度筒		1	临沂	2007	790	坍落度检测	
20	混凝土维勃稠度仪	TCS - 1	1	合肥	2010	250	维勃稠度检测	
21	混凝土含量测定仪		1	合肥	2010	260	混凝土测定	
22	混凝土渗透仪	HS49	1	无锡	2006	360	渗透检测	
23	混凝土收缩仪	SQ - P540	1	无锡	2008	240	收缩检测	
24	混凝土贯入阻力仪	HC - 80	1	无锡	2009	320	贯入阻力检测	
25	混凝土回弹仪	HT225A	3	无锡	2010	290	砼强度检测	
26	混凝土强度拉拔仪	TYL - 2	1	无锡	2008	310	砼强度检测	
27	电热恒湿养护室		1	临沂	2010	600	试块养生	
28	混凝土恒温恒湿养护室	60m³	1	合肥	2006	840	试块养生	
29	砂浆稠度仪	SC145	1	临沂	2010	310	砂浆检测	
30	砂浆分层厚度仪		1	临沂	2009	260	砂浆检测	
31	砂浆密度测定仪	II	1	无锡	2008	260	砂浆检测	
32	千斤顶校验仪		1	无锡	2008	120	千斤顶检测	
33	涂层测厚仪	SCh - 2	1	无锡	2010	80	涂层测厚	
34	电热鼓风干燥箱	CWJ - 8	1	北京	2006	890	水泥干燥	
35	冷弯冲头	$\phi6 - \phi9$	1	重庆	2011	210	钢筋检测	

序号	仪器设备名称	型号规格	数量	国别产地	制造年份	已使用台时数	用途	备注
36	针片状规准仪	新标准	1	合肥	2010	350	针片检测	
37	压碎指标测定仪	新标准	1	合肥	2011	260	压碎指标测定	
38	电动脱模仪	LQ-T1500	1	北京	2008	420	强度检测	
39	电子天平		2	临沂	2011	680	质量测定	
40	压力架		4	临沂	2010	570	强度检测	
41	含水量快速测定仪		1	重庆	2009	210	含水量测定	
42	支流光谱仪	SPECTR6	1	北京	2008	108	光谱分析	
43	电子传感测力仪	SC-1200Kn	1	北京	2010	204	强度检测	
44	水准仪	DS2	12	上海	2010	180	施工测量	
45	全站仪	2″	4	日本	2010	260	施工测量	

三、劳动力需求计划及保证措施

1. 劳动力计划安排

1.1 劳动力计划安排

本段为道路管网施工,根据某市政道路工程工作内容及工程工期要求,计划开工后迅速展开各工作面的施工。根据清单工程量预算,预计使用 99900 工日,由于某市政道路工程工程量大,需连续作业才能确保工程工期目标的顺利实现,结合某市政道路工程量及现场实际情况,该工程施工期间最高峰施工人员达到 285 人,平均每天 167 人。

表5.8 劳动力计划表 单位:人

工种	按工程施工阶段投入劳动力情况					
	1-100	101-200	201-300	301-400	401-500	501-600
土方工	60	5	5	5	25	15
道路工	20	10	5	5	85	100
管道工	40	5	0	0	30	10
砌筑工	10	5	0	0	25	30
钢筋工	12	10	0	0	5	5
模板工	8	8	0	0	5	5

工种	按工程施工阶段投入劳动力情况					
	1－100	101－200	201－300	301－400	401－500	501－600
砼工	8	5	0	0	5	5
机械工	25	20	2	2	20	15
电工	5	5	2	2	5	5
驾驶员	25	20	5	5	30	35
普通工	40	30	10	10	50	55
总人数	253	123	29	29	285	280

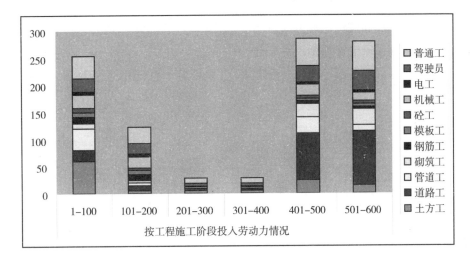

图 5.1 劳动力柱状图

2. 确保工期的劳动力保证措施

2.1 劳务队伍组织

2.1.1 公司各种专业施工队伍齐全,劳动力充足,可以随时进场。

2.1.2 某市政道路工程所需的专业施工队伍安排公司常年施工队伍,有丰富的施工经验。

2.1.3 目前各专业施工队伍已落实,考虑施工工期及交通等多种影响因素,公司已落实了后备的施工队伍,以确保现场劳动力数量与质量。

2.1.4 根据施工进度安排,制定劳动力需求计划,动态管理。根据需求计划合理调节劳动力,使劳动力持续满足工程要求。

2.1.5 对劳务队伍实行承包责任制,根据承包合同下的施工任务单,项目部与劳务队伍签订劳务合同,下达劳务承包责任状,明确施工任务内容和计划安排,明确劳务队伍的进度、质量、安全、节约、协作和文明施工要求,考核标准及作业队应得的报酬以及奖罚规定。

2.1.6 对劳务队伍进行动态管理,项目部按计划分配施工任务,不断进行劳动力平衡,解决劳动力数量、工种、技术、能力、相互配合存在的矛盾。

2.2 民工工资发放的保障措施

某市政道路工程施工难度大、要求高。为保证工程工期、确保工程质量,应坚持"以人为本,构建和谐项目"的主导管理思想,确保民工工资的"早发、发全、发足",真正实现了让民工"高高兴兴上班,高高兴兴服务于施工现场",保护每一个民工的合法权益,制定民工工资发放保障措施。

2.2.1 组织措施

(1)成立民工工资清算领导机构

专门成立以项目部经理为组长的民工工资清算小组,全面负责民工工资的计量、发放工作。

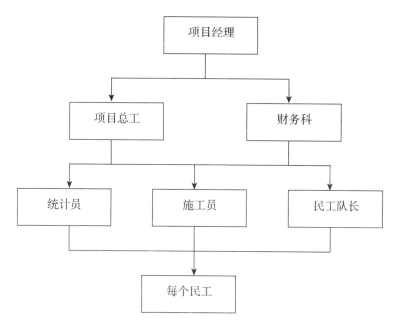

图5.2 民工工资发放组织框图

(2)建立民工工资发放监理检查机构

成立以公司经理为组长的监督检查小组,负责对民工工资发放的监督、检查等工作,组织框图如下。

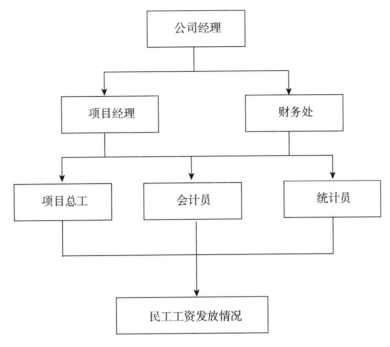

图5.3　民工工资发放监督检查组织框图

（3）建立民工注册登记制度

建立民工实名登记制度,并定期摸底清查,按注册登记表为每个民工做工资,然后进行发放,确保工资真正发放到每一个民工的手中,切实保证民工的合法权益。

2.2.2　保障措施

（1）及时发放的保障措施

民工工资经项目部结算人员按注册登记人员进行逐月做工资发放表,工资按工资表每月及时发放。

（2）专项资金保障措施

设立相对独立的民工工资账户,专款专用,确保某市政道路工程民工工资的发放资金。

（3）发放程序的保障措施

民工工资经项目部统计员核查签字,经施工队伍负责人认可签字后,直接发放到民工个人手中,避免中间环节,有力保障民工的合法权益。

（4）民工工资发放公开透明保障措施

制作"民工工资发放明白卡"，上面贴有民工的照片，印有民工的工队、姓名、身份证号、工种，详细记录每月发放工资的时间、金额，农民工领取工资时确认无误后在上面签字，以便公司定期对发放民工工资情况进行检查。

（5）加大对施工队伍负责人的监控力度

①设立民工举报箱，对接到的违法违纪事件进行坚决查处，坚决维护农民工权益。

②监督施工配属队伍的负责人。对流动较快的民工，来不及建立民工个人结算账户的，由项目部统计人员监督施工队伍负责人进行民工工资发放。

（6）实行农民工工资调查制度

为了保证工人工资得到保障，单独开设农民工调查小组。专门调查解决农民工拖欠、纠纷等现象，一经发现将对其严厉处罚，做到"工程清工资清"，决不拖欠民工一分钱。

（7）加强与农民工沟通

为民工设立绿色通道，民工有意见或事情可以直接找相关单位，并且为其大力解决难题。

（8）民工工资发放的法律保障措施

采取"举证责任倒置"办法，即由用人单位负责举证，企业拿不出工资发放证据就视为欠薪，解决农民工讨薪时"举证难"的问题。在目前农民工讨薪难的大环境下，不失为一种方便农民工的行政举措。

2.3　确保工期的农忙及节假日劳动力保证措施

该工程在施工进度安排时，与劳务人员提供方建立密切的协作关系，根据工程的特点、进度要求确定劳动力供应计划和轮换办法，并由项目部与劳务用工负责人之间签订劳动力保证合同，发放一定数量的节假日补助，确保工程所需劳力，保证施工。做好休假安排，非农业人口安排在非农忙季节休假，农业人口安排在农忙时休假。节假日采用调整轮休或采取补助的办法进行调剂。

2.3.1　根据工程进度要求制定明确的劳动力使用计划，对节假日、寒冷季节人员紧张时期的劳动力人员、数量、工种、技术素质等都作出细致准确的要求。

2.3.2　劳动力的储备提前组织落实，根据历年工程施工规律，在劳动力紧张的时间段之前落实劳动力的保证情况，并根据保证情况进行一定数量的劳动力储备。保证工程正常使用。

2.3.4　冬季加大取暖保温措施：按标准配备保温用品如手套、棉被、火炉等。

四、材料设备进场计划及保证措施

1. 材料进场计划

表5.9 材料进场计划表

序号	项目名称	单位	工程数量	进场时间					
				1-100	101-200	201-300	301-400	401-500	501-600
道路工程									
1	二灰碎石	m³	4690	0	0	0	0	2400	2290
2	水泥稳定碎石	m³	8673	0	0	0	0	4300	4373
3	粗粒式沥青砼 AC-25	m³	1528	0	0	0	0	760	768
4	中粒式沥青砼 AC-16	m³	1092	0	0	0	0	540	552
5	沥青玛蹄酯碎石混合料 SMA-13	m³	873	0	0	0	0	0	873
6	安砌侧石	m	2678	0	0	0	0	2678	0
7	三维植被网	m²	8950	0	0	0	0	8950	0
8	MU30 片石	m³	213	0	0	0	0	213	0
9	护栏	m	37	0	0	0	0	37	0
12	挡墙基础 C25 砼	m³	277	277	0	0	0	0	0
13	挡墙墙身 C25 砼	m³	792	400	392	0	0	0	0
14	挡墙压顶 C25 砼	m³	46	0	46	0	0	0	0
15	边沟	m	1773	0	0	0	0	1773	0
16	土工布	m²	6471	0	0	0	0	6471	0
雨水工程									
1	D1500 混凝土管道	m	182	182	0	0	0	0	0
2	管道出水口 C30 砼	m³	34	34	0	0	0	0	0
3	管道出水口 C30 砼	m³	168	168	0	0	0	0	0
4	高架收水口	座	42	0	0	42	0	0	0
专业管线工程									
1	碎石	m³	1979	0	0	0	0	1979	0
2	砌筑检查井	m	31	0	0	0	0	31	0
3	毛石	m³	356	0	0	0	0	356	0
4	砌筑检查井	座	1	0	0	0	0	1	0
5	混凝土检查井	座	3	0	0	0	0	3	0
6	支(挡)墩 C15 砼	m³	141	0	0	0	0	141	0
7	硬塑料 PVC 管	m	6436	0	0	0	0	6436	0
8	硬塑料 ABS 管	m	1100	0	0	0	0	1100	0

2. 材料供应保证措施

编制科学合理的总体施工进度计划,运用专业管理软件,对施工计划进行动态控制;并在总计划的基础上分解明确的月及旬计划,项目经理抓住主要矛盾,严格按计划安排组织施工,准确制定材料需求计划。定期检查施工计划的执行情况,及时对施工进度计划进行调整;在施工过程中,根据施工进展和各种因素的变化情况,不断优化施工方案,保证各工序的衔接,材料供应及时、有序。

具体措施如下:

2.1 按照总计划及主要材料进出场计划,由项目技术负责人提出计划,由现场专职材料调度人员根据实际工程进度安排提前一旬或两旬将材料进场,保证工程顺利进行。

2.2 广泛联系材料供货单位,择优选择,多储备进货单位,确保货源充足。

2.3 工程设立单独的账号,做到专款专用,保证工程正常运行,每月由项目部根据工程进展情况,提前一个月提出资金使用计划,由总公司统一调度。

2.4 施工组织不断优化

以投标的施工组织进度和工期要求为依据,及时完善施工组织设计,落实施工方案,报监理工程师审批。根据施工情况变化,不断进行设计、优化,使工序衔接,材料进场安排有利于施工生产。

2.5 在材料消耗环节上,加强材料定额管理,明确经济责任,加强材料定期核算制度,通过提高各施工配属队伍积极性、减少材料损耗,降低工程造价。

3. 机械设备进场计划

3.1 一段机械设备进场计划

3.1.1 主要施工机械设备进场计划

表5.10 土石方施工机械设备进场计划

序号	设备名称	型号规格	数量	国别产地	制造年份	额定功率(KW)	生产能力	进场时间	备注
1	挖掘机	CAT320B	4	美国	2009	128	斗容1m³	2016.8.30	
2	挖掘机	PC220	4	日本	2007	95.5	斗容1m³	2016.8.30	
3	液压破碎机	HM960V	2	美国	2000	256	350 – 500/min	2016.8.30	
4	装载机	ZL30	2	常州	2000	88	斗容1.7m³	2016.8.30	

续表

序号	设备名称	型号规格	数量	国别产地	制造年份	额定功率（KW）	生产能力	进场时间	备注
5	装载机	ZL40	2	山东	2008	240	斗容2m³	2016.8.30	
6	装载机	ZL50	2	常州	2002	162	斗容3m³	2016.8.30	
7	推土机	D85	2	日本	2007	184	最大牵引力123KN	2016.8.30	
8	平地机	PY185	1	成都	2000	136	3m	2016.8.30	
9	斯太尔自卸车	15T	25	济南	2000	210	15T	2016.8.30	

表5.11　道路工程施工机械设备进场计划

序号	设备名称	型号规格	数量	国别产地	制造年份	额定功率（KW）	生产能力	进场时间	备注
1	沥青砼拌和站	玛莲尼4000	1	意大利	2008	850	320 t/h	2017.12.30	
2	沥青砼摊铺机	ABG473	1	德国	2009	100	8.5米	2017.12.30	
3	沥青砼摊铺机	ABG423	1	德国	2009	160	11.5米	2017.12.30	
4	沥青洒布车	F5115	1	浙江	2010	82	12m³	2017.12.30	
5	斯太尔自卸汽车	15T	30	济南	2011	210	15T	2017.12.30	
6	平板拖车	HY962	1	武汉	2010	124	40t	2017.12.30	
7	振动双钢轮压路机	DD110	2	英国	2008	98	25t	2017.12.30	
8	振动双钢轮压路机	DD130	2	英国	2009	120	28t	2017.12.30	
9	胶轮压路机	3Y18-21	1	洛阳	2007	82	21t	2017.12.30	
10	小型压路机	DD16	2	靖江	2010	18	8t	2017.12.30	
11	铣刨机	LX100	2	西安	2009	112	6cm	2017.12.30	
12	稳定土拌和站	WDB500A	1	安丘	2008	90	500t/h	2017.12.30	
13	稳定土摊铺机	WLTL9000	1	镇江	2007	130	12m	2017.12.30	
14	振动压路机	单钢轮XP261	2	徐州	2009	115	激振力336KN	2017.12.30	
15	光轮压路机	3Y18/21	2	徐州	2010	100	18-21t	2017.12.30	

表 5.12 管网施工机械设备进场计划

序号	设备名称	型号规格	数量	国别产地	制造年份	额定功率（KW）	生产能力	进场时间	备注
1	吊车	25T	1	徐州	2007	155	25T	2016.9.30	
2	电焊机	BX-250	1	济南	2008	35	80-250A	2016.9.30	
3	小型压路机	YZJ10	2	徐州	2013	10		2016.9.30	
4	蛙式夯土机	WH-60	3	青岛	2012	2.2	140-150次/min	2016.9.30	

表 5.13 其他机械设备进场计划

序号	设备名称	型号规格	数量	国别产地	制造年份	额定功率（KW）	生产能力	进场时间	备注
1	发电机组	150KW	2	常州	2010	150	150KW	2016.8.30	
2	发电机	30KW	4	济南	2008	30	30KW	2016.8.30	
3	洒水车	JYT5112	2	济南	2010	99	8000L	2016.8.30	
4	气夯	HCD-70	6	陕西	2004	3	HCD-70	2016.8.30	
5	污水泵	4"	20	上海	2008	2.2	扬程12m	2016.8.30	
6	泥浆泵	6"	10	蚌埠	2009	3	扬程10m	2016.8.30	
7	砂浆搅拌机		2	济南	2007	12	350	2016.8.30	
8	切割机		2	济南	2008	3.7	10cm	2016.8.30	

段拟投入材料试验仪器设备进场计划

表 5.14 拟配备某市政道路工程的试验和检测仪器设备进场计划

序号	仪器设备名称	型号规格	数量	国别产地	制造年份	已使用台时数	进场时间	备注
1	万能材料试验机	WE-600	1	无锡	2010	450	2016.8.30	
2	电热鼓风干燥箱	ZB101-3	3	无锡	2009	590	2016.8.30	
3	光点液塑限仪	SYS-1	1	无锡	2011	240	2016.8.30	
4	水泥砼养护箱	YH-45B	3	无锡	2008	670	2016.8.30	
5	车载落锤式弯沉仪	CFWD-10T	1	合肥	2011	310	2016.8.30	
6	水泥净浆搅拌机	NJ-16	1	合肥	2010	260	2016.8.30	

续表

序号	仪器设备名称	型号规格	数量	国别产地	制造年份	已使用台时数	进场时间	备注
7	砂标准筛		2	临沂	2011	420	2016.8.30	
8	石子标准筛		2	临沂	2011	420	2016.8.30	
9	压力试验机	WYL-200	1	无锡	2006	650	2016.8.30	
10	水泥标准稠度测定仪		1	重庆	2006	540	2016.8.30	
11	水泥胶砂搅拌机	NRJ-411A	1	济南	2008	490	2016.8.30	
12	水泥胶砂振动台	GZ-85	1	林荫	2005	320	2016.8.30	
13	水泥凝结时间测定仪		1	无锡	2004	360	2016.8.30	
14	雷氏夹膨胀值测定仪	LCY-1	1	无锡	2008	210	2016.8.30	
15	雷氏蒸煮箱	FZ-31	1	无锡	2008	210	2016.8.30	
16	水泥标准养护箱	SYB-20B	1	苏州	2006	850	2016.8.30	
17	自动控温控湿设备	HBS-II	1	苏州	2007	720	2016.8.30	
18	混凝土振动台	BZT-1×1	1	苏州	2005	890	2016.8.30	
19	混凝土坍落度筒		1	临沂	2007	790	2016.8.30	
20	混凝土维勃稠度仪	TCS-1	1	合肥	2010	250	2016.8.30	
21	混凝土含量测定仪		1	合肥	2010	260	2016.8.30	
22	混凝土渗透仪	HS49	1	无锡	2006	360	2016.8.30	
23	混凝土收缩仪	SQ-P540	1	无锡	2008	240	2016.8.30	
24	混凝土贯入阻力仪	HC-80	1	无锡	2009	320	2016.8.30	
25	混凝土回弹仪	HT225A	3	无锡	2010	290	2016.8.30	
26	混凝土强度拉拔仪	TYL-2	1	无锡	2008	310	2016.8.30	
27	电热恒湿养护室		1	临沂	2010	600	2016.8.30	
28	混凝土恒温恒湿养护室	60m³	1	合肥	2006	840	2016.8.30	
29	砂浆稠度仪	SC145	1	临沂	2010	310	2016.8.30	
30	砂浆分层厚度仪		1	临沂	2009	260	2016.8.30	
31	砂浆密度测定仪	II	1	无锡	2008	260	2016.8.30	
32	千斤顶校验仪		1	无锡	2008	120	2016.8.30	
33	涂层测厚仪	SCh-2	1	无锡	2010	80	2016.8.30	

续表

序号	仪器设备名称	型号规格	数量	国别产地	制造年份	已使用台时数	进场时间	备注
34	电热鼓风干燥箱	CWJ－8	1	北京	2006	890	2016.8.30	
35	冷弯冲头	φ6－φ9	1	重庆	2011	210	2016.8.30	
36	针片状规准仪	新标准	1	合肥	2010	350	2016.8.30	
37	压碎指标测定仪	新标准	1	合肥	2011	260	2016.8.30	
38	电动脱模仪	LQ－T1500	1	北京	2008	420	2016.8.30	
39	电子天平		2	临沂	2011	680	2016.8.30	
40	压力架		4	临沂	2010	570	2016.8.30	
41	含水量快速测定仪		1	重庆	2009	210	2016.8.30	
42	支流光谱仪	SPECTR6	1	北京	2008	108	2016.8.30	
43	电子传感测力仪	SC－1200Kn	1	北京	2010	204	2016.8.30	
44	水准仪	DS2	12	上海	2010	180	2016.8.30	
45	全站仪	2″	4	日本	2010	260	2016.8.30	

五、其他保证措施

本合同段工程量大,项目部在组织上应有前瞻性,提前进行各方面准备,做好施工计划,合理安排人员、设备、材料的进场,做到打有备之战,顺利完成任务,为确保工期目标的顺利实现,应制定以下保证措施。

1. 动态管理保证措施

1.1 保证合同工期并力争早完工是发挥投资效益、降低工程成本的有效途径,也是建设单位与施工企业的共同目标。为此在施工组织设计中,充分考虑了工期的重要性,确定了保证工期的关键线路,充分制定了生产要素的配置和工序安排方案,在实施过程中,我们将积极组织、动态管理,确保计划进度目标的实现。

1.2 在保证质量的前提下,为确保工期,在施工过程中必须做好督促检查施工准备,施工计划和工程合同的执行情况;检查和综合平衡劳动力、物资和机械设备的供应;及时发现施工过程中的各种故障和施工中的薄弱环节,及时予以协调和解决;要检查和调整现场总平面管理;要认真仔细地组织好班组之间各工序的衔接关系,确保工序质量,避免返工工序;定期组织调度会议,协调各部门、各班组之间的关系,保证工程进度计划完成。

1.3　充分做好施工前的各项准备工作,及时做好图纸会审及技术交底工作,提前做好人员资金和材料组织及机械设备的调配工作。

1.4　根据总施工工期的要求合理安排各分项工程项目的施工工期,并在实施过程中适时进行优化,对实际进度与计划进度进行比较和调整,保证计划进度的实施。

1.5　做好施工机械设备、原材料和劳动力保障工作,尽可能组织各分项工程采取平行流水作业,以便总工期的控制。

1.6　物资供应部门要根据施工现场实际需要提前组织资源,施工人员要提前报送物资需求进场计划,确保施工所需物资的及时供给。

1.7　现场的水电供应,拟就近接入当地现有供水供电系统的电源和水源。此外还配备一定数量的储水设备、发电机(车)、水车和加油车,以满足特殊情况的应急需要。

1.8　做好后勤保障供应,做好劳力安全保护,做好施工机械的及时维护和检修工作,提高机械的使用率,确保工程施工的顺利进行。

1.9　做好特殊条件下施工的防备工作,保证该施工过程的连续性、均衡性和经济性。

1.10　要提前做好指导性的试验工作,及时提供各种混合料的配合比通知单和各种材料使用前的检验报告,指导施工。此外还应及时配合监理工程师做好工程施工的验收试验工作,确保施工顺利进行。

1.11　做好工程施工过程的验收工作,现场施工人员要与监理工程师紧密配合,及时做好各工序的内业资料和验收交接工作,认真做好施工过程的质量管理,避免因质量问题造成返工而延误工期。

1.12　强化施工调度指挥与协调工作,超前布局谋势,密切监控落实,及时解决问题,避免搁置延误。重点项目或工序采取垂直管理,横向强制协调的强硬手段,减少中间环节,提高决策速度和工作效率。

2.　组织保证措施

2.1　按照比较成熟的项目法管理体制,实行项目经理责任制,实施项目法施工,对某市政道路工程行使计划、组织、指挥、协调、实施、监督六项基本职能,并选择成建制的,能打硬仗的,并有施工过大型市政业绩的施工队伍组成作业层,承担本施工任务。

2.2　根据建设单位的使用要求及各工序施工周期,科学合理地组织施工,形成各分部分项工程在时间、空间上充分利用而紧凑搭接,打好交叉作业仗,从而缩短工程的施工工期。

2.3　建立施工工期全面质量管理领导小组,针对主要影响工期的工序进行动态管理,实行 P. D. C. A 循环,找出影响工期的原因,决定对策,不断加快工程进度。

2.4　选派施工经验丰富、管理能力较强的同志担任某市政道路工程的项目经理,并直接驻现场抓技术、进度。技术力量和设备由公司统一调配,统一协调指挥现场工作。

2.5　选派具有施工经验丰富的,技术力量雄厚的专业作业层参加该工程的施工任务,在建设及有关单位的密切配合下,对施工进度也有较大的促进作用。

2.6　加强对各专业作业队伍的管理培训、教育工作,有良好思想作风的队伍,是提高工程质量、保证工期的关键。

3. 制度保证措施

建立生产例会制度,利用电脑动态管理实行三周滚动计划,每星期至少两次工程例会,检查上一次例会以来的计划执行情况,布置下一次例会前的计划安排,对于拖延进度计划要求的工作内容找出原因,并及时采取有效措施保证计划完成。举行与监理建设、设计、质监等部门的联席办公会议,及时解决施工中出现的问题。

4. 计划保证措施

4.1　采用施工进度总计划与月、周计划相结合的各级网络计划进行施工进度计划的控制与管理。在施工生产中抓主导工序、找关键矛盾、组织流水交叉、安排合理的施工程序,做好劳动组织调动和协调工作,通过施工网络切点控制目标的实现来保证各控制点工期目标的实现,从而进一步通过各控制点工期目标的实现来确保工期控制进度计划的实现。

4.2　倒排施工进度计划,编制总网络进度计划及各子项网络进度计划,月旬滚动计划及每日工作计划,每月工作计划必须 24 号内完成,以确保计划落实。

4.3　根据各自的工作,编制更为详尽的层、段施工进度计划,制订旬、月工作计划,以每一个小的段为单体进行组织,保证其按计划完成,以小段单体计划的落实组成整体工程计划的顺利完成。

4.4　在确定工期总目标的前提下,分班组、分工种地编制施工组织和方案。并力求工程施工的科学性、规范性、专业性。

4.5　在开工前期应组织有关工种班组进行图纸预审工作,认真做好图纸会审方面的准备工作,把差错等消灭在施工前,对加快施工进度有相应的作用。

4.6　及时调整不合理因素,并对各专业施工班组落实质量、进度奖罚制度,强调系统性管理和综合管理;施工力量和技术力量由现场项目部统一调度,确保每一个施工组的施工进度,控制在计划工期内竣工。

4.7　为保证工期在计划内竣工,实现分项工程在时间上上紧密配合,复式施工。

第六章　施工安全措施计划

一、施工安全管理目标

管理方针:坚持"安全第一、预防为主、综合治理"的安全管理方针,以安全促生产。

管理目标:达到安全文明施工样板工地标准。

安全目标:创零伤亡、杜绝重大安全事故,施工现场文明规范,确保安全生产。

二、施工安全保证体系

1. 安全施工组织机构

1.1 安全施工组织机构图

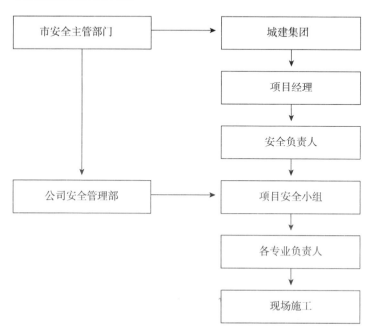

图 6.1　安全施工组织机构图

1.2 施工安全保证体系

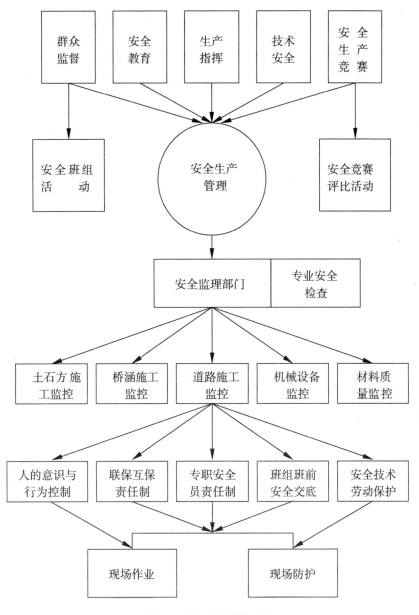

图6.2 安全生产保证体系

1.3 安全生产管理机构及人员职责

安全管理委员会是公司级的安全生产管理机构,总经理担任安委会主任,是安全生产第一责任人。安全部是公司安委会的常设办事机构,配备有安全管理、土建、机械、电气、消防等专业人员,具体负责日常的安全生产监督管理。工程项目部成立安全生产管理小组,项目经理担任组长,为工程项目的安全生产第一责任人。项目部设立施工安全组,配备专职安全员4人,具体负责工程项目日常的安全生产监督管理。各生产班组设兼职安全员,配合专职安全员的工作。项目部设立管线保护组,指定项目副经理为责任人,安全员兼任巡查协调员。将管线保护放在首位,地下管线情况不明了的情况下严禁开挖施工。

项目部的施工技术、材料设备、物资管理、质量管理、安全环保、综合办公室等部门和人员,履行各自的安全生产职责,并互相配合,形成专管成线、群管成网的安全管理网络。

1.3.1 项目经理安全生产职责

(1)认真贯彻执行国家有关安全生产、文明施工的方针、政策、法规标准及公司制定的各项安全生产规章制度,保证工程项目安全生产、文明施工达到工程安全目标标准。

(2)项目经理是某市政道路工程项目安全生产、文明施工领导小组组长,是工程项目安全生产要素的指挥者,是工程项目安全生产、文明施工的第一责任人,对某市政道路工程项目安全生产、文明施工负全面责任。

(3)将安全生产、文明施工纳入工作议事日程。坚持"安全第一,预防为主"的方针,当遇到生产与安全发生矛盾时,生产必须服从安全。

(4)组织好某市政道路工程项目定期和不定期的安全生产、文明施工检查,发现施工生产中不安全问题,组织制定措施及时解决。对业主及有关部门提出的安全生产与管理方面的问题,定时、定人、定措施予以解决。

(5)项目经理要组织好每月安全生产、文明施工工作会议,传达业主及有关部门的安全生产会议精神,做到安全生产警钟长鸣,常抓不懈。

(6)要选责任心强、业务素质高、热爱本职工作的人任专职安全员。要大力支持他们的工作,充分发挥安全员在安全生产中的作用,使他们在生产方面真正有职、有责、有权。

(7)有权拒绝不安全的指令,做到不违章指挥。对违章指挥、违章作业人员,根据情节分别给予批准教育、罚款及行政处分,使责任者和职工受到教育。

(8)保证本项目安全防护用品、施工用电气产品的质量,对本项目安全防护用品及施工用电气产品,执行准用证制度,严禁购买和使用伪劣的安全防护用品及施工电气产品。

（9）组织落实施工组织设计中安全技术措施,组织并监督项目工程施工中安全技术交底制和设施验收制度的实施。

（10）事故发生后,立即组织抢救伤员及财产,排除险情,保护好事故现场,立即上报,协助事故调查组搞好事故调查工作。对发生的事故坚持四不放过的原则,使干部职工受到教育,防止此类事故再次发生。

1.3.2 项目副经理安全生产职责

（1）正确处理好生产与安全的关系,认真贯彻执行国家有关的各项安全生产、劳动保护和文明生产的方针政策、法规及本公司的规章制度,协助项目经理建立健全落实工程项目部安全生产责任制。

（2）制定和组织实施工程项目的劳动保护措施计划。及时发现和消除不安全因素,对工程项目不能解决的问题要及时采取应急安全措施,并及时向项目经理报告,妥善处置。

（3）组织项目部各类人员开展安全教育活动,组织职工进行三级安全教育。保证上岗独立操作人员经过安全培训并考试合格,取得安全操作证,方能准许其独立操作。

（4）协助项目经理制定工程项目各工种的安全操作规程,严格水源和饮食服务管理,要求相关管理人员要做好防投毒、防污染的工作,确保饮水、饮食安全。

（5）检查安全规章制度的执行情况,保证工艺文件、技术资料和设施等符合安全要求;监督和消除习惯性违章和制度性安排中不符合安全生产要求的情况;制定的经济责任中的内容要利于安全生产管理和加强各级人员的安全职责;对已投入的安全应急设施要保证完好、随时可用,并落实责任,做好管理、检查和维护工作,确保在岗人员正确使用。

（6）负责组织项目部技术管理人员对工艺规程、操作规程、检修规程和安全技术规程,根据施工、设备、工艺等变化情况进行日常性的修订,并以变更卡的形式进行日常性修订的审批,并报相关部门备案。

（7）对重大工艺技术修订前以及涉及跨行业的工艺技术规程修订前,应报相关职能部门审核,经公司分管生产安全的领导批准后,方可实施。

（8）组织各级管理人员不断完善各施工队关联作业之间合理的分工协作,确保网络化、多层次的监护作业。

（9）负责根据项目施工情况及岗位的工作性质和工作量,安排好保证安全生产的最低在岗的安全作业人数。

（10）协助项目经理领导项目部安全工程师及相关人员、岗位(组)长和班组安全员的安全管理工作,组织开展安全生产竞赛活动,总结推广安全生产经验,表彰安全生产先进员工。

(11)组织并参加项目部各类险情和事故调查、分析和处理。对险情和事故要查明原因,接受教训,采取改进措施。发生伤亡事故时,要紧急组织抢救,保护现场,立即上报业主和有关部门。立即停工并采取应急防范措施,避免事故扩大和重复发生。

(12)完成项目经理交办的其他有关工作。

1.3.3 项目总工程师安全生产职责

(1)认真贯彻执行国家有关安全生产的方针政策、法规标准及本公司制定的各项安全生产规章制度,使施工项目的安全生产达到标准化、规范化。

(2)对项目施工生产经营中的安全生产、文明施工负技术责任。

(3)以保证安全生产、文明施工为原则,编制施工方案,使施工始终处于安全的良好状态。在解决施工难点时从技术措施上保证安全生产。

(4)对新工艺、新技术、新设备、新施工方法要编制相应的安全技术措施和安全操作规程,保证生产安全。

(5)参加项目安全生产、文明施工工作会议,编制对职工安全生产教材。参加定期的安全生产检查,对查出的事故隐患提出技术性的整改措施,并监督检查执行情况。

(6)负责编制项目安全生产组织设计及安全技术交底工作,并做好交底签字手续入档。

(7)主持制定技术措施计划和季节性施工方案的同时,制定相应的安全措施并监督执行。及时解决执行中出现的问题。

(8)对项目发生重大伤亡事故,针对事故原因,编制出预防事故再次发生的技术措施。

1.3.4 施工技术部安全生产职责

(1)对所有负责的工程、项目的安全生产负直接责任,不违章指挥,制阻违章冒险作业。

(2)对管辖范围内的安全防护及设施、机、电、脚手架等,负直接的管理责任。

(3)认真贯彻执行国家的安全生产方针、政策、法令、规程制度和上级批准的组织设计施工方案。

(4)在计划、布置、检查、总结、评比生产的同时,必须把安全生产落实到具体环节中去,特别要做好有针对性的书面技术交底,遇到生产与安全发生矛盾时,生产必须服从安全。

(5)指导所属的工程队搞好安全日活动,组织学习安全操作规程,并检查执行情况,教育工人正确使用安全防护用品。

(6)发生重大伤亡事故,重大未遂事故,要保护现场并立即上报。

(7)有权拒绝不科学、不安全的生产指令。

1.3.5　材料设备部安全生产职责

(1)具有安全第一的思想,服从项目部的计划安排,确保安全生产工作顺利进行。

(2)在采购材料装车时要注意自身和他人的安全,严禁超载运输。

(3)材料搬运工程中,要指导工人正确使用劳保用品,避免工伤事故的发生。

(4)切实加强设备的管理和维护,使各种设备及其安全装置经常处于良好状态,积极采用先进技术,不断完善各种设备的安全防护装置。

(5)对公司职工进行设备安全操作技术知识培训,组织设备安全生产技术练兵和考核。

(6)会同安全部门认真查处重大设备事故和一般设备事故,拟定预防措施,督促实施。

(7)积极主动对公司职业健康安全管理工作提出合理化建议。

1.3.6　安全管理部安全生产职责

(1)认真贯彻执行国家,上级部门有关安全生产的方针、政策及法规条例、制度等文件精神,并组织落实。

(2)负责组织制定(修改)安全生产的制度、规程,经主管领导批准后发布组织执行。

(3)负责组织各种安全生产检查,对检查出的事故隐患和安全设施问题,督促相应施工队限期整改,对重大险情有权下达停工令,并报告主管领导,险情处理完后,经检查合格,方可开工作业。

(4)负责组织安全生产的宣传教育,协同有关部门对工人进行三级安全教育和组织特种作业人员的培训考核工作。

(5)组织推广目标管理,应用安全系统工程,标准化作业、网络化管理等现代化安全管理方法,不断提高安全管理水平及事故预防预测能力。

(6)负责编制并组织实施中、长期安全生产规划和年度安全技术措施计划及年、季、月安全生产工作计划,并督促检查落实情况,帮助施工队解决实施中存在的问题。

（7）参加和主持事故的调查处理，按着"三不放过"的原则，对事故责任人提出处理意见，并采取防止事故重复发生的措施。

（8）经常深入施工现场检查和了解安全施工生产状况，做好当日的安全工作日志，对施工中存在的不安全行为和隐患应立即制止，对严重"三违"行为，按章处理。

（9）负责组织开展安全竞赛活动和总结交流推广安全施工生产经验，协助施工队做好安全宣传教育工作，定期向主管领导汇报安全生产开展情况，并按领导对安全工作的指示，协同有关部门落实。

（10）负责组织编写简报和通报，报道安全生产方面的好人好事，届时向职工报告安全生产情况。

（11）监督检查安全防护设施和劳动防护用品的质量，要求采购部门严禁购买伪劣产品。

1.3.7 试验室安全生产职责

（1）提高环保意识，加强环境治理，坚持"谁污染，谁治理"的原则。

（2）试验室设立一名兼职安全员，协助主任做好本部门安全工作。

（3）制定安全管理制度和各岗位安全操作规程，并张挂在明显的地方，严格执行。

（4）各类在用的仪器设备应保持完好状态，不准随意改动安全保护装置。

（5）电气设备或线路设施必须严格按照有关设备的安全要求实施。

（6）及时清除试验后的废品、垃圾，做好仪器设备的油、尘等污物的清除工作。

（7）实验所用材料的采购符合安全规定，实验过程严格按照实验要求执行。

1.3.8 办公室安全生产职责

（1）负责安全卫生检查，对防暑降温提出预防措施并实施。

（2）从事高空作业的人员，定期组织身体检查。

（3）对工伤职工负责送院抢救治疗、慰问及善后处理。

（4）负责防火工作、加强火源管理，制订预防措施。

（5）负责生活区内部治安管理和保卫工作，对职工的住所负责维护修理工作，严防倒塌、失火等事故的发生。

（6）对食堂等生活设施及职工的安全工作负总的领导责任，定期或不定期的进行安全教育和安全检查，及时消除不安全因素。

1.3.9 施工队长安全生产职责

（1）认真贯彻执行国家有关安全生产文明施工的条例、标准、方针、政策，及本公司在安全生产、文明施工方面制定的各项规章制度,对所管工程的安全生产、文明施工负直接责任。

(2)参加安全生产、文明施工领导小组会议,组织好施工班组安全生产教育活动,提高全体职工安全生产思想意识。

(3)搞好入场新工人上岗前三级教育工作和变换工种职工新岗位教育考核工作,提高新岗位职工安全生产操作技能。

(4)施工队长是施工生产的指挥者,对安全生产负有直接责任。当遇到生产与安全发生矛盾时生产必须服从安全。施工队长有权拒绝不安全的生产指令,制止违章指挥、违章作业,对违章指挥、违章作业的直接责任者,根据情节分别给予批评教育和经济惩罚。

(5)配合公司每月进行一次安全生产检查评分,对检查发现的问题负责组织三定,按期整改。

(6)负责组织脚手架、钢筋施工、混凝土施工、施工用电及施工机械的检查,并做好交验签字手续。

(7)组织好施工现场的安全生产检查及时发现事故隐患,并组织按期整改。

(8)对有毒、有害物品要设专库、专人进行严格保管并建立有毒、有害物品的支领、使用制度,防止意外事故发生。

(9)施工现场的交通道路要平整畅通,排水设施良好,各种机械设备要按施工总平面进行布置,各种材料构件堆放整齐有序,做到安全生产文明施工。

(10)施工现场发生事故后,立即组织抢救伤员及财产,排除险情,并保护好事故现场,及时上报,协助事故的调查工作。

1.3.10　专职安全员安全生产职责

(1)认真贯彻执行各级政府颁发的有关安全生产、文明施工的条例标准、方针、政策及本公司在安全生产、文明施工方面制定的各项规章制度,参加项目部安全措施的制定工作,使施工项目的安全生产、文明施工达到标准化、规范化。

(2)配合公司进行每月安全生产、文明施工检查评分和季度安全生产、文明施工检查评比,并做好公司月、季度安全生产、文明施工检查评比记录入档。

(3)参加安全生产、文明施工领导小组会议,组织好施工班组安全生产教育活动,并做好教育记录入档。

(4)负责对入场新工人上岗前三级教育工作,变换工种职工新岗位教育考核工作和特殊工种持证上岗工作,并做好教育记录入档。

（5）负责编制安全生产施工组织设计和安全生产技术交底工作，并履行交底签字手续，做好交底记录入档。

（6）及时收集、整理各种安全生产技术资料，按公司规定每月向公司安全部报某市政道路工程项目安全生产的各种资料，作到安全技术资料与生产同步，内容真实、齐全。

（7）安全员对安全生产、文明施工负有责任，有权拒绝不安全的生产指令，制止违章指挥、违章作业，对违章指挥、违章作业的直接责任者，有权进行批评教育和罚款，并做好惩罚记录入档。

（8）组织好施工现场的定期和不定期的安全生产、文明施工检查工作，并经常对施工现场进行巡回检查。对检查发现的事故隐患，协助施工队长做好"三定"（即：定人员、定时间、定整改措施），并负责整改销项工作，做好检查整改记录入档。

（9）协助项目经理、施工队长及有关班组长等对脚手架、模板工程、施工用电、施工机械等进行检查验收工作，做好合格交验签字手续，并做好检查验收记录入档。

（10）负责施工现场安全生产标语，安全生产标志牌，各种机械设备安全操作规章的编制与实施，负责各种安全设施和安全防护用品的检查试验，维修保养和登记工作，保证施工现场的安全设施工作正常，安全有效。

（11）施工现场发生伤亡事故后，协助施工队长保护好事故现场，积极组织抢救伤员及财产，排除险情；及时上报，协助事故调查工作，并做好事故的详细记录入档。

1.3.11　各班组安全生产职责

（1）各班组设1名兼职安全员，协助班组长全面开展安全生产管理工作。

（2）严格执行安全生产各项规章制度，认真履行交接班、挂牌考勤制度，开好班前会。

（3）经常保持作业场所、工具、机电、设备无隐患，严禁设备带病作业。

（4）按规定定期组织参加安全生产检查、评比活动。

（5）严格落实"三级教育"，提高安全意识，制止违章作业，特种作业人员持证上岗。

（6）按规定穿戴劳动保护用品，杜绝疲劳冒险作业，拒绝违章违规指挥。

（7）班组内部、班组之间做到互相提醒，互相照顾，互相监督，互相保证。

2. 安全管理制度

2.1　安全技术交底制度

根据安全措施和现场情况,各级管理人员逐级进行书面交底。

2.2　班前检查制度

责任工程师和专业安全工程师必须督促与检查施工方、专业施工队对安全防护措施是否进行了检查。

2.3　周一安全活动制度

项目经理部每周一组织全体工人进行安全教育,对上一周安全方面的问题进行总结,对本周的安全重点和注意事项做必要的交底,使广大工人能心中有数,从意识上时刻绷紧安全这根弦。

2.4　定期检查隐患整改制度

项目经理部每周组织一次安全生产检查,对查处的安全隐患必须定措施、定时间、定人员整改,并做好安全隐患整改记录。

2.5　管理人员实行年审制度

每年由单位统一组织进行,加强施工管理人员的安全考核,增强安全意识,避免违章指挥。

2.6　实行安全生产奖罚制度与事故报告制度

危机情况停工制:一旦出现危及职工生命财产安全的险情,要立即停工,同时立即报告有关部门,及时采取措施排除险情。

2.7　持证上岗制度

特殊工种必须持有上岗操作证,严禁无证操作。

2.8　安全培训制度

关键技术岗位的特种作业人员,必须参加由政府有关部门组织的安全作业培训,经考试合格并取得特种作业资格证书,才能上岗作业。

2.9　注册安全工程师制度

注册安全工程师制度是依据《安全生产法》建立的一项重要制度。人事部和国家安全生产监督管理局已联合颁布《注册安全工程师执业资格制度暂行规定》。注册安全工程师的主要职责是向企业提供安全生产管理服务,协助企业主要负责人做好安全生产工作。在生产活动中推行注册安全工程师制度。

2.10　安全教育制度

安全教育既是施工企业安全管理工作的重要组成部分,也是施工现场安全生产的一个重要工作方面,安全教育必须贯穿工程施工的全过程。

2.10.1　安全思想教育是保证安全生产的思想基础。

2.10.2　安全知识教育是安全生产的重点。教育内容有：施工生产一般流程；环境、区域概括介绍，安全生产一般注意事项；企业内外典型事故案例介绍与分析；工种岗位安全生产知识；安全生产技术，安全技术操作规程。

2.10.3　安全生产法制教育：包括安全生产法规和责任制度；法规和有关条文；安全生产规章制度；摘要介绍受处分的先例。

2.10.4　安全纪律教育：厂规厂纪；职工守则；劳动纪律；安全生产奖惩制度。

三、施工安全影响因素及危险源辨识

某市政道路工程施工工期短，工程量大，施工任务重。根据 ISO14001 和 GB/T28001 标准要求，某市政道路工程各工序的重大风险因素详细分析如下：

表 6.1　某市政道路工程重大风险因素分析

分部分项工程	危险操作	发生事故	主要工序
土石方工程	挖掘机支撑不当	机械损伤	沟槽土石方
	车辆行驶道路过窄、不平整		
	挖掘机操作范围内有人员违规出入	人员伤害	
道路工程	电工操作时无停电指示牌或专人看护	人员伤害	路床、基层、面层施工。
	漏电保护器质量出现问题	触电	
	电器设备未进行绝缘检测		
	意外挖断电力、煤气、热力管线		路床、基层、面层施工。
	挖掘机支撑不当		
	砼罐车倒车时发生碰撞		
	大风、下雨天进行吊装作业		
	私拉电线插座电芯裸露		
	电线绝缘皮老化	火灾	
	线路过载短路		
	车辆行驶道路过窄、不平整	机械损伤	
	砼罐车倒车时发生碰撞		

分部分项工程	危险操作	发生事故	主要工序
桥涵工程	吊车下放钢筋笼焊口断开滑落	人员伤亡	主要施工工序有支架搭设、钢筋工程、焊接作业、混凝土浇筑、模板支设等。
	平板车转运钢筋装车不合理,钢筋散落		
	脚手板没有铺满或未绑扎	高空坠落	
	拼装、拆除模板等高空作业未做防护措施		
	脚手板有水、有冰等造成人员从脚手架失足		
	起重机超载	物体坠落、物体打击	
	吊装作业无人看护		
	人员在起重机臂下停留		
	大风、下雨天进行吊装作业		
	垂直作业上下无隔离措施		
	支撑下料斗的支架不稳固		
	脚手架上工具随意放置		
	氧气瓶、乙炔瓶漏气或距离过近	爆炸	
	通风不良、有大量焊接烟尘	中毒	
	电线绝缘皮老化	火灾	
	线路过载短路		
	用电机具的扶手等处绝缘套破损		
	使用电器未戴绝缘手套		
	用电机具金属壳未接地或接零		
	电工操作时无停电指示牌或专人看护		
	漏电保护器质量出现问题		
	电器设备未进行绝缘检测		
	意外挖断电力、煤气、热力管线	爆破	
	挖掘机支撑不当	机械损伤	
	砼罐车倒车时发生碰撞		
	大风、下雨天进行吊装作业		

续表

分部分项工程	危险操作	发生事故	主要工序
其他工程	机械设备距槽边未留安全距离且没有防护措施	机械损伤	防护工程、排水工程、设施及绿化工程等
	挖掘机支撑不当		
	砼罐车倒车时发生碰撞		
	车辆行驶道路过窄、不平整		
	机械操作范围内有人员违规出入	人员伤害	
	下井人员未戴防毒面具、安全带	高空坠物、物体打击	
	下井时井上无守护人员		
	沟槽临边未作警示、防护措施		
	管道下管吊装不当		
	大风、下雨天进行吊装作业		

四、主要施工安全风险控制措施

桥梁施工中应注意钻孔灌注桩基础、钢筋加工、混凝土浇筑、脚手架施工、高空作业、预应力张拉及模板搭设与拆除等的安全施工,道路管线施工中应注意旧路破除、路基施工、沥青砼路面等的安全施工,还应注意施工中现场机械设备的安全,针对以上所诉,采取预防措施如下:

1. 道路管线施工安全措施

1.1 旧路拆除施工安全措施

1.1.1 旧路面凿除宜分小段进行,以免妨碍交通。

1.1.2 用镐开挖旧路面时,应并排前进,左右间距应不少于2m,不得面对使镐

1.1.3 大锤砸碎旧路面时,周围不得有人站立或通行,锤击钢钎,使锤人应站在扶钎人的侧面,使锤者不得戴手套,锤柄端头应有防滑措施。

1.1.4 风动工具工凿除旧路面,应遵守下列规定:

(1)各部管道接头必须紧固,不漏气,胶皮管不得缠绕打结,并不得用折弯风管的办法作断气之用,也不得将风管置于胯下。

(2)风管通过过道,须挖沟将风管下埋。

(3)风管连接风包后要试送气,检查风管内有无杂物堵塞。送气时,要缓慢旋开阀门,不得猛开。

(4)风镐操作人员应与空压机司机紧密配合,及时送气或闭气。

(5)钎子插入风动工具后不得空打。

1.1.5 利用机械破碎旧路面时,应有专人统一指挥,操作范围内不得有人,铲刀切入地面不宜过深,推刀速度缓慢。

1.2 路基施工安全措施

1.2.1 挖方施工中对地下隐蔽管线的具体位置,必须作出明显的标志,向施工人员进行详细的交底,施工人员开挖时要细心、准确、防止挖断电缆线发生触电,防止挖破自来水管或污水管出现漏水,防止挖破煤气管道发生爆炸等现象。

1.2.2 填方施工时,每侧均应宽于该层填筑坡角50cm,保证压路机碾压时边缘留足足够安全的距离,防止碾压时发生不安全的事故。

1.2.3 对碾压成活的路段上,限制施工车辆行驶时,应用围挡封闭或用旗语指挥,禁止跑到车前去挡车,以免发生车祸。

1.2.4 施工结束,必须清理现场,剩余的石料、泥浆灰砂浆等不准乱堆乱倒在人行道上,影响行人安全。

1.3 沥青砼路面施工安全措施

1.3.1 沥青操作人员均应进行体检。凡患有结膜炎、皮肤病及对沥青过敏反应者,不宜从事沥青作业。

1.3.2 从事沥青作业人员,皮肤外露部分均须抹防护药膏,工地上应配有医务人员。

1.3.3 沥青操作工的工作服及防护用品,应集中存放,严禁穿戴回家和进入集体宿舍。

1.3.4 沥青的加热及混合料拌制,宜设在人员较少、场地空旷的地段。产量较大的拌和设备,有条件的应增设防尘设施。

1.3.5 块装沥青搬运一般宜在夜间和阴天进行,尤应避免炎热季节。搬运时宜采用小型机械装卸,不宜用手直接装运。

1.4 防止沟槽塌方措施

1.4.1 在沟槽施工前,项目总工对施工人员下发安全技术交底,施工人员要按安全技术交底进行放坡、支撑或护壁。根据施工现场的土质和地下水情况,沟槽要进行边坡支护。沟槽支撑一般分单板撑、井字撑、稀撑、密撑、企口板桩等,根据现场土质、地下水位、槽深、施工季节和槽边建筑物等情况,选用支撑类型。

在第一次开挖的梯形沟槽以下进行沟槽支护,沟槽边开挖边支护,支护采用组合钢撑板,其尺寸为厚6cm、宽16cm,长4m,横向放置,竖撑采用20×20cm木方,间距1.5米,中间采用两排Φ63.5×6mm钢管作为撑柱,间距1.5米。沟槽支护详见下图:

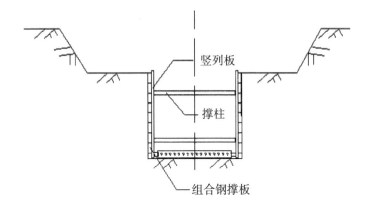

图6.3　沟槽支撑示意图

表6.2　支撑间距表

间　距	沟　槽　深　度	
	3m 以内	3~5m 以外
L₁	≥1.5	≥1.3
L₂	1.0~1.5	1.0
L₃	1.2~1.5	1.2
L₄	1.0~1.5	1.0

表6.3　支撑材料表

支撑材料	沟　槽　宽　度		备　注
	3m 以内	3~5m 以外	
撑　板	5*20	5*20	桩板应打入土中30cm
板　桩	7.5*20	7.5*20	可用工字钢或槽钢代替
立　柱	15*15	15*15	可用工字钢或槽钢代替
撑　木	Φ15~25	Φ15~25	Φ159钢管代替
水平撑木	15*15	15*15	可用槽钢代替

表 6.4　支撑的选用表

项目	粘土、亚粘土紧密回填土		粉土、亚砂土		砂土、砾石、炉渣土	
	无水	有水	无水	有水	无水	有水
第一层支撑直槽	单板支撑或井撑	井撑	稀撑	密撑	稀撑或密撑	密撑
第二层支撑直槽	稀撑	稀撑	稀撑或密撑	立板密撑或板桩	立板密撑	立板密撑或板桩

1.4.2　施工人员要从上而下逐层挖掘,严禁掏挖。

1.4.3　不得在坑壁上掏挖攀登上下,要从坡道或爬梯上下。

1.4.4　作业中要注意土壁变化,发现裂纹或局部塌方等危险情况,要撤离危险区域并报告施工现场负责人。

1.4.5　要防止地面水流入坑、沟内。

1.4.6　坑槽周围设置防护措施和警示标志。

2.　桥涵施工安全措施

2.1　钻孔灌注桩基础施工应注意的安全措施

2.1.1　施工作业区内应有明显标志并将设施与非作业区隔离起来,严禁非作业人员进入施工现场。

2.1.2　钻孔机械就位后,应对钻机及配套设备进行全面检查。钻机安设必须平稳、牢固;钻架应加设斜撑或缆风绳。

2.1.3　钻机使用的电缆线要定期检查,接头必须绑扎牢固,确保不透水,不漏电,对经常处于水、泥浆浸泡处应架空搭设。挪移钻机时,不得挤压电缆线及风水管路。

2.1.4　钻孔使用的泥浆,宜设置泥浆循环净化系统,并注意防止或减少环境污染。

2.1.5　钻机停钻,必须将钻头提出孔外,置于钻架上,不得滞留孔内。

2.1.6　对于已埋设护筒未开钻或已成桩护筒尚未拔除的,应加设护筒顶盖或铺设安全网遮罩,以免掉土和发生人身坠落事故。

2.2　钢筋加工应注意的安全措施

2.2.1　使用前检查电气、机身接零(地)、漏电保护器是否灵敏可靠,安全保护装置是否完好。

2.2.2　钢筋切断机作业前,应先进行试运转,检查刃口是否松动,运转正常后,方能进行切断作业。切长料时应有专人把扶,切短料时要用钳子或套管夹牢。不得因钢筋直径小而集束切割。

2.2.3 钢筋施工场地应满足作业需要,机械设备的安装要牢固、稳定,作业前应对机械设备进行检查。

2.2.4 使用调直机要加一根长为 1 米左右的钢管,被调直的钢筋先穿过钢管,要穿入导向管和调直筒,防止钢筋尾头弹出伤人。

2.2.5 使用切断机时要握紧钢筋,冲切刀片向后退时,将钢筋送入刀口,切断料应用钳子送料,以防伤人。

2.2.6 人工锤击切断钢筋时,钢筋直径不宜超过 20mm,使锤人员和把扶钢筋、剪切工具人员身位要错开,并防止断下的短头钢筋弹出伤人。

2.2.7 使用弯曲机弯曲钢筋时,要先将钢筋调直,加工较长的钢筋时要另有人扶稳钢筋,二人动作协调一致。

2.2.8 钢筋调直及冷拉场地应设置防护挡板,作业时非作业人员不得进入现场。

2.2.9 工作完毕要拉闸断电,锁好开关箱。

2.3 混凝土浇筑施工中应注意的安全措施

2.3.1 混凝土运输车辆在施工前必须对方向、制动、灯光等安全装置进行检查,在确保性能良好的情况下才允许作业。

2.3.2 夜间施工应装设足够的照明,深坑和潮湿地点施工,应使用低压安全照明电源。

2.3.3 振动器操作人员必须穿胶鞋,振动器必须设专门防护性地导线,并在电源插板上装有漏电保护器,以免设备外壳漏电发生危险。如发生故障应立即切断电源修理。

2.3.4 振动器等接电要安全可靠,绝缘接地装置良好,并应进行试运转。

2.4 脚手架施工应注意的安全措施

2.4.1 脚手架搭设与临边防护均采用 Φ48×3.5 钢管作为基材,以扣件固定。搭设前钢管油漆成红白色标杆。

2.4.2 脚手架钢管搭接长度不小于 40 度 cm,不少于 2 个扣件,扣件设置钢管末端不少于 5cm,各类扣件必须紧固,使之扭力矩达到 4.5~56mg。

2.4.3 脚手架完毕经验收合格后挂牌施工,架件外侧设置醒目的安全标志,夜间施工配足照明灯光。

2.4.4 脚手架拆除,按后搭先拆、先搭后拆,自上而下逐步下降的原则进行并设专人看管,在拆除时禁止向下乱抛物件,做好落手清。

2.4.5 施工人员在脚手架上进行构筑物施工时,根据高度和构筑物类型的不用,应根据实际情况配置相应防护用品。

2.5 预应力张拉施工安全措施

2.5.1 张拉现场的周围应设置标志以阻拦,禁止无关人员进入危险区域内,梁的两端应设有完善的安全防护措施,在张拉预应力筋时,千斤顶后面严禁有人,以防预应力或锚具拉断弹出伤人,已张拉完毕尚未压浆的梁亦应注意这一点。

2.5.2 张拉时应由专人负责指挥,操作时严禁摸踩及碰掉预应力筋,在量测伸长值时,应停止开动千斤顶。

2.5.3 千斤顶与空心板的锚垫板接触必须良好,位置正值对称,严禁多加垫块,以防支架不稳或受力不均而倾倒。

2.5.4 孔道压浆时,操作压浆的工人应戴防护眼镜,防止水泥浆喷出伤人。

2.5.5 张拉端的正前方设置厚度不小于5cm厚的大板。张拉阶段,严禁非预应力作业人员进入防护挡板与构件之间。

2.5.6 在张拉端测量钢束伸长值及进行锚固作业时,必须先停止张拉,且量测着必须站位于被张拉端的侧面。

2.5.7 严格执行安全操作规程进行施工,施工前预先进行交底,每区域施工前对张拉操作人员进行安全教育。

2.6 防止高处坠落和物体打击措施

2.6.1 桥涵施工,采用多层作业或桥下通车、行人等立体施工时应布设安全网。

2.6.2 穿防滑鞋、戴安全帽。检查安全帽,发现有破损、裂纹要及时更换新的。

2.6.3 各种物料用系绳或溜放的方法放到沟槽,不得向下抛投物料。

2.6.4 从规定的通道或爬梯上下,不得攀爬沟槽壁或在沟槽两边跨越。

2.6.5 在沟槽边沿设置防护设施,未经许可任何人不得改动或拆卸防护设施。

2.6.6 沟槽开挖完成后,要及时清理沟槽两边散乱石块、砖块等。

2.7 模板搭设与拆除安全措施

2.7.1 模板的安装、拆除必须按模板的施工设计进行,严禁任意变动。

2.7.2 模板及其支撑系统在安装过程中,必须设置临时固定设施,严防倾覆。模板在未装对接螺栓前,板面要向后倾斜一定角度并撑牢,以防倒塌。安装过程要随时拆换支撑或增加支撑,以保持模板处于稳定状态。侧模斜撑的底部应加设垫木。

2.7.3 支模应按施工工序进行,模板没有固定前,不得进行下道工序。

2.7.4 支设立柱模板和梁模板时,必须搭设施工层。脚手板铺满,外侧设防护栏杆,不准站在模板上操作和在模板上行走,更不允许利用拉杆支撑攀登上下。

2.7.5 五级以上大风、大雾、恶劣天气,必须停止模板的安装拆除工作。

2.7.6 模板安装完毕,必须进行检查验收后,方可浇筑砼,验收单内容要量化。

2.7.7 模板拆除前必须确认砼强度达到规定值,并经拆模申请批准后方可进行,若砼强度报告砼强度未达到规定,严禁提前拆模。

2.7.8 模板安装、拆除前应班组长应向操作人员进行安全技术交底,在作业范围设安全警戒线并悬挂警示牌,拆除时派专人(监护人)看守。

2.7.9 模板拆除的顺序和方法:按先支的后拆,后支的先拆,先拆不承重部分,后拆承重部分,自上而下的原则进行。

2.7.10 在拆模板时,要有专人指挥和切实的安全措施,并在相应的部位设置工作区,严禁非操作人员进入作业区。

2.7.11 工作前要事先检查所使用的工具是否牢固,扳手等工具必须用绳链系挂在身上,工作时思想要集中,防止钉子扎脚和从空中滑落。

2.7.12 拆除模板使用撬棍时,人不许站在撬棍正前方,更不得站在正在拆除的模板上,在拆除模板过程中,应防止整块模板掉下,以免发生意外事故。

2.7.13 在构筑物临边、有预留洞时,要在模板拆除后,随时在相应的部位做好安全防护栏杆,或将板的洞盖严。

2.7.14 拆模间隙时,要将已活动的模板、拉杆、支撑等固定牢固,严防突然掉落。

2.7.15 拆除板、梁、柱模板时要注意:

(1)在拆除2m以上模板时,要搭脚手架或操作平台,脚手板铺严,并设防护栏杆。

(2)严禁在同一垂直面上操作。

(3)拆除时要逐块拆卸,不得成片松动和撬落、拉倒。

(4)拆除梁板的底模时,要设临时支撑,防止大片模板坠落。

(5)严禁站在悬臂结构上面敲拆底模。

2.7.16 每人要有足够工作面,数人同时操作时要明确分工,统一信号和进行。

2.7.17　高处复杂结构的模板和管架的安装与拆除,事先应有切实的安全措施,在交通要道、行人过往地点,应设警戒标志,划出安全区,并派人作安全值守,脚手架和组合钢模安装、拆除时上下应有人接应,随装拆随运送,严禁上下随意抛掷扣件、工具等物。

3. 现场机械设备应注意的安全措施

3.1　现场上固定的加工机械的电源线必须加塑料套管理地保护,以防止被加工件压破发生触电。

3.2　按照《建筑施工临时用电安全技术规范》要求,做好各类电动机械和手持电动工具的接地或接零保护,防止发生漏电。

3.3　各种机械的传动部分必须要有防护罩和防护套。

3.4　砂浆搅拌机在运转中,严禁将头和手伸入料斗察看进料搅拌情况,也不得把铁锹伸入拌筒。清理料斗坑,要挂好保险绳。

3.5　机械在运转中不得进行维修、保养、紧固、调整等到作业。

3.6　机械运转中操作人员不得擅离岗位或把机械交给别人操作,严禁无关人员进入作业区和操作室。作业时思想要集中,严禁酒后作业。

3.7　打夯机要二人同时作业,一人理线,操作机械要戴绝缘手套,穿绝缘鞋。严禁在机械运转中清理机上积土。

3.8　使用砂轮机、切割机,操作人员必须戴防护眼镜。严禁用砂轮切割22#钢筋扎丝。

3.9　操作钢筋切断机切50CM以下短料时,手要离开切口15CM以上。

3.10　操作挖掘机、装载机、压路机、刮平机、运行车等必须经专业安全技术培训,持证上岗。

3.11　加工机械周围的废料必须随时清理,防止被废料绊倒,发生事故。

3.12　汽车吊安全使用注意事项

汽车吊的安装、顶升、拆卸必须按照原厂规定进行,并制订安全作业措施,由专业单位负责统一指导下进行,并要有技术和安全人员在场监护。

汽车吊司机、信号工必须经过培训取得合格证后,方可担任。汽车吊作业时司机与信号工要密切配合,司机严格执行信号工的信号,如信号不清或错误时,司机要拒绝执行。如果由于指挥失误而造成事故,应由信号工负责。汽车吊在作业中要严格执行"施工现场十不吊"。

汽车吊必须安装变幅、吊钩高度等限位器和力矩限制器等安全装置,并保证灵敏可靠。汽车吊的变幅指示器、力矩限制器以及各种限位开关等安全保护装置,必须齐全完整、灵敏可靠,不得随意调整和拆除。严禁用限位装置代替操纵机构。

汽车吊必须按规定作业,不得超载荷和起吊不明重量的物件。在特殊情况下需超载荷使用时,必须有保证安全的技术措施,经专业单位技术负责人批准,有专人在现场监护下,方可起吊。严禁使用汽车吊进行斜拉、斜吊和起吊地下埋设或凝结在地面上的重物。

夜间工作的塔式汽车吊,应设置正对工作面的投光灯,塔顶和臂架端部装设防撞红色信号灯。

4. 高处作业、悬空作业及临边防护应注意的安全措施

4.1 高处作业防护措施

施工前,逐级进行安全技术教育及交底,落实所有安全技术措施和人身防护用品,未经落实时不得进行施工。

高处作业中的安全标志、工具、仪表、电气设施和各种设备,必须在施工前加以检查,确认其完好,方能投入使用。攀登和悬空高处作业人员以及搭设高处作业安全设施的人员,必须经过专业技术培训及专业考试合格,持证上岗,并必须定期进行体格检查。

施工中对高处作业的安全技术设施,发现有缺陷和隐患时,必须及时解决;危及人身安全时,必须停止作业。

雨天应避免高处作业,若无法避免时必须采取可靠的防滑措施。进行高处作业的高耸建筑物,事先应设置避雷设施。遇有六级以上强风、浓雾等恶劣气候,不得进行露天攀登与悬空高处作业。台风暴雨后,应对高处作业安全设施逐一加以检查,发现有松动、变形、损坏或脱落等现象,应立即修理完善。

4.2 悬空作业防护措施

悬空作业处应有牢靠的立足处,并必须视具体情况,配置防护栏网、栏杆或其他安全设施。

构件吊装和管道安装时的悬空作业,必须遵守下列规定:

吊装的构件应尽可能在地面组装,并应搭设进行临时固定、电焊、高强螺栓等连接工序的高空安全设施,随构件同时上吊就位。拆卸时的安全措施,亦应一并考虑和落实。高空吊装大型构件前,应先搭设悬空作业中所需的安全设施;

悬空安装大模板、钢结构等构件时,必须站在预先搭好操作平台上操作。吊装中的构件上,严禁站人和行走;

安装管道时必须有已完结构或操作平台为立足点,严禁在安装中的管道上站

立和行走。

4.3 临边防护措施

进行桥面作业以及在因工程和工序需要而产生的,使人与物有坠落危险或危及人身安全的其他顶端进行高处作业时,必须按下列规定设置防护设施:

板与墩柱的顶端,必须设置牢固的盖板、防护栏杆、安全网或其他防坠落的防护设施;

桥上设防护栏杆;内应每隔两层并最多隔10m设一道安全网;

施工现场通道附近的各类顶端与坑槽等处,除设置防护设施与安全标志外,夜间还应设红灯示警。

五、施工管理重大风险控制措施

1. 防火安全措施

根据施工中使用的机具、材料和现场环境状况,为了消除可能出现的消防隐患与可能出现的火灾事故,特制定相应的防火措施:

1.1 对全体施工人员进行防火教育,提高防火安全意识,培训兼职消防员,建立健全防火组织机构及防火规章制度。

1.2 用火前,现场必须制定消防措施,并申请用火证,作业人员领取用火证后,方可在指定地点、时间内作业;消防管理人员必须到现场检查验收,确认消防措施已落实,并形成文件,方可发放用火证。

1.3 施工现场必须实行区域管理,作业区与生活区、库区应分开设置,并按规定配置相应的消防器材。

图6.4 项目部消防器材配置

1.4　临时用电必须安装过载保护装置,配电箱、开关箱不得使用易燃、可燃材料制作;施工现场使用的电气设备必须符合防火要求。

1.5　施工现场应按照国家消防工作的方针、政策和消防法规的规定,根据工程特点、规模和现场环境状况确定消防管理机构并配备专(兼)职消防管理人员,对现场进行进行检查、防控,做好消防安全工作。

1.6　施工现场,严禁人员在禁止烟火的区域内吸烟;施工现场配备充足的消防器材,设立防火警示标志。

1.7　冬季施工采用炉火养护混凝土时,必须设专人管理。

1.8　用火地区要采取一定隔离防火措施,生活区及工地重要电器设施周围,设置接地或避雷装置,防止雷击起火。

1.9　在宿舍内不得躺在床上吸烟,吸烟后的烟头应立即熄灭,弃于指定地点,不得乱扔。

1.10　现场不得擅自使用电热器具,特殊需要时,应经消防管理人员批准,并采取相应的防护措施。

1.11　仓库及料场配置灭火器,并设置醒目的禁止烟火标志。油罐等易然危险品储存处严禁带火种入内,并安排专人值班。

1.12　设专职防火检查员巡查,发现火患及时采取措施灭火,对违反防火规章制度的人员进行严厉处罚。

1.13　现场一旦发生火灾事故,必须立即组织人员扑救,及时准确地拨打火警电话,并保护现场,配合公安消防部门开展火灾原因调查,吸取教训,采取预防措施

1.14　应使用带地线的三孔插座,绝不能自行换用没有地线的两孔插座,以防发生危险。插座不要位于电暖器上方,最好使用带有过流保护装置的插线板。电暖器上不宜覆盖物品。如果在电暖器上覆盖物品容易使电暖器热量不能及时散发而造成烧机。如果使用专用烘衣架,一定要把水拧干,避免水滴滴在电器控制盒里。

1.15　装与摆放位置上,电暖器应放在不易碰触的地方,远离可燃烧物,背面离墙应有 20 厘米左右。电暖器的电线要有绝缘橡胶保护,并能保证与机体的连接处 100% 防水。

1.16　出工作宿舍无人时,保证关闭用电设备电源。做到人走电源断。

1.17　活区食堂用火与宿舍之间要采取一定隔离防火措施,防止火源与帐篷太近,风吹火源引燃帐篷起火。

1.18　配置灭火器,并设置醒目的禁止烟火标志。油漆、酒精等易然危险品

储存处严禁带火种入内,并安排专人管理。

2. 用电安全措施

对全体施工人员进行安全用电教育,提高安全用电意识,建立健全安全用电规章制度。在施工现场临时电源、配电箱等电源搭设装置周围设立警示标志。

2.1　支线架设安全措施

2.1.1　配电箱的电缆线应有套管,电线进出不混乱,大容量电箱上进线加滴水弯。

2.1.2　支线绝缘好,无老化、破损和漏电。

2.1.3　支线应沿墙或电杆架空敷设,并用绝缘子固定。

2.1.4　过道电线采用硬质护套管理地并作标记。

2.1.5　室外支线用橡皮线架空,接头不受拉力并符合绝缘要求。

图 6.5　施工现场配电箱

2.1.6　在加工场地,为保证施工安全,用电采用一机一闸一漏保。

图 6.6　施工加场地配电箱布置

2.2　现场照明安全措施

2.2.1　危险、潮湿场所和手持照明灯具采用符合要求的安全电压。

2.2.2　照明导线有绝缘子固定。严禁使用花线或塑料胶质线。导线不得随地拖拉或绑在脚手架上。

2.2.3　照明灯具的金属外壳必须接地或接零。单相回路内的照明开关箱必须装设漏电保护器。

2.2.4　室外照明灯具距地面不得低于3m;室内距地面不得低于2.4m。

2.3　架空线安全措施

2.3.1　架空线必须设在专用电杆上,严禁架设在树或脚手架上。

2.3.2　架空线装设横担和绝缘子,其规格、线间距离、档距离等符合架空线路要求,其电板线离地2.5m以上应加绝缘子。

2.3.3　架空线离地4m以上,机动车道为6m以上。

2.3.4　外电架空线线路下方不得搭设作业棚、生活设施,不得堆放构件、架具、材料和其他杂物。

2.3.5　当架空线路较高且不影响施工通行时,重点是对线杆进行保护,首先对需保护的线杆底部采用混凝土加固,线杆周围围设栅栏,并悬挂警示标志。

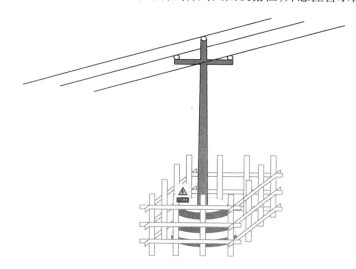

图6.7　线杆保护示意图

当线杆距离沟槽较近时,采用贝雷架对线杆进行加固。

当线缆较低且影响施工通行架空线路时,根据架空线路高度对线路下通行道路进行挖深,增加线缆下安全高度,并对线杆底部采用混凝土加固,线杆周围围设栅栏,并悬挂警示标志。

图6.8 线杆加固实例图

2.4 用电设备安全措施

2.4.1 施工用电设施投入运行前,明确管理及维修人员的职责和管理范围。电力施工人员必须持证上岗、有处理触电者的紧急救护的能力。

2.4.2 使用电动工具的人员,要戴绝缘手套。在潮湿现场作业,要穿绝缘鞋。电动工具要装安全防护罩。使用时不得用手触刃具、模具、砂轮等,要按国家规定进行定期检查和维修。

2.4.3 加强用电管理,严格执行"三相五线制"和"一机一闸一保护",配电箱全部采用标准规格,熔丝搭配合理,人走上锁,进出电缆整齐有序。机电设备专人管理,严禁非电工私拉、乱扯乱动机电设备。

2.4.4 施工用电、管线的安装符合规定,排列整齐,禁止任意拉线、接电。夜间施工保证有充足的照明。

2.4.5 雨天时,对所有用电设备进行覆盖,并安装漏电保护器。

2.5 施工用电安全措施

2.5.1 施工用电系统按设计规定安装完成后,必须经电气工程技术人员检查验收,确认合格并形成文件后,方可申请送电。

2.5.2 施工现场开挖基坑、沟槽的边缘与地下电力沟外边缘之间的距离不得小于50cm。

2.5.3 施工现场的机动车道与外电架空线路交叉时,架空线路的最低点与路面的最小垂直距离必须符合要求。

2.5.4 在建工程施工中,地上建(构)筑物(含脚手架具)的外侧边缘与外电架空线路边线之间的距离应符合要求;施工现场不能满足规定的最小距离时,必须采取防护措施。

2.5.5 施工用电设备5台(含)以上或设备总容量50kW(含)以上者,应编制施工用电设计和施工方案;用电设备5台或设备总容量50kW以下者,应编制用电安全技术措施;用电设计及其施工方案或安全技术措施应按工程施工组织设计审批程序批准后实施。

2.5.6 施工现场一旦发生触电事故,必须立即切断电源,抢救触电人员;严禁在切断电源之前与触电人员接触。

2.5.7 应使用经专业电工检测过的振动棒,发现振动棒的外壳、手柄破裂,插头有损坏时不要使用,要立即更换。

2.5.8 长期不用或者受潮的振动棒在使用前,应先让电工测量绝缘阻值是否符合要求。

2.5.9 使用振动棒、打夯机时,不得拆除或更换振动棒、打夯机原有插头,禁止不使用插头将电缆金属丝直接插入电源插座。

2.5.10 配电箱、开关箱周围要留出足够两人同时操作的空间和通道,不得堆放任何妨碍操作的杂物。

2.6 在电力保护区内机械施工的注意事项

2.6.1 以下六种情况,必须经县级以上经(贸)委批准,并采取合理措施后,方可进行。

(1)在架空电力保护区内进行打桩、钻探、开挖等作业。

(2)小于导线距穿越物体之间的安全距离,通过架空电力线路保护区。

(3)在电力电缆线路保护区内作业。

(4)起重机械的任何部位进入架空电力线路保护区进行施工。

(5)超过4米高度的车辆或机械通过架空电力线路。

(6)在电力设施500米内进行爆破作业。

2.6.2 起重、吊装作业的安全措施

(1)汽车吊、起重机、混凝土泵车等大型吊装机械在进入施工现场前,操作人员应事先观察施工地段上方或邻近有无高压线路。

(2)若发现施工地段上方有高压线路存在,应首先确认本次施工是否通过政府建设或经贸部门的施工许可,然后根据杆号牌识别法或瓷瓶串辨法了解高压线路的电压等级,看是否采取必要的以下安全措施:

①对高压线路进行防护。必要时,要将导线用绝缘构架保护起来。

②起重机械必须接地。

③设专人监护。

(3)作业中,操作人员应时刻注意吊装机械的吊臂及吊件的任何部位距离高压线的最近距离不小于下表所列出的最小安全距离。作业中,监护人应时刻提醒操作人员保持与高压线路的安全。

表6.5 高压线路安全表

电压等级(千伏)	<1	1—20	35—110	220	500
最小安全距离(米)	1.5	2	4	6	8.5

(4)架空绝缘导线不应视为绝缘体,操作人员不得直接接触或靠近。

(5)如果遇到无把握施工的应及时通知供电公司有关人员,避免弄造成触电事故,给国家和个人造成重大财产损失或生命损失。

3. 机械设备安全管理措施

3.1 根据该项目部所需工种,制订各工种的安全操作规程,对操作人员事先进行岗位培训,做到持证上岗操作并掌握本工种安全生产知识和技能;新工人或转岗工人必须经入场或转岗培训,考核合格后方可上岗,实习期间必须在有经验的工人带领下进行作业。非机械操作工和非电工严禁进行专业人员操作的机械、电气设备。

3.2 对各种机械设备在使用过程中进行检查、保养,以确保人机安全,正常生产。

3.3 严禁在高压线下堆土、堆料、支搭临时设施和进行机械吊装作业;沟槽边、作业点、到路口必须设明显安全标志,夜间必须设红色警示灯。

3.4 严格要求机械操作人员一丝不苟地按操作规程操作,坚决杜绝违章驾驶和违章作业,特殊工种持证上岗,杜绝违章指挥。

3.5 严禁擅自拆改、移动安全防护措施。需临时拆除或变动安全防护措施时,必须经施工技术管理人员同意,并采取相应的可靠措施。

3.6 公司所有机械设备在施工现场佩戴、涂刷统一 VI 识别标志。运行遵守交通法规,车辆在工地运输过程中,要按指定的路线行驶,在车辆交叉地点设专人负责交叉车辆的瞭望。

3.7 加强机械养护维修,机械停止运转后,机械维护人员立即对机械进行维护保养,保证机械正常运转。

3.8 安全员及机械负责人负责机械设备安全检查,组织分析事故隐患原因,采取预防措施,发现紧急情况,有权停止作业,并立即汇报项目经理。

3.9 操作手有权拒绝违章作业的指令,对他人违章作业劝阻和制止。

3.10 作业时必须按规定使用防护用品。进入施工现场的人员必须戴安全帽,严禁赤脚,严禁穿拖鞋。

3.11 作业时应保持作业道路通畅。作业环境整洁。在雨、雪后和冬期,露天作业时必须先清除水、雪、霜、冰,并采取防滑措施。

3.12 作业中出现危险征兆时,作业人员应暂停作业,搬至安全区域,并立即向上级报告。未经施工技术管理人员批准,严禁恢复作业。紧急处理时,必须在施工技术管理人员的指挥下进行作业。

3.13 作业中发生事故,必须及时采取抢救伤员,迅速报告上级,保护事故现场,并采取措施控制事故,如抢救工作可能造成事故扩大或人员伤亡时,必须在施工技术管理人员的指导下进行抢救。

3.14 现场上固定的加工机械的电源线必须加塑料套管理地保护,以防止被加工件压破发生触电。

3.15 按照《建筑施工临时用电安全技术规范》要求,做好各类电动机械和手持电动工具的接地或接零保护,防止发生漏电。

3.16 各种机械的传动部分必须要有防护罩和防护套。

3.17 砂浆搅拌机在运转中,严禁将头和手伸入料斗察看进料搅拌情况,也不得把铁锹伸入拌筒。清理料斗坑,要挂好保险绳。

3.18 机械在运转中不得进行维修、保养、紧固、调整等到作业。

3.19 机械运转中操作人员不得擅离岗位或把机械交给别人操作,严禁无关人员进入作业区和操作室。作业时思想要集中,严禁酒后作业。

3.20 打夯机要二人同时作业,一人理线,操作机械要戴绝缘手套,穿绝缘鞋。严禁在机械运转中清理机上积土。

3.21 使用砂轮机、切割机,操作人员必须戴防护眼镜。严禁用砂轮切割22#钢筋扎丝。

3.22 操作钢筋切断机切50CM以下短料时,手要离开切口15CM以上。

3.23 操作挖掘机、装载机、压路机、刮平机、运行车等必须经专业安全技术培训,持证上岗。

3.24 加工机械周围的废料必须随时清理,保持脚下清,防止被废料拌倒,发生事故。

4. 安全教育与培训

安全教育培训是预防事故的主要途径之一,在各种预防措施中占有极为重要的地位,它能提高广大施工人员的安全责任感和自觉性,并能使施工人员掌握检测技术和控制技术的科学知识,学会消除工伤事故和预防职业病的本领,保障自身安全和健康,提高劳动生产率及创造更好的劳动条件。

4.1 安全教育分类

公司项目部在开工前,对多有人员进行安全法制教育、安全思想教育、安全知识教育、安全技能教育、事故案例教育等。

4.2 安全教育及培训形式

4.2.1 班前安全活动

施工班组应该在每天施工前进行班组的安全教育和施工交底。班前安全交底由班长负责进行,班组安全交底需做好记录。

4.2.2 施工安全技术交底

在施工前,项目部安全技术人员必须对施工人员进行安全技术总交底,安全技术总交底必须采用书面形式进行。在分部分项施工前,项目部安全技术人员必须对施工作业班组进行安全技术交底,必须采用书面的形式,并由施工人员签字确认。

4.2.3 新工艺、新技术、新设备、新材料的科技讲座

在项目施工中推行新工艺、新技术、新设备、新材料的,必须由技术人员对施工人员进行安全、工艺的讲座。

4.2.4 项目安全专项治理及安全案例讲座

公司每季度组织安全专项治理,对项目的安全检查通过安全例会的形式进行通报。

4.2.5 新员工进单位、上岗的安全教育和继续教育

新职工进单位、上岗必须按照有关规定进行安全三级教育,安全三级教育的时间必须满足规定要求。特殊工种、特殊岗位的人员安全教育培训按有关规定进行。

4.2.6 年度安全系列培训

在岗员工的安全继续教育每年至少进行一次,并建立员工的安全教育档案。在岗员工的安全继续教育由人力资源部负责牵头,安全部门配合。

5. 安全检查

通过安全检查,减少安全事故的发生,提前发现可能发生事故的各种不安全

因素,针对这些不安全因素,制定防范措施,最终保证建设工程在安全状态下施工,保护工作人员安全。

5.1 安全检查的内容

5.1.1 安全管理的检查

内容包括:安全体系是否建立;安全责任分配是否落实;各项安全制度是否完善;安全教育、安全目标是否落实;安全技术方案是否编制和交底;各级管理人员证件是否齐全;作业人员和管理人员是否有不安全行为等。

5.1.2 文明施工的检查

内容包括:现场围挡封闭是否安全;《建筑施工安全检查标准》(JGJ59 - 2011)标准各项要求是否落实;各项防护措施是否到位;现场安全标志、标识是否齐全;施工场地、材料堆放是否整洁明了;各种消防配备、各种易燃物品保管是否达到消防要求;各级消防责任是否落实;现场治安、宿舍防范是否达到要求;现场食堂卫生管理是否达标;卫生防疫的责任是否落实。

5.1.3 脚手架工程的检查

内容包括:脚手架方案是否经过审批;脚手架搭设及建筑物拉结是否达到规范;脚手架与防护栏杆是否规范;杠杆锁件、间距、横杆、斜撑、剪刀撑是否达到要求;升降操作是否达到规范要求。

5.1.4 机械设备的检查

各种施工机械设备的施工方案是否经过审批;各种机械的检测报告、验收手续是否齐全;各种机械的安装是否按照施工方案进行;各种机械的保险装置是否可靠;机械的例保是否正常;各种机械的配备是否达到规范要求;机械操作人员是否持证上岗等。

5.1.5 施工用电的检查

内容包括:临时用电、生活用电、生产用电是否按施工组织设计进行;各种电器、电箱是否达到规范要求;各种电器装置是否达到安全要求。

5.1.6 基坑支护与模板工程的检查

内容包括:基坑支护方案、模板工程方案是否经过审批;基坑临边支护、排水措施是否达到方案要求;模板支撑是否稳定;操作人员是否遵守安全操作规程;模板支拆的作业环境是否安全。

5.2 安全检查的形式

5.2.1 日常安全检查

指按建筑工程的检查制度每天都进行的、贯穿生产过程的安全检查。

5.2.2　专业性安全检查

对易发生安全事故的大型机械设备、特殊场所或特殊操作工序,除综合性检查外,还应组织有关专业技术人员、管理人员、操作职工或委托有资格的相关专业技术检查评鉴单位,进行安全检查。

5.2.3　季节性安全检查

根据季节特点,对建筑工程安全的影响,由安全部分组织相关人员进行检查。如春节前后以防火、防爆为主要内容,夏季以防暑降温为主要内容,雨季以防雷、防静电、防触电、防洪、防建筑物倒塌为主要内容的检查。

5.2.4　节假日前后的安全检查

节假日前,要针对职工思想不集中、精力分散,提示注意综合安全检查。

5.2.5　不定期的特种检查

由于新、改、扩建工程的新作业环境条件、新工艺、新设备等可能会带来新的不安全因素,在这些设备、设施投产前后的时间内进行竣工验收检查。

6. 防汛措施

按照某市政道路工程工期要求,工程施工跨越雨期且现场起伏,使某市政道路工程施工中防汛形势严峻,责任重大。为确保沿线单位、居民和工程参建人员的生命、财产安全,按照"安全第一,常备不懈,预防为主,全力抢险"的方针,制定防汛预案。

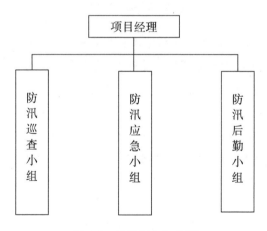

图 6.9　防汛组织机构图

6.1　积极做好防汛教育宣传工作,提高警惕,克服麻痹思想。

通过开展形式多样的教育宣传活动,使全员真正树立防洪防患意识,充分认识防汛工作的重要性,坚决消除麻痹侥幸思想,做到防汛教育经常化,防汛意识全员化,使各种防汛常识深入全员之心,不断增强防汛的整体合力。

6.2　健全防汛组织机构,做好防汛物资和设施的准备工作。

6.2.1　根据上级要求,成立了防汛领导小组,加强对防汛工作的组织领导,并实行项目经理负责制;明确项目部防汛网络,从组织上保证防汛工作"不松、不散、不疏、不漏",从而形成一级抓一级,层层抓落实的工作局面。同时下发关于认真做好防汛工作的有关通知,增强汛期防范意识。

6.2.2　项目部防汛领导小组组织有关人员对工地重点区域进行认真的汛前及汛期检查,内容包括机械设备、备用电源、通讯设施、值班人员安排、病险隐患段专人值守安排以及抢险物资准备等,发现问题及时排除处理。

图 6.10　防汛物资实例图

6.2.3　大汛期坚持全天 24 小时值班制和巡视制,以备在险情发生的第一时间有效协调各方力量进行抢险增援。此外,还指派专人负责观测水文情况,及时传递水情、雨情、险情及灾情,做好预警工作。各级防汛责任人必须坚守岗位,忠于职守,当发生险情时要闻警而动,身先士卒,实施靠前指挥及时采取有效措施,加强现场管理和监控,做到人员到位、指挥到位、责任到位、措施到位。

6.2.4　成立防汛防险突击队,增强防汛工作的机动性和灵活性。并对突击队展开防汛方案演练,突出练指挥、练协同、练技能,以提高抗洪抢险的实战能力。

图6.11 防汛应急演练实例图

6.2.5 防汛通信设施准备。通信联络是防汛工作的生命线,通讯网络要保证畅通,完善与各级指挥部和防汛相关领导部门及有关重点防汛地区的通信联络。

6.3 抗洪抢险

6.3.1 工地不论何处一旦出现险情或灾情,必须做到三个第一,即第一时间、第一责任人赶到第一现场。

6.3.2 果断采取抢险措施,积极组织机械设备和抢险人员马上到位进行抗洪,同时上报各级指挥部以便统一指挥协调。在紧急情况下,果断组织人员和机械设备立即撤离,最大限度的确保人身财产安全,力求使洪灾损失降到最低。

6.3.3 建立集结调度制度,各施工队、班组和抗洪抢险突击队要听从调度,在最短的时间内,组织好人员、车辆和物资,到达指定地点积极参与抢险救灾。

6.4 具体应急撤退方案

6.4.1 在汛期来临时,安排人员做好进场路线及便道维护,确保撤退时道路畅通无阻。

6.4.2 根据现场水位上升情况,及时组织抢险突击队进行河渠堤岸围堵和加固。当现场雨量达到危险警戒时,立即组织所有人员及设备撤离至安全区域,利用有效搜救工具或派专人负责检查是否有遗漏人员,确保人身安全。

图 6.12　防汛应急撤离实例图

6.4.3　洪水过后组织人员抓紧修复水毁工程,再次做好迎接洪水等自然灾害的各项准备,并加强汛后检查,编写防汛总结,为下一步防汛工作提供经验。

第七章 文明施工措施计划

一、文明施工管理目标

1. 达到工程建设便民、利民、不扰民的要求。

2. "两通":施工现场车道畅通,工地沿线居民和施工人员出入畅通。

3. "四无":施工现场周围道路平整无积水,方便居民出行。施工现场无扬尘,噪声达标排放。施工车辆干净卫生无渣土,出施工现场清洗干净。施工现场无各类污染物,无对人体有害物质。

4. "四必须":工地现场必须挂牌施工;管理人员必须佩卡上岗;工地现场施工材料必须堆放整齐;工地生活设施必须清洁文明。

二、文明施工保证体系

1. 文明施工组织机构

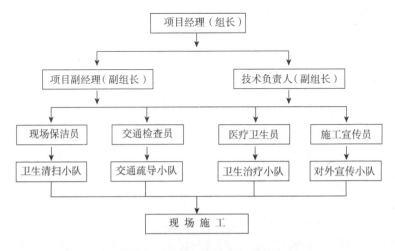

图7.1 文明施工组织机构框图

2. 文明施工制度、保证体系

2.1 文明施工制度

2.1.1 标识、护栏和信号管理制度

警告标志、护栏和信号将用于：警告工作人员存在或潜在危险，应引起注意。

（1）标识

用于工地上的一般有四种类型标识：

1）危险标识用于存在有直接危险的地方。

2）警告标识用于提示潜在危险，或提示防止危险的注意事项。

3）指示标识用于控制工地上人员与车辆的活动。

4）安全指导标识用于提示穿戴劳动保护用品的要求。

（2）护栏

1）根据要求设置围栏的目的是防止人员、车辆和设备误入危险地带。

2）所设置的围栏应该是高强度和醒目的

（3）信号

1）在高危险性的工作区域，应该安排信号员，并穿戴好合适衣服并配备信号装置。

2）应使用其他相应的信号，例如闪光信号灯和交通灯。

2.1.2 施工现场与临建区管理制度

（1）施工现场应当按照施工总平面布置图设置各项临时设施，现场堆放的大宗材料、成品、半成品和机具设备不得侵占场内道路及安全防护等设施，施工技术科、现场经理负责总平面布置图的管理。

（2）设备、机具、材料要按施工平面图进行布置，设备摆放整齐，机具、材料分类放置，堆放有序，不乱堆放、不占路、不影响交通，做到物流有序。

（3）施工现场的用电线路、用电设施的安装和使用必须符合安装规范和安全操作规程，临时电缆采取埋地敷设并标明走向，配电箱统一设编号、负责人及联系方式，严禁任意拉线接电，施工现场必须设有保证施工安全要求的夜间照明。

（4）施工机械进场必须经过机具部门的安全检验，按规定位置摆放并符合规范要求，专机专人，持证挂牌操作，机具管理员加强施工机械的定期维护保养。

（5）应保证施工现场道路畅通，因施工需要确需断路应经现场经理批准，采取必要的应急措施后实施，施工完毕及时恢复交通。

（6）应保持场容场貌的整洁，随时清理建筑垃圾，各作业区域负责人督促检查场容场貌的整洁情况，每日安排专人打扫场内卫生，维护场内道路畅通；现场废弃物实行分类存放,供应人员及时清理外运。

(7)施工现场施工现场的洞、坑、沟等危险处应有防护设施或明显标志,现场材料堆放要稳固,同时不要靠近坑、井、沟等(堆放在距坑、井、沟边 1.5m 以外),安全人员督促检查落实。

(8)施工现场的脚手架、防护设施、安全标志牌不得擅自拆除和移动。

(9)施工现场禁止开动和触动别人机器及不了解的各类设施、设备,严禁在起吊物下面停留和通过。

(10)施工现场的脚手架、防护棚、安全网等安全设施必须要规范设置,由安全人员进行检查验收,及时消除隐患,保证其安全有效。

(11)施工现场统一设置消防设施、统一编号,由安全人员定期检查,保证其完好的备用状态。

(12)各种临时设施分区域设置消防通道,要满足防火间距,设置足够数量的、符合要求的消防器材、消防栓。易燃、易爆品和压力容器的储运、领用要严格控制,加强管理。电气焊作业要有防火措施,重点部位要重点防范。

(13)现场临时办公和必要的生活设施应干净清洁,职工的膳食、饮水供应等应当符合卫生要求。

2.1.3 施工人员管理制度

施工现场管理人员、作业人员应当佩带证明其身份的胸卡。

进入施工现场的员工必须戴好安全帽、安全防护鞋和工作服。

现场不得随地吐痰,不得乱扔杂物。

现场不得饮用含有酒精的饮料,酒后不得进入施工现场。

现场不得打架斗殴、玩闹、赌博。

2.2 文明施工保证体系

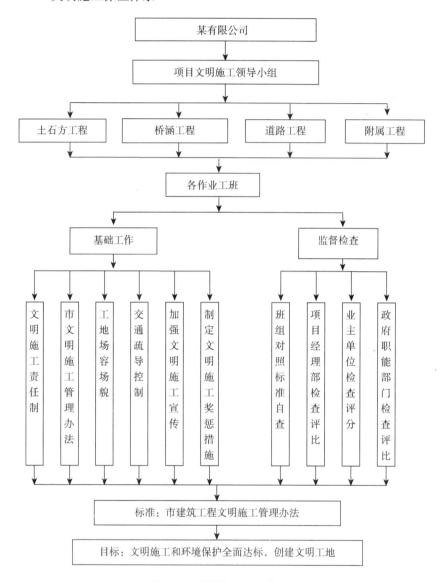

图 7.2 文明施工保证体系

三、现场文明施工主要影响因素

1. 文明施工主要影响因素

某市政道路工程对环境影响较大的主要施工因素有：土方施工、钢筋模板加工、桩基施工、机械运输、大型机械作业等。

表 7.1　某市政道路工程主要环境因素分析

工序		产生问题	影响对象		
			施工现场	交通	对外环境
土石方工程	土石方开挖	机械噪音、扬尘	√	√	√
道路工程	路基开挖	机械噪音、扬尘、渣土	√	√	√
	路床处理	扬尘、机械噪音	√		√
	基层摊铺	机械噪音、废料	√	√	√
	面层摊铺	机械噪音、废料	√		√
	钢筋混凝土浇筑	机械噪音、废料	√		√
	回填	机械噪音、扬尘	√		√
桥梁工程	桩基施工	机械噪音、废水、废料	√	√	√
	开挖及支护	机械噪音、扬尘	√		√
	钢筋模板加工	机械噪音、废料	√	√	√
	钢筋混凝土浇筑	机械噪音、废料	√		√
	回填	机械噪音、扬尘	√		√
办公生活		废纸			√
		污水			√
		生活垃圾			√

四、施工现场文明保证措施

1. 项目办公区、生活区及临设管理措施

1.1　项目办公区、生活区和临设统一采用彩色钢板房,项目部内配备会议室、餐厅、宿舍、澡堂、厕所、娱乐室、阅览室等各种设施。

1.2　施工区域与办公、生活区域分开设置,制定相应的生活、卫生管理制度。办公、生活临建设施采用整洁、环保材料搭建,不设地铺、通铺。

1.3　特殊天气时,采取有效的防暑降温、防冻保温措施,夏季有防蚊蝇措施。现场配备急救药箱,能够紧急处置突发性急症和意外人身伤害事故。

1.4　生活设施如临时宿舍、厨房、办公室等搭建位置适当且满符合防火、通风、透光等要求,严禁利用在建的建筑物作为宿舍。

图 7.3 办公室实例图

图 7.4 厕所实例图

图 7.5 项目部监控实例图

图 7.6　阅览室实例图

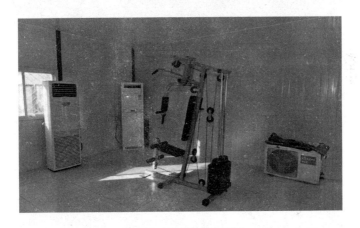

图 7.7　娱乐室实例图

1.5　施工现场醒目位置处设置文明施工公示标牌,标明工程名称、工程概况、开竣工日期,建设单位、设计单位、施工单位、监理单位名称及项目负责人、施工现场平面布置图和文明施工措施、监督举报电话等内容。

1.6　项目部设置专门的停车场和自行车、电动车等非机动车停车处,方便工作人员的工作和生活。

2. 项目部卫生及职业健康管理措施

2.1　项目部卫生

2.1.1　有合格的可供食用的水源,保证供应开水,严禁食用生水,茶水桶加盖、加销,并严禁直接置地,场地做到整洁卫生。

图 7.8　项目部生活区实例图

2.1.2　食堂与厕所、污水沟距离应大于 30m,内外环境整洁,有消毒,防尘,灭蝇,灭鼠措施,设熟食间或有熟食罩(必须配冰箱),生熟具分开,定期清洗,要留有样菜。

图 7.9　餐厅实例图

2.1.3　厕所严禁设置于河道上,有贮粪池或集粪坑,并密封加盖。

图7.10　移动厕所实例图

2.1.4　宿舍、更衣室做到通风、照亮、干燥、无异味、无蛛网、无积灰、无痰迹、无烟头纸屑,床上生活用品堆放整齐。

图7.11　职工宿舍实例

2.1.5　浴室有专人负责清扫,室内排水畅通,但不得随意排放路边影响交通。

2.1.6　工地设医务室,无医务室配急救药箱,药物品种齐全。有专人负责,做好药品发放记录,医务人员要抓好防病和食堂卫生巡视宣传工作,高温季节做好防暑、降温工作。

图 7.12　向施工人员发放防暑降温物品实例图

2.1.7　生活区设有"五小设施"平面图和卫生包干示意图。

2.2　职业健康管理措施

2.2.1　劳动保护措施

(1)接触粉尘、有毒有害气体等有害、危险施工环境的作业职工,按有关规定发放个人劳动保护用品,并监督检查使用情况,以确保正常使用。

(2)加强机械保养,减少施工机械不正常运转造成的噪音。

(3)对于噪音超标的机械设备,采用消音器降低噪音。洞内运输机械行驶过程中,只许按低音喇叭,严禁长时间鸣笛。

(4)对经常接触有噪音的职工,加强个人防护,佩带耳塞消除影响。

(5)按照劳动法的要求,做好某市政道路工程的劳动保护装备工作,根据每个工种的人数以及劳动性质,由物资部门负责采购,配备充足而且必要的劳动保护用品。同时加强行政管理,落实劳动保护措施。

2.2.2　劳动保护装备要求

(1)采购劳动保护用品时,必须审核产品的生产许可证、产品合格证和安全鉴定证,确保产品的质量和使用安全;对于未列入国家生产许可证管理范围的劳动防护用品,按路用劳动防护用品许可证制度进行质量管理。

(2)施工人员必须分工按规定配齐劳动保护用品,并佩戴上岗。进入施工现场的其他人员必须佩戴安全帽,闲杂人员不得出入施工现场。

(3)由安全领导小组负责对施工人员进行劳动保护方面的检查,对漏配、缺配劳动保护用品的施工人员,责令补发劳动保护用品;对不按规定佩戴劳动保护用品上岗的人员,进行批评教育,并责令其改正,对累教不改的人员,将采取罚款、停岗等措施予以惩罚。

2.2.3　医疗卫生保护措施医疗保证措施

全面负责医疗卫生和传染病、地方病防治的监测监督工作,落实防治措施,做好职工的健康教育工作。对项目内出现的疫情信息,及时向卫生机构报告。对内规范管理、对外加强协调联系,营造一个良好的内外卫生防疫工作环境;夏季发放防暑药品,防止中暑。冬季发放防寒防冻药品,防止冻伤;春秋两季是传染病、病毒性疾病高发季节,医务人员将加强对职工的健康检查,做好预防接种工作,搞好环境卫生,切断蚊蝇等传媒生物孳生源,有效控制疾病的流行。

2.2.4　职业病防治措施

(1)严格执行《中华人民共和国传染病防治法》、《中华人民共和国公众卫生法》及所在地政府有关职业病管理与疾病防治的规章制度。

(2)配备应有的设施。负责职工疾病预防及事故中受伤职工的抢救。

(3)强化施工和管理人员卫生意识,杜绝疾病的产生,对已患传染病者及时隔离治疗。

(4)有针对性地进行职业病的检查,发现病情时,及时进行病情分析,寻找发病根源,加强和改进施工方法及工艺,消除发病根源,防止病情的漫延。对特殊工种进行岗前培训,持证上岗,按规定采取防范措施,按规定进行施工操作。及时发放个人劳动保护用品,并监督检查正确使用。

(5)做好对员工卫生防病的宣传教育工作,针对季节性流行病、传染病等,要利用板报等形式向职工介绍防病、治病的知识和方法。

(6)加强施工运输道路和防尘工作。搅拌站和预制场内的行车道路,均采用砼硬化处理,对粉尘较多的进场施工便道,采取填筑砂砾等材料铺设路面,以减少由于行车造成灰尘增多,指派专人对施工运输道路进行维护,并用洒水车经常洒水,保持道路湿润,最大限度地减少道路粉尘飞扬。

3.　施工界域内现场管理措施

3.1　封闭施工管理措施

3.1.1　施工区域与非施工区域设置分隔设施。根据工程文明施工要求,凡设置全封闭施工设施的,均采用统一高度的围挡。分隔设施做到连续、稳固、整洁、美观。

3.1.2　在施工沿线人流量相对较多及醒目位置,设置企业文化墙,用来提高企业的形象,增强企业员工的自豪感,体现公司的凝聚力,给客户留下深刻的印象,宣传公司文明,推动公司品牌建设。企业文化墙的建设要与改善美化城市街景结合起来,与城市的形象有效融合,起到美化周边环境作用。

3.1.3 在路口拐角处封闭围挡采用透明围挡,为路口行车安全提供保障,方便居民出行。

图 7.13 路口透明围挡实例图

3.2 施工现场文明管理措施

3.2.1 某市政道路工程经过某处管线种类较多、管线工程量大,沟槽维护、警示工作至关重要,不仅关系到文明施工,而且关系到施工人员和周边居民的人身安全。

图 7.14 沟槽维护警示设施

3.2.2 在进行地下工程挖掘前,向施工班组进行详细交底。施工过程中,与管线产权单位提前联系,要求该单位在施工现场设专人做好施工监护。并采取有效措施,确保地下管线及地下设施安全,避免资源浪费,以及因管线受损而引起生活、办公的不便。

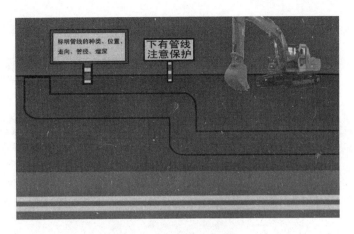

图 7.15　管线保护效果图

3.2.3　施工现场定时洒水,防治扬尘和大气污染。

3.2.4　对已完工程进行保护,防止成品遭受任何损坏或破坏。

3.2.5　定期对围挡擦拭,并对围挡外道路清理,保证环境卫生,方便居民出行。

3.2.5　施工扬尘的控制措施

(1)水泥扬尘

根据项目施工特点,尽可能使用商品水泥及散装水泥,减少使用袋装水泥,以削减使用水泥带来的环境污染。

散装水泥罐车下部出口处设置防尘袋,以防水泥散逸。

在水泥搅拌过程中,水泥添加作业应规范,搅拌设施应保持密闭,防止添加、搅拌过程中大量水泥扬尘外溢。

(2)施工扬尘

在施工作业现场按照相关要求,对施工现场进行分隔。开挖、运输和填筑等施工过程,遇到干燥、易起尘的土方工程作业时,必须辅以洒水压尘。遇到四级或四级以上大风天气,必须停止土方作业,同时作业处覆以防尘网。

加强建筑材料的存放管理,各类建材及混凝土拌合处应定点定位,禁止水泥露天堆放,并采取防尘抑尘措施,如在大风天气对散料堆放采用水喷淋防尘。

施工过程中使用易产生扬尘的建筑材料,采取密闭存储、设置围挡或堆砌围墙、采用防尘布苫盖或其他有效的防尘措施。

运输车辆进出的主干道应定期洒水清扫,保持车辆出入口路面清洁,以减少由于车辆行驶引起的地面扬尘污染。

图 7.16　现场渣土覆盖实例图

由于施工产生的扬尘可能影响周围正常居民生活、道路交通安全的,应设置防护网,以减少扬尘及施工渣土的影响。如防护网发生破损,应及时对其进行修补。

施工现场的建筑垃圾、工程渣土临时储运场地四周设置一米以上且不低于堆土高度的遮挡围栏,并有防尘和防污水外流等防污染措施。

禁止在人口集中地区焚烧沥青、油毡、橡胶、塑料、皮革以及其他有毒有害烟尘和恶臭气体等物资;特殊情况下需焚烧的,须报当地环境保护主管部门批准。

坚持文明施工及装卸作业,避免由于野蛮作业而造成的施工扬尘。

施工期间,施工工地内及工地出口至铺装道路间的车行道路,要采取铺设钢板、铺设水泥混凝土、铺设沥青混凝土等措施硬化路面。

采用吸尘或水冲洗的方法清洁施工工地道路积尘,不得在未实施洒水等抑尘措施情况下进行直接清扫。

施工期间,对于工地内的裸露地面,要采取覆盖防尘布或防尘网等措施。

3.2.6　施工噪声及振动的管理

(1)施工申报

除紧急抢险、抢修外,不得在夜间 10 时至次日早晨 6 时内,从事混凝土振捣等危害居民健康的噪声建设施工作业。

由于特殊原因须在夜间 11 时至次日早晨 6 时内从事超标准的、危害居民健康的建设施工作业活动的,必须事先向环境保护局办理审批手续,并向周围居民进行公告。

（2）施工噪声及振动的控制

1）施工噪声的控制

①根据施工现场环境的实际情况，合理布置机械设备及运输车辆进出口，搅拌机等高噪声设备及车辆进出口应安置在离居民区域相对较远的方位。

②合理安排施工机械作业，高噪声作业活动尽可能安排在不影响周围居民及社会正常生活的时段进行。

③对于高噪声设备附近加设可移动的简易隔声屏，尽可能减少设备噪声对周围环境的影响。

④离高噪声设备近距离操作的施工人员应佩戴耳塞，以降低高噪声机械对人耳造成的伤害。

2）施工振动的控制

如施工引起的振动可能对周围的房屋造成破坏性影响，须向居民分发"米字格贴"，避免因振动而损坏窗户玻璃。

为缓解施工引起的振动，而导致地面开裂和建筑基础破坏，可采取以下措施：设置防震沟和放置应力释放孔。

3）施工运输车辆噪声

运输车辆驶入城市区域禁鸣区域，驾驶员应在相应时段内遵守禁鸣规定，在非禁鸣路段和时间每次按喇叭不得超过 0.5 秒，连续按鸣不得超过 3 次。

加强施工区域的交通管理，避免因交通堵塞而增加的车辆鸣号。

（3）工程竣工验收前，清理工地及周边环境，做到工完、料尽、场地清。

3.3 现场施工队文明管理措施

3.3.1 严格施工队管理措施，加强施工队管理是实现文明施工的重要组成部分，是工程建设管理的重要环节。同时加大现场管理力度，把实现文明施工作为施工队管理的重要内容，依据"文明施工标准"和自身情况，有针对性地制定出针对施工队的现场管理和文明施工条例，并严格实施。

3.3.2 施工单位除每月要进行一次文明施工检查外（要有检查记录）要坚持日常的督促检查工作，不具备文明施工条件的不准开工，坚决消除施工现场脏、乱、差现象，创造一个整洁有序、文明的施工环境。

文明施工条件规定如下：

（1）各种设施建设布局合理、整齐。

（2）宿舍、库房、工作间内干净、整洁，各类物品摆放整齐。

（3）区域内垃圾集中存放、定期清理。

(4)区域内不准明沟排放污水。

(5)区域内始终保持清洁、卫生、道路晴雨畅通、平坦。

(6)厕所定期消毒处理,便池加盖,保持清洁。

(7)区域内各类物品设备存放定置有序。

3.3.3 施工中产生的沟、井、槽、坑应设置防护装置和警示标志及夜间警示灯。如遇恶劣天气应设专人值班,确保行人及车辆安全。

3.3.4 施工中坚决贯彻"安全第一、预防为主"的方针。必须严格贯彻执行各项安全组织措施,切实做到安全生产。

4. 施工机械设备文明管理措施

4.1 施工车辆离开施工现场前要进行防遗洒清洗,避免垃圾和渣土污染公共道路。

4.2 在夜间 11 时至次日早晨 6 时内,产生噪音的机械设备不得进行工作,防止扰民。

4.3 木工作业、机具加工、有隔音措施并避开午间和夜间作业。

4.4 油锤破除石方或爆破施工应避开午间和夜间作业。

4.5 爆破施工,被破除石方必须覆盖隔音和防止石渣迸溅的覆盖物,减少对周边居民的影响,减少安全隐患。

4.6 风镐、切割机、磨光机、钻孔机等噪音大的机械的使用避开午间和夜间作业。

4.7 无紧急情况,不得使用高音喇叭。

4.8 当天的渣土不过夜,集中在晚 10:00 至早 5:00 之间清运出场,运输车辆全部覆盖。

5. 工程材料文明管理措施

5.1 施工现场材料按指定位置堆放整齐,不得影响现场施工和堵塞施工、消防通道。材料堆放场地应有专职的管理人员。

图 7.17 材料堆放实例图

5.2 对易产生扬尘的材料,采取覆盖或特定位置存放。水泥存放设置专用的水泥存放处。

5.3 模板、脚手架无乱扔、乱摔产生噪音。

5.4 公司材料设备科定期对工地材料设备管理人员及施工人员进行培训,并在工地设立材料安全管理指示牌。

6. 交通及便民措施

6.1 交通方面文明施工措施

6.1.1 成立"施工交通管理领导小组",设专职"交通协管员"和"安全员",统一着装,并经相关部门进行专业培训后,持证上岗。

6.1.2 结合以往施工经验,编制切实可行的交通疏导方案,由交通协调部配合专职的"交通协管员"和"安全员"负责交通疏导方案的落实,密切配合相关部门,在需要导行的路口设置交通标志牌和安全施工宣传牌并设专职交通协管员,协助交管部门疏导行人及车辆,确保交通安全和施工安全。

6.2 便民措施

6.2.1 因施工需要进行全封闭时,提前通知周边单位及居民,提示绕行。

图7.18 给过往行人发送全封闭通知实例图

6.2.2 加强对现场施工人员的管理,教育施工人员讲求职业道德,自觉遵守《市民文明守则》及《治安管理条例》,杜绝违法违纪和不文明行为的发生。

图7.19 围挡上贴封闭告示实例图

6.2.3 对因临时道路封闭而造成原有公交站点迁移的,本公司主动修建临时公交站点,方便居民出行,给居民留下较好的公司形象。

图7.20 临时公交站点实例图

6.2.4 公司在特定的位置设置便民服务站,为居民提供饮用水、充电等。进一步为居民服务,提高公司形象。

五、对外环境方面的文明施工措施

某市政道路工程施工为了减少对外界环境的影响,赢得周围单位、市民和村民的理解,特制定以下措施降低污染和噪音的施工保证措施。

1. 自然环境文明施工保证措施

1.1 通过加强车辆管理,对进出场车辆车轮进行清洗,同时对工地进出场处及时清扫。

1.2 对施工便道及时补强,防止道路破坏而产生扬尘。

1.3 构筑物拆除采用专业队伍,拆除过程中洒水降尘,减少对周边环境的污染。

1.4 施工时废弃物做好回收处理,污水需经过处理池达到排放标准。

2. 社会环境文明施工保证措施

2.1 防止民扰及扰民

为了施工扰民事件的发生,我们在落实防止扰民措施的前提下,制定如下措施:

2.1.1 在施工前公布工程性质、施工工期、安全措施,发放宣传材料,向工程周围的居民做好解释工作。说明在施工期间将会给工作及生活带来不便,以求得大家的理解和支持。

2.1.2 教育施工人员和民工队伍人员,不得在施工区域外酗酒闹事,严格遵守国家法规和单位各项规章制度,维护群众利益,尽量减少对周边居民的烦扰。

2.1.3 由于工程管线种类较多,必须对工地进行全封闭维护,避免外来人员进入施工场地,在沟槽边和施工区域入口处张贴"前方施工危险,外来人员严禁入内"的警示标志和标语避免发生坠落事故。

2.1.4 按国家环保部门规定对噪声值标准进行实时测定,采取措施将噪声尽可能降低,并避开居民休息时间施工高噪声机械。将噪声扰民控制在最低。

2.1.5 现场设立群众来访接待处,并配备热线电话,24 小时接待来访来电,对所有问题均在 24 小时以内予以明确答复。

2.1.6 依靠当地政府并与办事处、派出所、居民代表、共同开展创建文明工地活动,通过沟通和融洽关系减少或防止民扰。

2.1.7 依法处理各种扰乱正常施工秩序的行为和责任人。对通过耐心说服并采取了合法措施仍然阻挠正常施工的人或行为,依法向有关部门申请遵照有关法律进行处理。

2.1.8 针对该工程特点,公司成立协调小组,设专人负责民扰及地方关系的协调工作。

图7.21 公司举办"绿丝带"活动,增加与民沟通实例

2.1.9 及时与工程所在地政府、公安、村委会等各相关单位沟通联络,通报施工管理情况,以期获得有力的支持。

2.1.10 设置指示牌。在施工现场醒目位置设置文明施工公示标牌、导向牌,交通地形图。

2.1.11 及时清扫和洒水,防止扬尘。马路 24 小时有人扫,有人管。当天的渣土不过夜,集中在晚 10:00 至早 5:00 之间清运出场,运输车辆全部覆盖。

图7.22 施工采用车斗有盖板的运输车实例图

2.1.12　项目部设置便民接待室,受理并解决因施工给周边居民带来的生活困难问题。

2.1.13　施工中临时围挡的四个角设置防护警示标志,夜间设置了警示灯,部分夜间的警示灯采用霓虹灯。所有人行道的障碍物都安排专人防护。

2.1.14　教育施工人员严格遵守各项规章制度,维护群众利益,尽力减少工程施工给当地群众带来的不便。

2.2　施工地方关系协调措施

施工期间必须完善各种施工手续,要达到合法施工,符合当地规章、政策、法规的施工程序。及时沟通,通过对周边居民的走访,了解施工过程中对其影响的主要方面,尽可能降低因施工造成居民生活的不便,通过沟通取得当地居民和政府的谅解。为使工程顺利有序进行,尽量做到不扰民、少扰民,勤沟通,不断改进的工作作风,力争工程完满完成。

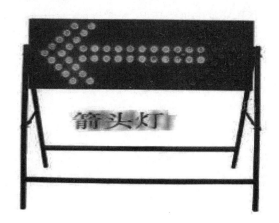

图7.23　警示灯实例图

3. 减少固体废物对土地的污染

3.1　生活用品废弃物处理

3.1.1　指派专人收集并指定收集场所或容器,并设置回收标识;或制定管理办法,以旧换新,统一管理。并进行实际发放和回收统计。

3.1.2　加强日常检查,确保回收率。

3.1.3　定期交有资质的部门进行处置。

3.2　工程施工产生废弃物处理

3.2.1　对于拆除旧有路面产生的建筑垃圾集中堆放并覆盖。统一集中外运至指定的垃圾填埋场。

3.2.2 对于施工中产生的土方及石方分别堆放在施工指定区域内,覆盖防尘网,留出足够的回填方量,其余的统一集中外运,外运车辆覆盖放撒漏的帆布。

4. 杜绝重大环境事故,最大限度防止办公区域、施工现场火灾的发生

4.1 办公区域、仓库一律配备符合消防规定数量的环保型灭火器和消防池,消防池内贮备黄沙,并配备有铁锹等灭火器材。

4.2 制定消防管理制度,在宿舍区通过展示消防警示标志和消防知识漫画,使工人受到安全教育。

4.3 定期检查,及时发现火灾隐患,及时处理,将火灾隐患消除在萌芽状态。

4.4 培训人员使用灭火器和逃生方法,进行火灾应急预案演练,如有险情严格执行火灾应急预案。

5. 节约用电,减少电的非正常消耗

5.1 办公区域全部换成节能灯,安装节能开关,更换率达到85%。由办公室提出采购计划,然后货比三家选出最环保、最实用的,派电工人员一名安装完毕,由办公室主任监督施工。

5.2 对开水器每月进行除垢。

5.3 对养护室的空调等养护设备每星期检查一次。

5.4 夏季用电空调温度控制在25度左右。

5.5 制定安全用电制度,做到人走灯灭。

6. 节约用纸,减少纸的非正常消耗

6.1 充分利用网络平台传输文件,减少文件传送采用人工和书面的方式,节约人力和纸张浪费。

6.2 打印机墨盒采用可循环施工的墨盒,对于不可循环使用的墨盒,统一存放,集中回收,减少污染。

6.3 对纸张做到双面打印(特殊情况除外)对打印多余纸张进行及时整理,用到非正规用纸中。

6.4 项目部用纸执行严格领用制度,说明理由方可领用。

7. 污水及废弃物排放

7.1 项目部统一规划污水排放管道位置,保证场内污水排放畅通,确保污水不外溢,化粪池做好防渗漏措施并覆盖严密,避免污染环境滋生蚊蝇。

7.2 对于车辆清洗的污水,设置沉淀池,将泥沙沉淀后,将清水排入就近雨水排水系统中。

7.3 化粪池定期清淤。超过 50 人吃饭的食堂要设隔油池。

7.4 有毒有害废弃物溶液,设置专门的存放仓库,集中清理外运。

8. 创建国家卫生城市

8.1 生活垃圾、粪便无害化处理场建设、管理和污染防治符合国家有关法律、法规及标准要求,无害化处理率≥90%。

8.2 生活垃圾中转站、厕所等环卫设施符合《城镇环境卫生设施设置标准》要求,布局合理,数量充足,管理规范。

8.3 区域环境噪声平均值≤60 分贝。

8.4 各类卫生许可手续齐全有效,卫生管理制度健全,设有专(兼)职卫生管理人员;从业人员持有有效健康证明和卫生知识培训合格证,符合《食品安全法实施条例》相关要求,从业人员操作符合卫生要求;经营场所室内外环境整洁,公共用品清洗、消毒措施落实,卫生设施(清洗、消毒、保洁、通风、照明和排水等)和各项卫生指标达到国家有关标准要求。

8.5 认真贯彻《传染病防治法》,疾病预防控制机构建设达到规定要求。

第八章　施工环保措施计划

某市政道路工程施工面积大,工期长,工程量大,影响面大,施工环保尤为重要,为此针对某市政道路工程制定了一系列的施工环保措施。

一、环保目标及保证体系

1. 环保目标

1.1　建设"市环保样板工地":达到工程建设便民、利民、不扰民的不污染环境要求。

1.2　"两通":施工现场车道畅通,工地沿线居民和施工人员出入畅通。

1.3　"四无":施工现场周围道路平整无积水,方便居民出行。

1.4　施工现场无扬尘,噪声达标排放。

1.5　施工车辆干净卫生无渣土,出施工现场清洗干净。

1.6　"四必须":工地现场必须挂牌施工;管理人员必须佩卡上岗;工地现场施工材料必须堆放整齐;工地生活设施必须清洁文明。

二、影响环境的因素

表8.1　施工工序引起的影响环境因素表

工序	产生问题	影响对象		
		施工现场	交通	对外环境
土石方施工	机械噪声、废气	√	√	√
桩基施工	机械噪声、废水	√	√	√
钢筋、模板加工	机械噪声、废气、废料	√		√

续表

工序	产生问题	影响对象		
		施工现场	交通	对外环境
结构物工程	机械噪声、			
废料、废水	√		√	
道路工程	机械噪声、废水、废料	√	√	√
绿化工程	废水	√		√
办公生活	废纸、污水、垃圾			√

三、施工环保组织机构及制度

1. 施工环保组织机构

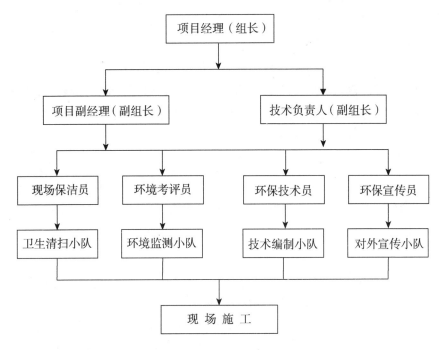

图8.1 环保施工组织机构框图

2. 施工环保制度

2.1 成立环保施工小组

项目部成立以项目经理为组长的环保施工小组,设两名副组长(分别由项目经理、技术负责人担任),依据分工不同有四名组员:现场保洁员、环境考评员、环保技术员、环保宣传员;环保小组下设"卫生清扫小队"、"环境监测小队"、"环保施工技术编制小队"、"对外宣传小队"。

2.2 岗位职责

2.2.1 项目经理为某市政道路工程环保施工第一责任人,负责制定环境保护目标,组织编制环保施工技术措施,配合业主、监理做好环境保护施工检查,做好与周边单位的环保协调,定期召开环保施工会议。

2.2.2 由项目副经理担任的副组长负责施工现场的环境保护,做好环保措施的落实,带领环境考评院做好环境考评,依次作为劳动队伍的奖惩根据。

2.2.3 由技术负责人担任的副组长负责根据分部分项工程编制施工环保措施,由环保技术员对劳动队伍进行交底,并考察落实情况;负责对外的环保宣传。

四、环保保证措施

1. 主要环境因素控制措施

1.1 施工现场的环境保护措施

1.1.1 结合某市政道路工程招标文件及实际情况,计划采用全封闭施工,在道路红线范围内修建临时便道,以便驻地车辆、行人通行。部分路段经过沿线居民区时会有横穿路口,计划实行全封闭施工,在路口一侧修建施工便道,管线施工时,沟槽上搭建便桥供施工车辆行驶以及社会车辆和行人行驶,满足施工方便及外界车辆和行人通行顺畅。

1.1.2 施工中产生的沟、井、槽、坑应设置防护装置和警示标识及夜间警示灯。如遇恶劣天气应设专人值班,确保行人及车辆安全。

1.1.3 施工中坚决贯彻"安全第一、预防为主"的方针。必须严格贯彻执行各项安全组织措施,切实做到安全生产。

1.1.4 成立"施工交通管理领导小组",设专职"交通协管员"和"安全员",统一着装,并经相关部门进行专业培训后,持证上岗。

1.1.5 结合以往工程施工经验,编制切实可行的交通疏导方案,由交通协调部配合专职的"交通协管员"和"安全员"负责交通疏导方案的落实,密切配合相关部门,在需要导行的路口设置交通标志牌和安全施工宣传牌并设专职交通协管员,协助交管部门疏导行人及车辆,确保交通安全和施工安全。

1.1.6 施工产生的泥浆,采用罐车装运出施工现场,统一处理,严禁倒入现状河流或排水管道。

1.1.7 施工过程中对施工便道要及时洒水降尘,在雨天控制大型车辆出入,防止道路泥泞。

1.2 对外环境保护措施

某市政道路工程施工工程量大,工期长,易产生大量建筑垃圾,大型机械长期工作易产生噪音扰民等问题,为了减少对外界环境的影响,赢得单位、市民和村民的理解,特制定以下措施降低污染和浪费,降低对外界居民的干扰程度。

1.2.1 自然环境保护措施

(1)通过加强车辆管理,对进出场车辆车轮进行清洗,同时对工地进出场处及时清扫。

(2)对施工便道及时补强,防止道路破坏而产生扬尘。

1.2.2 社会环境保护措施

(1)防止民扰及扰民

为了施工扰民事件的发生,在落实防止扰民措施的前提下,制定如下措施:

①在施工前公布工程性质、施工工期、安全措施,发放宣传材料,向工程周围的居民做好解释工作。说明在施工期间将会给工作及生活带来不便,以求得大家的理解和支持。

②教育施工人员严格遵守各项规章制度,维护群众利益,尽力减少工程施工给当地群众带来的不便。

③按国家环保部门规定的噪声值标准进行测定,并确定噪声扰民范围。

④现场设立群众来访接待处,并配备热线电话,24小时接待来访来电,对所有问题均在24小时以内予以明确答复。

⑤依靠当地政府并与办事处、派出所、居民代表、共同开展创建文明工地活动,通过沟通和融洽关系减少或防止民扰。

⑥依法处理各种扰乱正常施工秩序的行为和责任人。对通过耐心说服并采取了合法措施仍然阻挠正常施工的人或行为,依法向有关部门申请遵照有关法律进行处理。

⑦针对该工程特点成立协调小组,设专人负责民扰及地方关系的协调工作。

⑧及时与工程所在地政府、公安、村委会等各相关单位沟通联络,通报施工管理情况,以期获得有力的支持。

⑨设置指示牌。在施工现场醒目位置设置文明施工公示标牌、导向牌,交通地形图。

⑩及时清扫和洒水,防止扬尘。马路24小时有人扫,有人管。当天的渣土不过夜,集中在晚10:00至早5:00之间清运出场,运输车辆全部覆盖。

⑪项目部设置便民接待室,受理并解决因施工给周边居民带来的生活困难问题。

⑫教育施工人员严格遵守各项规章制度,维护群众利益,尽量减少工程施工给当地群众带来的不便。

(2)施工地方关系协调措施

对于施工期间可能受到来自多方面对施工干扰的不利情况,在承建某市政道路工程过程中,应及时与相关政府部门进行接洽、沟通和联络,及时有效地贯彻政府部门的各项政策、法规。在施工过程中树立良好的形象,为工程顺利进行创造良好的外部环境,以确保工程顺利实施。

1.2.3 减少固体废物对土地的污染

(1)指派专人收集并指定收集场所或容器,并设置回收标识;或制定管理办法,以旧换新,统一管理。并进行实际发放和回收统计。

(2)加强日常检查,确保回收率。

(3)定期交有资质的部门进行处置。

1.2.4 杜绝重大环境事故,最大限度防止办公区域、施工现场火灾发生。

(1)办公区域、仓库一律配备符合消防规定数量的环保型灭火器。

(2)严格执行并落实各项消防规章制度。

(3)如有险情严格执行火灾应急预案

1.2.5 节约用电,减少电的非正常消耗

(1)办公区域全部换成节能灯,安装节能开关,更换率达到85%。由办公室提出采购计划,然后货比三家选出最环保、最实用的,派电工人员一名安装完毕,由办公室主任监督施工。

(2)对开水器每月进行除垢。

(3)对养护室的空调等养护设备每星期检查一次。

(4)夏季用电空调温度控制在25度左右。

(5)重新制定安全用电制度,做到人走灯灭。

1.2.6 节约用纸,减少纸的非正常消耗

(1)能用U盘的坚决不用软盘,不打印,分公司各科室与项目部、总公司等相关部门可用邮箱等方式进行交流、传递信息。

(2)对打印机做到有问题及时修理,避免出现卡纸等浪费现象。

(3)对纸张做到双面打印(特殊情况除外)对打印多余纸张进行及时整理,用到非正规用纸中。

(4)项目部用纸执行严格领用制度,说明理由方可领用。

1.2.7 污水及废弃物排放

(1)主要通道、料场排水畅通、无积水。

(2)机械车辆清洗、维修的污水设隔油池并定期清淤。

(3)混凝土搅拌设沉淀池(池内沉淀物不能超过沉淀的1/3)。

(4)有固定厕所、化粪池定期清污。超过50人吃饭的食堂要设隔油池。

(5)有存放有害废弃物容器或存放场。

1.2.8 噪音的控制

(1)木工作业、机具加工、有隔音措施并避开午间和夜间作业。

(2)无设备空转现象。

(3)模板、脚手架无乱扔、乱摔产生噪音。

(4)风镐、切割机、磨光机、钻孔机等噪音大的机械的使用避开午间和夜间作业。

(5)无紧急情况,不得使用高音喇叭。

2. 扬尘(雾霾)防治措施

2.1 施工围挡

施工现场围挡应采用环保型装配式彩钢板,在施工现场周边连续设置围挡,围挡高度不低于1.8米。围挡要整齐、美观、牢固,统一标志。标识出现残缺时,应及时更换。出入口及道路转弯处应设可透视围挡(透明围挡应设置警示标识)或小型围挡,保证视线良好。

2.2 现场洒水

施工现场应当配备足量的洒水车辆,每天定时对易产生扬尘的路面、工程材料采取洒水降尘。每天洒水不少于5次,中度污染以上天气每天洒水不少于7次,做好记录,并经监理签字确认。

2.3 作业场地、施工便道硬化处理

2.3.1 施工现场应平面布置要求做好主要道路、材料堆场、生活办公区域铺设混凝土路面工作,实行场地的硬化或绿化处理,确保无一处露土现象,以达到防尘控制要求。

2.3.2 工程每个区的进出口、场地施工便道和建筑材料堆放地进行硬化处理,浇筑混凝土。安排专人经常清洁、洒水降尘。

2.3.3 施工现场的主要出入口内侧应当设置车辆清洗设施或设备,确保车辆干净、整洁。工地出口处铺装道路上可见粘带泥土不得超过10米,并应当及时

清扫冲洗。

2.4　材料堆放

施工现场的各种材料、构件应当按平面布置图分类、分规格存放。对水泥、灰土、碎石、沙石等工程材料应当进行围挡，易起扬尘的材料要进行严密覆盖，不得撒落到通行道上。

2.4.1　砂石设置专用池槽进行堆放，控制进料数量，做到随到随用，不大量囤积。堆放时做到堆积方正、底脚整齐干净，并将周边及上方拍平压实，然后用密目网罩进行覆盖。砂石料如过于干燥，应及时进行洒水。

2.4.2　施工用的页岩空心砖及配砖砌块必须在指定场地进行堆放。进场后及时进行洒水湿润，定时由专人对堆放场地进行清扫。

2.4.3　其他易飞扬物、细颗散体材料（如塑料泡沫、膨胀珍珠岩粉末等），必须进行严密的遮盖或存放在不透风的仓库内，运输车辆要有防止泄漏、飞扬装置，卸料时采取集中码放措施，以减少污染。

图8.2　钢筋堆放实例图

图8.3　水泥堆放实例图

2.5　土方施工、堆放

在架空层基础土方开挖、回填施工中，主要采取淋水、降尘和防止车辆泥土外泄等措施。当雨天开挖、基坑回填时，应在施工临时通道上铺设麻袋。严格按挖土施工方案中所规定的挖土流程，堆土位置及车辆出入口线路进行指挥。加强对渣土运输车辆的车况检查，指派专人随机跟车监督，保证按规定线路行运，严禁偷倒、乱倒。

在场地内堆放作回填使用土方应集中堆放。同时，在土方未干化之前，经表面整平压实后，用密目网进行覆盖。定时洒水维持湿润，以有效地控制扬尘。

2.6 施工过程扬尘控制

2.6.1 施工机械在实施挖土、装土、堆土、路面切割、破碎等作业时,应当采取洒水等措施防止扬尘污染。

2.6.2 使用风钻挖掘地面或者清扫施工现场时,应当辅以洒水等降尘措施。

2.6.3 管线恢复安装施工的砖墙沟槽切割,应采用湿作业法进行施工。

石材应优先组织半成品进入施工现场,实施装配式施工,减少因石材切割、加工所造成的扬尘污染。现场石材切割加工应设置专用封闭式作业间,操作人员必须佩带防尘口罩,以降低或减少扬尘对环境的污染和人体的危害。

2.6.4 禁止在施工现场露天熔化沥青或者焚烧油毡、油漆以及其他产生有毒有害气体的物质。

2.7 混凝土、砂浆拌制扬尘控制

在混凝土、砂浆搅拌操作间四周进行封闭围挡,以控制和减少水泥扬尘对大气造成的污染。袋装水泥设置封闭的库房进行堆放,安排专人进行管理,定时进行清扫,保持库内整洁,地面无积灰现象。如需露天存放应采取严密遮盖措施。装卸以及拌制作业时严格要求工人佩带口罩,做到轻搬轻放。混凝土、砂浆拌制时严格按石子(砂)→水泥→砂顺序进料,以控制和减少水泥扬尘。搅拌机储料池前应设置三面挡水,并做好排水沟、沉淀池,定期对沉淀池进行清理。

为减少施工现场扬尘污染源,施工现场全部使用商品混凝土。

2.8 运输车辆扬尘控制

施工车辆运送建设工程弃土、垃圾及易产生扬尘的散装材料时,应当采用密闭车斗。确无密闭车斗的,装载高度最高点不得超过车辆槽帮上沿40厘米,两侧边缘应当低于槽帮上缘10厘米。车斗应用苫布覆盖,苫布边缘至少要遮住槽帮上沿以下15厘米。车辆驶离工地前,应当在洗车平台冲洗轮胎及车身,其表面不得附着污泥。建筑垃圾(工程渣土)应当按照规定运输至核准的储运消纳场所。

2.9 拆除工程应当设置封闭围挡,采取喷淋压尘措施或其他压尘措施后方可施工。其建筑垃圾(工程渣土)应在建筑物、构筑物拆除后7日内清运完毕。

图8.4　施工采用车斗有盖板的运输车实例图

2.10　风力在4级以上的,工程施工现场应当根据实际对工地采取洒水等防尘措施,拆除、开挖、运输等易产生扬尘污染的施工作业应当停止。

2.11　建筑垃圾扬尘控制

2.11.1　建筑结构楼层内的施工垃圾(暴露垃圾)清扫前先洒水湿润,运输可采用搭设封闭式专用垃圾通道运输或采用密封容器、装袋清运,并派专人进行检查、监督。严禁随意在预留洞、阳台、窗口处凌空抛洒。所清扫集中的垃圾,在现场规划场地内堆放,并适量洒水或覆盖密目网,定时清运搬离现场,以减少粉尘污染。

2.11.2　建筑垃圾、工程渣土在48小时内不能完成清运的,在施工工地内设置临时堆放场,临时堆放场采取围挡、遮盖等防尘措施。

图8.5　工地建筑垃圾覆盖实例图

2.11.3 在施工现场处置工程渣土时进行洒水或者喷淋降尘。

2.11.4 施工现场堆放的渣土,堆放高度不得高于围档高度,并采取遮盖措施。

2.11.5 在建筑物、构筑物上运送散装物料、建筑垃圾和渣土时,采用密闭方式清运,禁止高空抛掷、扬撒。

2.12 生活垃圾扬尘控制

生活垃圾安排专人进行收集、清理,按指定地点与建筑垃圾分开堆放,并进行密闭遮挡。生活垃圾应由环卫部门及时清运出场。

禁止在现场焚烧建筑垃圾、废弃木料、塑料品和热熔沥青,以防止对大气的污染。

2.13 对涉及扬尘问题的作业班组进行专项防止扬尘交底,将扬尘防止工作具体落实到操作层,并建立奖罚措施。

2.14 项目部与作业班组逐级签订扬尘治理目标责任书,对扬尘治理工作进行目标化管理。

2.15 其他扬尘控制措施

2.15.1 土方作业过程中,安排专人及时清除路面遗洒的泥土,并使路面始终保持较湿润的状态,做到不泥泞,不扬尘。土方施工期间,当气象预报风速达到5级以上时,停止施工作业。

2.15.2 禁止使用空气压缩机来清理车辆、设备和物料的尘埃。

2.15.3 清扫路面、脚手架时,采取先洒水后清扫的方法。

2.15.4 合理安排土石方等容易产生扬尘的工序。

2.15.5 野外施工现场主要运输道路,应进行地面硬化,及时洒水。

2.15.6 对于施工场地平整作业造成的粉尘排放,要及时洒水。

2.15.7 土石方施工现场,经常洒水,保持无风天目测无扬尘。

2.16 班组环境目标责任书

为加强项目部施工扬尘污染整治工作,实行班组责任制,确保项目部环境质量。根据《扬尘污染防治工作方案》和有关文件精神的要求,结合项目部的实际,与各班组签订本责任书,主要内容如下:

2.16.1 施工工地周围必须设置1.8米以上刚性围挡,严禁敞开式作业。

2.16.2 施工工地内堆放易产生扬尘污染物料的,应密闭存放或及时进行覆盖;工程脚手架外侧必须使用密目式安全网进行封闭。

2.16.3 工程阶段性项目竣工后,各班组应当平整施工工地,并清除积土、堆物。

2.16.4 出现四级以上大风天气时,禁止进行土方和拆除施工等易产生扬尘污染的施工作业,并采取防尘措施。

2.16.5 施工工地现场出入口处地面必须硬化处置并设置车辆冲洗台以及配套的排水、泥浆沉淀池设施,冲洗设施到位;车辆驶出工地前,应将车轮、车身冲洗干净,不得带泥上路。

2.16.6 工地施工现场的弃土、弃料及其建筑垃圾,应及时清运,若在工地堆置超过48小时的,应密闭存放或及时进行覆盖。

2.16.7 施工现场的主要道路应铺设厚度不小于20厘米的混凝土路面,场地内的其他地面应进行硬化处理。土方开挖阶段,应对施工现场的车行道路进行简易硬化,并辅以洒水等降尘措施。

2.16.8 施工期间,工地内桥面上具有粉尘易散性的物料、渣子或废弃物输送至地面时,应采用密闭方式输送,不得凌空抛洒。

2.16.9 施工现场无焚烧垃圾、树叶、沥青、橡胶、塑料等现象。

2.16.10 施工现场范围内的裸露泥地,由各个班组进行伪装网覆盖。

2.16.11 对因疏于管理或管理不到位、工作人员失职,追究其班组长的相关责任。

2.17 施工现场扬尘控制公示牌

2.17.1 严格落实济南市建设工地施工扬尘控制规定和安全文明施工的相关规定。施工现场应实行封闭式管理,施工围挡坚固、严密。表面应平整和清洁。高度不得低于1.8米。

2.17.2 施工现场主要道路及场地按要求进行硬化处理,施工现场裸露地面、土堆按要求进行覆盖。

2.17.3 遇四级以上大风天气,不得安排施工队伍进行土方运输、土方开挖和土方回填等工作。

2.17.4 负责施工现场日常清扫洒水降尘等工作。

2.17.5 负责施工现场机械、车辆外出轮胎的清洗工作。

2.17.6 土方施工作业面(土方开挖、土方回填)可暂不覆盖,但应采取适度洒水降尘措施,当天施工完毕应按要求进行覆盖。

2.17.7 外侧脚手架架体必须用密目网(颜色为绿色),沿外架进行封闭,安全网之间必须连接牢固,封闭严密并与架体固定。

2.18 扬尘控制奖惩管理办法

严格实施建筑施工扬尘控制五项强制性规定,有效控制施工扬尘,减少污染,净化空气,确保实现"蓝天行动"工作目标,促进经济、社会、环境全面协调可持续发展,根据有关规定,结合本单位的实际,特签订施工扬尘控制奖惩管理办法:

2.18.1 考核目标

(1)制定某市政道路工程建筑施工扬尘污染控制工作方案,明确工作目标和具体措施。

(2)施工现场封闭施工、地坪硬化、预拌混凝土使用、尘污染控制、工地进出车辆及有关路段冲洗等五项必须100%达标。

(3)施工现场进出口处严格按相关规定设置规范、坚固、美观的大门。

(4)施工现场采用高度不低于1.8米、不高于2.2米的坚固、美观的施工围挡。

(5)严格执行进出工地运输易撒漏物质必须使用密闭车辆装载。

2.18.2 考核办法

采取百分制评分法,评分方法如下:

(1)考核目标第(一)项10分。完成目标得10分,未完成目标得分为0。

(2)考核目标第(二)项30分。完成目标得30分,一项指标未完成扣6分;凡被新闻媒体曝光或被上级有关部门通报,经查实,且未在限期内整改合格,此项得分为0。

(3)考核目标第(三)项20分。完成目标得20分,未完成目标得分为0。

(4)考核目标第(四)项20分。完成目标得20分,未完成目标得分为0。

(5)考核目标第(五)项10分。完成目标得10分,未完成目标得分为0。

(6)考核目标第(六)项10分。完成目标得10分,未完成目标得分为0。

2.18.3 奖惩办法

(1)得90—100分,为完成目标,分公司对成绩突出的工程项目予以表彰。对项目责任单位和责任人评优、评先工作予以优先考虑。

(2)得70—89分,为基本完成目标。

(3)得70分以下,严格实行一票否决制。取消某市政道路工程项目及责任单位和责任人当年的评优、评先资格;对责任单位和负责人进行通报批评和上报,并将按照相关规定作出进一步的处罚。

3. 绿色施工措施

3.1　绿色施工原则

3.1.1　绿色施工是建筑全寿命周期中的一个重要阶段。实施绿色施工,应进行总体方案优化。在规划、设计阶段,应充分考虑绿色施工的总体要求,为绿色施工提供基础条件。

3.1.2　实施绿色施工,应对施工策划、材料采购、现场施工、工程验收等各阶段进行控制,加强对整个施工过程的管理和监督。

3.2　绿色施工总体框架

绿色施工总体框架由施工管理、环境保护、节材与材料资源利用、节水与水资源利用、节能与能源利用、节地与施工用地保护六个方面组成。这六个方面涵盖了绿色施工的基本指标,同时包含了施工策划、材料采购、现场施工、工程验收等各阶段的指标。

3.3　绿色施工要点

3.3.1　绿色施工管理

主要包括组织管理、规划管理、实施管理、评价管理和人员安全与健康管理五个方面。

(1)组织管理

①建立绿色施工管理体系,并制定相应的管理制度与目标。

②项目经理为绿色施工第一责任人,负责绿色施工的组织实施及目标实现,并指定绿色施工管理人员和监督人员。

(2)规划管理

①编制绿色施工方案。该方案应在施工组织设计中独立成章,并按有关规定进行审批。

②绿色施工方案应包括以下内容:

环境保护措施,制定环境管理计划及应急救援预案,采取有效措施,降低环境负荷,保护地下设施和文物等资源。

节材措施,在保证工程安全与质量的前提下,制定节材措施。如进行施工方案的节材优化,建筑垃圾减量化,尽量利用可循环材料等。

节水措施,根据工程所在地的水资源状况,制定节水措施。

节能措施,进行施工节能策划,确定目标,制定节能措施。

节地与施工用地保护措施,制定临时用地指标、施工总平面布置规划及临时用地节地措施等。

（3）实施管理

①绿色施工应对整个施工过程实施动态管理,加强对施工策划、施工准备、材料采购、现场施工、工程验收等各阶段的管理和监督。

②应结合工程项目的特点,有针对性地对绿色施工作相应的宣传,通过宣传营造绿色施工的氛围。

③定期对职工进行绿色施工知识培训,增强职工绿色施工意识。

（4）评价管理

①对照本导则的指标体系,结合工程特点,对绿色施工的效果及采用的新技术、新设备、新材料与新工艺,进行自评估。

②成立专家评估小组,对绿色施工方案、实施过程至项目竣工,进行综合评估。

（5）人员安全与健康管理

①制订施工防尘、防毒、防辐射等职业危害的措施,保障施工人员的长期职业健康。

②合理布置施工场地,保护生活及办公区不受施工活动的有害影响。施工现场建立卫生急救、保健防疫制度,在安全事故和疾病疫情出现时提供及时救助。

③提供卫生、健康的工作与生活环境,加强对施工人员的住宿、膳食、饮用水等生活与环境卫生等管理,明显改善施工人员的生活条件。

3.3.2　环境保护技术要点

（1）扬尘控制

①运送土方、垃圾、设备及建筑材料等,不污损场外道路。运输容易散落、飞扬、流漏的物料的车辆,必须采取措施封闭严密,保证车辆清洁。施工现场出口应设置洗车槽。

②土方作业阶段,采取洒水、覆盖等措施,达到作业区目测扬尘高度小于1.5m,不扩散到场区外。

③结构施工、安装装饰装修阶段,作业区目测扬尘高度小于0.5m。对易产生扬尘的堆放材料应采取覆盖措施;对粉末状材料应封闭存放;场区内可能引起扬尘的材料及建筑垃圾搬运应有降尘措施,如覆盖、洒水等;浇筑混凝土前清理灰尘和垃圾时尽量使用吸尘器,避免使用吹风器等易产生扬尘的设备;机械剔凿作业时可用局部遮挡、掩盖、水淋等防护措施;高层或多层建筑清理垃圾应搭设封闭性临时专用道或采用容器吊运。

④施工现场非作业区达到目测无扬尘的要求。对现场易飞扬物质采取有效

措施,如洒水、地面硬化、围挡、密网覆盖、封闭等,防止扬尘产生。

⑤构筑物机械拆除前,做好扬尘控制计划。可采取清理积尘、拆除体洒水、设置隔挡等措施。

⑥在场界四周隔挡高度位置测得的大气总悬浮颗粒物(TSP)月平均浓度与城市背景值的差值不大于 $0.08mg/m^3$。

(2)噪音与振动控制

①现场噪音排放不得超过国家标准《建筑施工场界噪声限值》的规定。

②在施工场界对噪音进行实时监测与控制。监测方法执行国家标准《建筑施工场界噪声测量方法》。

③使用低噪音、低振动的机具,采取隔音与隔振措施,避免或减少施工噪音和振动。

(3)光污染控制

①尽量避免或减少施工过程中的光污染。夜间室外照明灯加设灯罩,透光方向集中在施工范围。

②电焊作业采取遮挡措施,避免电焊弧光外泄。

(4)水污染控制

①施工现场污水排放应达到国家标准《污水综合排放标准》的要求。

②在施工现场应针对不同的污水,设置相应的处理设施,如沉淀池、隔油池、化粪池等。

③污水排放应委托有资质的单位进行废水水质检测,提供相应的污水检测报告。

④保护地下水环境。采用隔水性能好的边坡支护技术。在缺水地区或地下水位持续下降的地区,基坑降水尽可能少地抽取地下水;当基坑开挖抽水量大于 50 万 m^3 时,应进行地下水回灌,并避免地下水被污染。

⑤对于化学品等有毒材料、油料的储存地,应有严格的隔水层设计,做好渗漏液收集和处理。

(5)土壤保护

①保护地表环境,防止土壤侵蚀、流失。因施工造成的裸土,及时覆盖砂石或种植速生草种,以减少土壤侵蚀;因施工造成容易发生地表径流土壤流失的情况,应采取设置地表排水系统、稳定斜坡、植被覆盖等措施,减少土壤流失。

②沉淀池、隔油池、化粪池等不发生堵塞、渗漏、溢出等现象。及时清掏各类池内沉淀物,并委托有资质的单位清运。

③对于有毒有害废弃物如电池、墨盒、油漆、涂料等应回收后交有资质的单位处理,不能作为建筑垃圾外运,避免污染土壤和地下水。

④施工后应恢复施工活动破坏的植被(一般指临时占地内)。与当地园林、环保部门或当地植物研究机构进行合作,在先前开发地区种植当地或其他合适的植物,以恢复剩余空地地貌或科学绿化,补救施工活动中人为破坏植被和地貌造成的土壤侵蚀。

(6)建筑垃圾控制

①制定建筑垃圾减量化计划,如住宅建筑,每万平方米的建筑垃圾不宜超过400吨。

②加强建筑垃圾的回收再利用,力争建筑垃圾的再利用和回收率达到30%,建筑物拆除产生的废弃物的再利用和回收率大于40%。对于碎石类、土石方类建筑垃圾,可采用地基填埋、铺路等方式提高再利用率,力争再利用率大于50%。

③施工现场生活区设置封闭式垃圾容器,施工场地生活垃圾实行袋装化,及时清运。对建筑垃圾进行分类,并收集到现场封闭式垃圾站,集中运出。

(7)地下设施、文物和资源保护

①施工前应调查清楚地下各种设施,做好保护计划,保证施工场地周边的各类管道、管线、建筑物、构筑物的安全运行。

②施工过程中一旦发现文物,立即停止施工,保护现场并通报文物部门并协助做好工作。

③避让、保护施工场区及周边的古树名木。

④逐步开展统计分析施工项目的 CO_2 排放量,以及各种不同植被和树种的 CO_2 固定量的工作。

3.3.3 节材与材料资源利用技术要点

(1)节材措施

①图纸会审时,应审核节材与材料资源利用的相关内容,达到材料损耗率比定额损耗率降低30%。

②根据施工进度、库存情况等合理安排材料的采购、进场时间和批次,减少库存。

③现场材料堆放有序。储存环境适宜,措施得当。保管制度健全,责任落实。

④材料运输工具适宜,装卸方法得当,防止损坏和遗洒。根据现场平面布置情况就近卸载,避免和减少二次搬运。

⑤采取技术和管理措施提高模板、脚手架等的周转次数。

⑥优化安装工程的预留、预埋、管线路径等方案。

⑦应就地取材,施工现场 500 公里以内生产的建筑材料用量占建筑材料总重量的 70% 以上。

(2)结构材料

①推广使用预拌混凝土和商品砂浆。准确计算采购数量、供应频率、施工速度等,在施工过程中动态控制。结构工程使用散装水泥。

②推广使用高强钢筋和高性能混凝土,减少资源消耗。

③推广钢筋专业化加工和配送。

④优化钢筋配料和钢构件下料方案。钢筋及钢结构制作前应对下料单及样品进行复核,无误后方可批量下料。

⑤优化钢结构制作和安装方法。大型钢结构宜采用工厂制作,现场拼装;宜采用分段吊装、整体提升、滑移、顶升等安装方法,减少方案的措施用材量。

⑥采取数字化技术,对大体积混凝土、大跨度结构等专项施工方案进行优化。

(3)围护材料

①围护结构选用耐候性及耐久性良好的材料,施工确保密封性、防水性和保温隔热性。

②当墙体等部位采用基层加设保温隔热系统的方式施工时,应选择高效节能、耐久性好的保温隔热材料,以减小保温隔热层的厚度及材料用量。

③墙体等部位的保温隔热系统采用专用的配套材料,以加强各层次之间的粘结或连接强度,确保系统的安全性和耐久性。

④加强保温隔热系统与围护结构的节点处理,尽量降低热桥效应。针对建筑物的不同部位保温隔热特点,选用不同的保温隔热材料及系统,以做到经济适用。

(4)装饰装修材料

①贴面类材料在施工前,应进行总体排版策划,减少非整块材的数量。

②采用非木质的新材料或人造板材代替木质板材。

③防水卷材、壁纸、油漆及各类涂料基层必须符合要求,避免起皮、脱落。各类油漆及粘结剂应随用随开启,不用时及时封闭。

④木制品及木装饰用料、玻璃等各类板材等宜在工厂采购或定制。

⑤采用自粘类片材,减少现场液态粘结剂的使用量。

(5)周转材料

①应选用耐用、维护与拆卸方便的周转材料和机具。

②优先选用制作、安装、拆除一体化的专业队伍进行模板工程施工。

③模板应以节约自然资源为原则,推广使用定型钢模、钢框竹模、竹胶板。

④施工前应对模板工程的方案进行优化。多层、高层建筑使用可重复利用的模板体系,模板支撑宜采用工具式支撑。

⑤优化高层建筑的外脚手架方案,采用整体提升、分段悬挑等方案。

⑥推广采用外墙保温板替代混凝土施工模板的技术。

⑦现场办公和生活用房采用周转式活动房。现场围挡应最大限度地利用已有围墙,或采用装配式可重复使用围挡封闭。力争工地临房、临时围挡材料的可重复使用率达到70%。

3.3.4 节水与水资源利用的技术要点

(1)提高用水效率

①施工中采用先进的节水施工工艺。

②施工现场喷洒路面、绿化浇灌不宜使用市政自来水。现场搅拌用水、养护用水应采取有效的节水措施,严禁无措施浇水养护混凝土。

③施工现场供水管网应根据用水量设计布置,管径合理、管路简捷,采取有效措施减少管网和用水器具的漏损。

④现场机具、设备、车辆冲洗用水必须设立循环用水装置。施工现场办公区、生活区的生活用水采用节水系统和节水器具,提高节水器具配置比率。项目临时用水应使用节水型产品,安装计量装置,采取针对性的节水措施。

⑤施工现场建立可再利用水的收集处理系统,使水资源得到梯级循环利用。

⑥施工现场分别对生活用水与工程用水确定用水定额指标,并分别计量管理。

⑦大型工程的不同单项工程、不同工程、不同分包生活区,凡具备条件的应分别计量用水量。在签订不同工程分包或劳务合同时,将节水定额指标纳入合同条款,进行计量考核。

⑧对混凝土搅拌站点等用水集中的区域和工艺点进行专项计量考核。施工现场建立雨水、中水或可再利用水的搜集利用系统。

(2)非传统水源利用

①优先采用中水搅拌、中水养护,有条件的地区和工程应收集雨水养护。

②处于基坑降水阶段的工地,宜优先采用地下水作为混凝土搅拌用水、养护用水、冲洗用水和部分生活用水。

③现场机具、设备、车辆冲洗、喷洒路面、绿化浇灌等用水,优先采用非传统水源,尽量不使用市政自来水。

④大型施工现场,尤其是雨量充沛地区的大型施工现场建立雨水收集利用系统,充分收集自然降水用于施工和生活中适宜的部位。

⑤力争施工中非传统水源和循环水的再利用量大于30%。

(3)用水安全

在非传统水源和现场循环再利用水的使用过程中,应制定有效的水质检测与卫生保障措施,确保避免对人体健康、工程质量以及周围环境产生不良影响。

3.3.5　节能与能源利用的技术要点

(1)节能措施

①制订合理施工能耗指标,提高施工能源利用率。

②优先使用国家、行业推荐的节能、高效、环保的施工设备和机具,如选用变频技术的节能施工设备等。

③施工现场分别设定生产、生活、办公和施工设备的用电控制指标,定期进行计量、核算、对比分析,并有预防与纠正措施。

④在施工组织设计中,合理安排施工顺序、工作面,以减少作业区域的机具数量,相邻作业区充分利用共有的机具资源。安排施工工艺时,应优先考虑耗用电能的或其他能耗较少的施工工艺。避免设备额定功率远大于使用功率或超负荷使用设备的现象。

⑤根据当地气候和自然资源条件,充分利用太阳能、地热等可再生能源。

(2)机械设备与机具

①建立施工机械设备管理制度,开展用电、用油计量,完善设备档案,及时做好维修保养工作,使机械设备保持低耗、高效的状态。

②选择功率与负载相匹配的施工机械设备,避免大功率施工机械设备低负载长时间运行。机电安装可采用节电型机械设备,如逆变式电焊机和能耗低、效率高的手持电动工具等,以利节电。机械设备宜使用节能型油料添加剂,在可能的情况下,考虑回收利用,节约油量。

③合理安排工序,提高各种机械的使用率和满载率,降低各种设备的单位耗能。

(3)生产、生活及办公临时设施

①利用场地自然条件,合理设计生产、生活及办公临时设施的体形、朝向、间距和窗墙面积比,使其获得良好的日照、通风和采光。南方地区可根据需要在其

外墙窗设遮阳设施。

②临时设施宜采用节能材料,墙体、屋面使用隔热性能好的材料,减少夏天空调、冬天取暖设备的使用时间及耗能量。

③合理配置采暖、空调、风扇数量,规定使用时间,实行分段分时使用,节约用电。

(4)施工用电及照明

①临时用电优先选用节能电线和节能灯具,临电线路合理设计、布置,临电设备宜采用自动控制装置。采用声控、光控等节能照明灯具。

②照明设计以满足最低照度为原则,照度不应超过最低照度的20%。

3.3.6 节地与施工用地保护的技术要点

(1)临时用地指标

①根据施工规模及现场条件等因素合理确定临时设施,如临时加工厂、现场作业棚及材料堆场、办公生活设施等的占地指标。临时设施的占地面积应按用地指标所需的最低面积设计。

②要求平面布置合理、紧凑,在满足环境、职业健康与安全及文明施工要求的前提下尽可能减少废弃地和死角,临时设施占地面积有效利用率大于90%。

(2)临时用地保护

①应对深基坑施工方案进行优化,减少土方开挖和回填量,最大限度地减少对土地的扰动,保护周边自然生态环境。

②红线外临时占地应尽量使用荒地、废地,少占用农田和耕地。工程完工后,及时对红线外占地恢复原地形、地貌,使施工活动对周边环境的影响降至最低。

③利用和保护施工用地范围内原有绿色植被。对于施工周期较长的现场,可按建筑永久绿化的要求,安排场地新建绿化。

(3)施工总平面布置①施工总平面布置应做到科学、合理,充分利用原有建筑物、构筑物、道路、管线为施工服务。

②施工现场搅拌站、仓库、加工厂、作业棚、材料堆场等布置应尽量靠近已有交通线路或即将修建的正式或临时交通线路,缩短运输距离。

③临时办公和生活用房应采用经济、美观、占地面积小、对周边地貌环境影响较小,且适合于施工平面布置动态调整的多层轻钢活动板房、钢骨架水泥活动板房等标准化装配式结构。生活区与生产区应分开布置,并设置标准的分隔设施。

④施工现场围墙可采用连续封闭的轻钢结构预制装配式活动围挡,减少建筑垃圾,保护土地。

⑤施工现场道路按照永久道路和临时道路相结合的原则布置。施工现场内形成环形通路,减少道路占用土地。

⑥临时设施布置应注意远近结合(本期工程与下期工程),努力减少和避免大量临时建筑拆迁和场地搬迁。

第九章　冬、雨季施工方案

根据招标文件提供的工程量清单,施工的项目主要为地面道路、桥涵、雨水管线、电力沟、专业管线施工等,施工中根据冬、雨季及农忙季节采取相应措施,保证工程质量及施工顺利进行。

一、冬季施工方案

1. 冬季施工准备

1.1　技术准备

1.1.1　施工技术措施的制定必须以确保施工质量及生产安全为前提,具有一定的技术可靠性和经济合理性。

1.1.2　制定的施工技术措施中,应具有以下内容:施工部署,施工程序,施工方法,机具与材料调配计划,施工人员技术培训(测温人员、掺外加剂人员)与劳动力计划,保温材料与外加剂材料计划,操作要点,质量控制要点,检测项目等工作的全面部署。

1.2　生产准备

根据制定的进度计划安排好施工任务及现场准备工作,如现场供水管道的保温防冻、砼结构的保温、场地的整平及临时道路的设置。

1.3　资源准备

根据制定的计划组织好外加剂材料,保温材料,施工仪表(测温计),职工劳动保护用品等的准备工作。

2. 土方工程冬季施工措施

2.1　土方工程应尽量避开在冬季施工,如需在冬季施工,则应制定详尽的施工计划,合理的施工方案及切实可行的技术措施,同时组织好施工管理,争取在短时间内完成施工。

2.2 施工现场的道路要保持畅通,运输车辆及行驶道路均应增设必要的防滑措施。

2.3 在相邻建筑侧边开挖土方时,要采取对旧建筑物地基土免受冻害的措施。施工时,尽量做到快挖快填,以防止地基受冻。

2.4 基坑槽内应做好排水措施,防止产生积水,造成由于土壁下部受多次冻融循环而形成塌方。

2.5 开挖好的基坑底部应采取必要的保温措施,如保留脚泥或铺设草袋。

2.6 土方回填前,应将基坑底部的冰雪及保温材料清理干净。

2.7 基坑或管沟不得使用含冻土块的土回填。回填采用人工回填时,每层铺土厚度不超过20cm,夯实厚度为10~15cm。

2.8 回填土工作应连续进行,防止基土或填土层受冻。

3. 道路工程冬季施工措施

3.1 道路路基冬季施工

3.1.1 冬季填筑路堤,按横断面全宽平填,每层松铺厚度按正常施工减少20%~30%,且最大松铺厚度不得超过30cm。压实度不得低于正常施工时的要求。当天填的土必须当天完成碾压。

3.1.2 当路堤高于路床底面1m时,碾压密实后停止填筑。

3.1.3 挖填方交界处,填土低于1m的路堤都不在冬季填筑。

3.1.4 冬季施工取土坑远离填方坡脚。如条件限制需在路堤附近取土时,取土坑内侧到填方坡脚的距离不得小于正常施工护坡道的1.5倍。

3.2 道路基层冬季施工

3.2.1 二灰碎石基层、水泥稳定碎石基层严格控制最佳含水量、碾压后及时采取保温措施,避免发生冻害。水泥稳定碎石可用掺盐的水搅拌,当气温在0℃至-3℃时(指三天内预期最低温度)掺2%(按水重百分比)工业用盐。

3.2.2 道路基层在第一次重冰冻(-3℃~-5℃)到来之前一个月停止施工,以保证其在达到设计强度之前不受冻。在基层施工完成后,立即采用塑料薄膜加毛毡布或棉被进行覆盖保温。完成的路基层采用30cm封层土进行覆盖养护,以保证路面基层不被受冻。

3.3 沥青砼路面冬季施工保证措施

施工温度在5℃以下或冬季气温虽在5℃以上,但有4级以上大风时按冬季施工处理。

3.3.1 提高混合料的出厂、摊铺和碾压温度,使其符合低温施工要求;

3.3.2 运输沥青混合料的车辆有严密覆盖设备保温;

3.3.3 采用高密度的摊铺机、熨平板及其接触热混合料的机械工具要经常加热,现场准备好挡风、加热、保温工具和设备等;

3.3.4 卸料后用毡布等及时覆盖保温;

3.3.5 摊铺时间在上午9时至下午4时进行,做到三快两及时(快卸料、快摊铺、快搂平、及时找细、及时碾压)。一般摊铺速度掌握一分钟一吨料。

3.3.6 接茬处采取直茬热接。在混合料摊铺前必须保持底层清洁干净且干燥无冰雪。并用喷灯将接缝处加热至60~75℃,摊铺沥青混合料后,用热夯夯实、热烙铁烫平,并用压路机沿缝加强碾压。

3.3.7 碾压次序为先重后轻、重碾先压。先用重碾快速碾压,重轮(主动轮)在前,再用两轮轻碾消灭轮迹。

3.3.8 施工与拌和站密切配合,做到定量定时,严密组织生产,及时集中供料,以减少接缝过多。

3.3.9 乳化沥青及碎石混合料施工的所有工序,包括路面成型及铺筑上封层等,均在冰冻前完成。

3.3.10 对透层、粘层与封层的施工气温不得低于10℃。

此项施工各环节必须连续进行,中间不得间断。

4. 桥涵及构筑物冬季施工措施

4.1 拌和站冬季施工管理及安排

4.1.1 拌合站冬季管理

冬季期间,在砼拌和站设1台2t柴油蒸汽锅炉,对拌和用水进行加热,拌用砂石料采用大棚封闭保温。专人对拌和设备进行保养、维修。拌和站所用原材料专人严格把关,原材料各项指标符合规范要求。水泥仓及砼运输车辆采用保温被包裹保温。搅拌时按砂石、水、水泥的顺序进行,以免出现假凝现象,使成品砼有一定的初始温度,满足砼冬季施工的要求;拌和时间比常温时加长搅拌时间50%;尽量缩短砼运输时间,确保砼入模温度。

4.1.2 冬季砼配合比设计

冬季施工用砼的配合比严格按照规范要求进行配制。各种外加剂符合现行国家标准《混凝土外加剂》的规定。

4.1.3 砼冬季施工措施及安排

冬季施工现场安设2台普通锅炉,对现场砼工程(墩柱、箱梁)进行加热养生。

4.2 混凝土的拌制

4.2.1　拌制混凝土用的骨料必须清洁,不得含有冰雪和冻块,以及易冻裂的物质在掺有含钾、钠离子的外加剂时,不得使用活性骨料。在有条件的时候,砂石筛洗应抢在零上温度时做,并用塑料纸、油布盖好。

4.2.2　拌制掺外加剂的混凝土时,如外加剂为粉剂,可按要求掺量直接撒在水泥上面和水泥同时投入。如外加剂为液体,使用时应先配制成规定浓度溶液,然后根据使用要求,用规定浓度溶液配制成施工溶液。各溶液要分别置于有明显标志的容器中,不得混淆。每班使用的外加剂溶液应一次配成。

4.2.3　当施工期处于0℃左右时,可在混凝土中添加早强剂,掺量应符合使用要求及规范规定,且应注意在添加前应做好模拟试验,以核实有关技术措施;对于有限期拆模要求的混凝土,还应适当提高混凝土设计等级。

4.2.4　混凝土中添加防冻剂时,严禁使用高铝水泥。

4.2.5　严格控制混凝土水灰比,由骨料带入的水分及外加剂溶液中的水分均应从拌合水中扣除。

4.2.6　搅拌掺有外加剂的混凝土时,搅拌时间应取常温搅拌时间的1.5倍。

4.2.7　混凝土拌合物的出机温度不宜低于10℃,入模温度不得低于5℃。

4.3　混凝土的浇筑

4.3.1　混凝土搅拌场地应尽量靠近施工地点,以减少材料运输过程中的热量损失,同时也应正确选择运输用的容器(包括形状、大小、保温措施)。

4.3.2　灌注桩冬季浇筑

桩基础的轴线引出的距离应适当增加,以免在打桩时受冻土硬壳层的影响,水准点的数量不少于两个。

冬季灌注桩桩基砼的浇筑与常温下相同。砼入模前安排专人测量砼温度,砼温度控制在10℃以上,并尽量缩短浇筑时间。

4.3.3　墩柱(台)、挡墙冬季浇筑

混凝土浇筑前,应清除模板和钢筋上,特别是新老混凝土(如承台、箱梁大体积砼分层浇筑处)交接处的冰雪及垃圾。

当采用商品混凝土时,在浇筑前,应了解商品混凝土中掺入抗冻剂的性能,并做好相应的防冻保暖措施。

分层浇筑混凝土时,已浇筑层在未被上一层的混凝土覆盖前,不应低于计算规定的温度也不得低于2℃。

上部结构要连续施工的工程,混凝土应采取有效措施,以保证预期所要达到的强度。

现场应留设同条件养护的混凝土试块作为拆模依据,冬季墩柱(台)、挡墙浇筑时,拆模后及时采用两层塑料布及棉被包裹养生。浇筑用的砼掺用引气型外加剂,以提高砼的抗冻性。尽量缩短砼运输时间,砼运输车用防寒被包裹。砼入模前安排专人测量砼温度,砼温度控制在10℃以上,并在保证质量的前提下尽量缩短浇筑时间。当气温较低时,现场搭设暖棚,在暖棚中进行浇筑及养生。当砼已达到设计要求的抗冻强度和拆模强度后,方可拆除模板,加热养护结构的模板和保温层,在砼冷却至5℃以上,方可拆除,拆除后的砼表面应覆盖,使其缓慢冷却。

4.4　冷接茬部位的预热

在负温度下旧砼接浇新砼时,如果预热不好,易在接头处产生水膜,降低接头砼的强度。新旧砼接触面温差过大,温度应力作用会造成新浇筑砼开裂,所以对旧砼必须采取预热升温措施,采用蒸汽排管加热,确保接头处砼温度不低于5℃,加热深度不低于30cm,预热长度控制在1m左右。

4.5　砼养生

4.5.1　梁体养生

冬季梁体养生在暖棚内进行,暖棚用帆布或质量好的彩条布搭设,搭设暖棚时注意接头处的搭接长度,保证暖棚不漏风,达到保温效果。表面采用底层塑料布覆盖保水,上面覆盖棉被保温。砼浇筑完毕后立即覆盖塑料布和防寒棉被,养生棚内的温度控制在10℃以上,但不允许高于50℃。当外部气温大于0℃时,暖棚内用火炉烧开水养生。

在砼养生过程中,如果下道工序施工必须临时开棚时,可在保证棚内正温和棚外温差不大于25℃的前提下,选在当天气温较高的10℃～14℃时进行,但尽量减少开棚次数和时间。

4.5.2　砼试件养生

由于暖棚内各部温差较大,加之砼与环境气温不同,所以常规试件很难代表构件本身的强度。因此应多制作试件,分置于各部有利部位进行养生,用于确定张拉时间。确定张拉时间时参考放置在顶板上的试件强度。

4.5.3　降温

砼强度达到设计要求进行张拉、压浆,并且压浆强度达到要求时即可停止养生。棚内开始降温,但禁止温度骤然下降,降温速度不大于100℃/h,且第一个24小时内降温速度不超过每小时1℃,使砼温度逐渐降至外部温度。

砼养生过程中,应安排专人负责温度测试,若发现温度变化异常,立即向技术负责人汇报,以便及时采取措施,避免质量事故发生。

4.6 钢筋工程冬季施工

4.6.1 钢筋负温冷拉时,可采用控制应力法或控制冷拉率方法。在负温条件下采用控制应力方法冷拉钢筋时,由于伸长率随温度降低而减少,如控制应力不变,则伸长率不足,钢筋强度将达不到设计要求,因此在负温下冷拉的控制应力应较常温提高。

4.6.2 钢筋焊接时尽量选择白天中午气温较高时完成,并在现场焊接施工地点设置挡风防护设施。焊后未冷却的接头,严禁碰到冰雪。

4.6.3 当温度低于 -10℃时,严禁对低合金Ⅱ、Ⅲ级钢筋进行冷弯操作,以避免在钢筋弯点处发生强化,造成钢筋脆断。

5. 管线工程冬季施工措施

5.1 雨水管道施工:由于管道采用砂石基础。冬期施工时,砂石基础应用岩棉被覆盖,用以保温防冻。

5.2 各种管道开挖后及时清槽,并及时用草帘或岩棉被覆盖,用以保温防冻。冬季施工开槽后用保温材料覆盖,管道不得安放在冻结的地基上;管道安装过程中,防止地基冻胀。

5.3 接口材料随拌随用,填充打实抹平后,应及时覆盖保温养护。

5.4 沟槽回填应清理干净沟槽中的杂物及积雪,严禁回填冻土,严禁水浸水泡,严格分层夯实。

6. 砌体工程冬季施工措施

6.1 砌体工程的冬季施工方法,以外加剂法为主。

工艺特点:将砂浆的拌合水预先加热,使砂浆经过搅拌、运输,于砌筑时具有5℃以上正温。在拌合水中掺入氯盐(食盐或氯化钙),砂浆在砌筑后可以在负温条件下硬化,因此不必采取防止砌体沉降变形的措施。但由于氯盐对钢材的腐蚀作用,在砌体中埋设的钢筋及钢预埋件,应预先做好防腐处理。

6.2 对材料的要求

6.2.1 砌体在砌筑前,应将材料表面污物、冰雪等清除,遭水浸后冻结的砌块不得使用。

6.2.2 砂浆宜优先采用普通硅酸盐水泥拌制。

6.2.3 拌制砂浆所用的砂,不得含有直径大于1cm的冻结块和冰块。

6.2.4 拌合砂浆时,水的温度不得超过80℃,砂的温度不得超过40℃。当水温超过规定时,应将水、砂先行搅拌,再加水泥,以防出现假凝现象。

6.2.5 冬季砌筑砂浆的稠度,宜比常温施工时适当增加。

6.3　砂浆在搅拌、运输和砌筑过程中的热损失。

表9.1　砂浆搅拌时之热量损失表(℃)

搅拌机搅拌时之温度	10	15	20	25	30	35	40
搅拌时之热损失 (设周围温度 +5℃)	2.0	2.5	3.0	3.5	4.0	4.5	5.0

6.4　冬季搅拌砂浆的时间应适当延长,一般要比常温期增加0.5~1倍。

6.5　采取以下措施减少砂浆的搅拌、运输、存放过程中的热量损失:

6.5.1　砂浆的搅拌应在采暖的房间或保温棚内进行,冬季施工砂浆要随拌随运(直接倾入运输车内),不可积存和二次倒运。

6.5.2　在安排冬季施工方案时,应把缩短运距作为搅拌站设置的重要因素之一考虑,搅拌地点应尽量靠近施工现场.

6.5.3　保温槽和运输车应及时清理,每日下班后用热水清洗,以免冻结。

6.6　严禁使用已遭冻结的砂浆,不准单以热水掺入冻结砂浆内重新搅拌使用,也不宜在砌筑时向砂浆内掺水使用。

6.7　如基土为冻胀性土时,应在未冻的地基上砌筑基础,且在施工时及完工后,均应防止地基遭受冻结,已冻结的地基需开冻后方可砌筑。

6.8　每天收工前,应将顶面的垂直灰缝填满,同时在砌体表面覆盖保温材料(如草袋,塑料薄膜等)。

6.9　冬季砌筑工程要加强质量控制。在施工现场留置的砂浆试块,除按常温规定要求外,尚应增设不少于两组与砌体同条件养护试块,分别用于检验各龄期强度和转入常温28d的砂浆强度。

7. 工程机械冬季施工安全措施

由于某市政道路工程跨越冬季,工程机械冬季施工安全不容忽视。为工程施工正常进行提供可靠有力的保障,需要做好以下几个方面工作非常重要。

7.1　搅拌机等机电设备应设工作棚,棚应具有防雪、防风功能。

7.2　运输车辆在泥泞、冰雪道路上行驶时,应降低车速,宜沿前车辙前进,必要时加装防滑链。当水温未达到70℃时,不得高速行驶。行驶中变速时应逐级增减,正确使用离合器,不得强推硬拉,使齿轮撞击发响。前进和后退交替时,应待车停稳后,方可换挡。启动后,应观察各仪表指示值、检查内燃机运转情况、测试转向机构及制动器等性能,确认正常并待水温大道40℃以上、制动气压达到安全压力以上时,方可低档起步。起步前,车旁及车下应无障碍物及人员。

7.3 要根据当地的最低气温选好燃油和润滑油。如最低气温在 -10℃ 以上,可选负 10 号柴油,低于 -10℃ 时应选更高标号的柴油,避免因低温造成发动机供油不良。同时,机油也要按设备要求换冬季专用油。因冬季气温低,液压油粘度加大,液压泵吸油负压增大,所以也要选用规定型号的液压油。

7.4 对发动机来说,低温下启动时因机油粘度大,会造成润滑油短时内不足、不能遍布各润滑点。所以,发动机启动后要怠速运转一段时间,待水温上来后再加负荷。液压系统预热也是如此。温度过低,液压油粘度大,使吸油困难,泵油量不足。同时因液压件润滑也是依靠液压油,因泵油量不足,润滑不良,会大大影响泵和马达的寿命。所以启动发动机后,应先不加负荷使各液压部件运转几次,确保各个液压元件都有液压油经过,避免因控制阀发生卡滞造成施工事故。

7.5 气温降低,设备油缸、液压管接头等处密封件会裂化收缩造成密封不严出现泄漏,各传动连接件、螺栓也会受低温影响造成强度、刚度下降。所以要加强检查,及时发现问题,消除隐患。同时也要加强保养工作,黄油更要及时补充。对于水冷发动机,要及时换好防冻液,避免冻裂机体、冷却器的事故发生。每天开工前和收工后要严格检查,避免人为事故的发生,确保设备正常运转,保证冬季施工的正常进行。

8. 冬季施工安全应急措施

8.1 冬季施工安全措施

8.1.1 进入基坑、沟槽和在边坡上施工应检查边坡土壁稳定状况,设攀登设施,在施工过程中应随时检查,确认安全;施工现场应划定作业区,非作业人员不得入内。

8.1.2 以下几种情况是土方施工中常见的危害安全生产的情况,在施工中遇下列情况之一时应立即停工,必要时可将机械撤离至安全地带,待符合作业安全条件时,方可继续施工。

(1)填挖区土体不稳定,有发生坍塌危险时;

(2)地面涌水冒泥,出现陷车或因雨发生坡道打滑时;

(3)工作面净空不足以保证安全作业时;

(4)施工标志、防护设施损毁失效时。

8.2 冬季施工应急措施

8.2.1 防止坍塌事故

各类沟道工程,在基坑、沟槽施工时,必须严格按照施工规范规定的放坡系数放坡。坑槽边 1.5m 范围内严禁堆土及建筑材料。施工现场不具备放坡条件时,必须编制支护方案并采取有效可靠的支护措施,人工开挖基槽(坑)冻土时,严禁在冻土层下进行掏洞开挖。搭设临建工程时,必须基础夯实,不得干码砖墙。在沟槽基坑边搭设工棚及宿舍等应细致观察,采取加固和支护措施,以防冻土溶化后产生不均匀沉降。

8.2.2 防止滑倒摔伤

要对各类脚手架进行全面检查和加固,脚手架外侧必须设防护栏杆和踢脚板并按标准进行立体防护,无论是立网还是水平网均应严密、牢固。脚手架斜道、平台、作业层、通行道路上的霜冻、结冰、积雪,要指定专人随时清除,并铺设防滑草袋、撒炉灰、钉防滑条。

8.2.3 防止火灾事故

冬季风大干燥,火源增多容易失火,各工地要严加控制火源,加强用火管理,建立健全用火审批制度。无论生产和生活用火都应设专人管理,炉旁不准堆放易燃易爆物品,炉火看管人员要坚守岗位,不准擅离职守。烟筒出口应安装弯头或火星遮盖器;烟筒与屋顶衔接处应有适当空隙或用石棉板等防火材料加以隔离。对电焊等工种的工人要进行专门的防火安全教育,制定并严格执行防火公约;要教育吸烟职工养成不乱扔烟头的习惯,提高职工防火意识。

图 9.1 消防砂及铁锹实例图

工地(包括办公室、民工宿舍等)的消防设备必须齐全,消防道路要通畅,消防水源、水桶、水栓等应有保温措施,以防冻结影响使用。

8.2.4　防止烫伤或灼伤事故

冬季施工的各种热源应严加防护。蒸汽管道和开关阀门的安装应牢固紧密，不得漏气；蒸汽加热的料槽应有良好的隔热措施，操作人员要戴防烫手套。盛放热水的桶、锅等容器应加盖防护；蒸汽大、视线不清时，不得进入暖棚内工作。热水运输和物料加热也应采取防烫隔热措施。

8.2.5　防止中毒事故

冬季施工所用的抗冻早强剂种类较多，这些化学添加剂多数对人体有害，特别是亚硝酸钠类似食盐。因此使用单位一定要对职工加强饮食卫生教育，制定严格的亚硝酸钠等有毒物品运输、存放、保管制度。无论生产或生活取暖炉等必须严密不漏气，要使用带烟筒的密闭合格火炉，严禁使用无烟筒的简易取暖炉或者火盆。作业人员每间隔1~2小时应到室外呼吸一次新鲜空气，防止一氧化碳中毒。对职工宿舍或家属住宅的取暖炉必须经常检查室内要安装风斗，保持室内空气流畅，每晚入睡前应检查炉盖是否盖严，烟筒是否漏烟，发现问题及时解决，以防煤气中毒。

8.2.6　防止冻伤事故

冬季露天作业区应设风墙，在工作区域附近搭设取暖棚，对露天作业的工人应给按规定发放防寒服、棉鞋、棉手套，并供给防冻伤膏等。一旦有人冻伤，应将冻损部位浸泡在38℃~43℃温水中复温，注意不要感染，必要时及时送医院治疗。冬季施工所需的施工设备，特别是垂直运输设备要增加检查和保养次数，要特别注意保护制动装置和安全装置的灵敏度。

8.2.7　防止触电事故

对进行冬季施工的职工进行安全用电教育，采用电加热施工或养护时，应由专业电工安装、检修，并派电气工程师指导，要在电热法施工区域设围栏和警示标志，除测温和电器操作人员外，其他人员一律不准进入电热施工区域。施工现场的电动机械必须有良好的接地接零保护；小型手持移动工具应安装漏电保护器，操作人员必须佩戴绝缘用具；室内、暖棚等潮湿作业场所的照明一律采用12伏安全电压；各种电源必须绝缘良好，不准缠在金属物上，电器设备安装必须符合规范要求。

二、雨季施工方案

1. 雨季施工组织

1.1　项目部抽调力量组成防汛指挥小组，由项目经理亲自挂帅，统一调度，汛期和暴风雨季间组织昼夜值班，密切注意天气预报和台风暴雨警告，降雨后及时组织采取措施,减少对施工的影响。

1.2 安排专人负责收听天气预报,了解天气动向,做到未雨绸缪,早做安排,及时掌握天气变化情况,避免恶劣天气施工。

1.3 定期检查各类防雨设施,发现问题及时解决,并做好记录特别是汛前和暴风雨来临之前的检查工作。

2. 物资保证

2.1 工程经历雨季,须抽调专门资金用于防汛物资的准备,保证施工中的安全。

2.2 施工现场配备足够的抽水设备及救生物品,对施工队伍进行专门的防汛安全教育。

2.3 物资准备:雨季施工所需要的各种物资、材料都要有一定的库存量,尤其是一些外加剂、水泥等库房要做好保管与防潮工作,确保雨季的物资供应。

3. 后勤保障措施

3.1 加强度汛防洪组织领导

度汛防洪领导小组统一指挥、协调本段的度汛、防洪工作,确保度汛、防洪指令的畅通和各种工作的顺利开展。每个项目分部设防汛抢险队,项目部安排10 – 20人作为防汛人员,由现场项目经理进行调度。

3.2 物资设备、人员保障

3.2.1 度汛防洪抢险草包(编织袋)及铁锹在汛期前储备到位,并由度汛防洪领导小组统一调度使用。

3.2.2 度汛防洪抢险草包(编织袋)2000只,铁锹30把,发电机2台,水泵15台,由项目部分部设备物资科统一储存于项目部仓库内,专人保管。某市政道路工程施工人员防洪抢险时由度汛防洪领导小组统一调度指挥。

图9.2 防汛物资实例图

3.2.3　抢险机械:每个项目分部设置挖掘机 2 台,汽车 2 辆,水泵 15 台,装载机 2 辆、发电机 2 台、强光手电筒 20 只。

表9.2　抢险机械表

序号	机械名称	机械实例图	数量	备注
1	挖掘机		2	
2	汽车		2	
3	水泵		15	
4	装载机		2	
5	发电机		2	
6	强光手电筒		20	

3.3　通讯保障

项目部值班室配备度汛防洪专用固定电话 1 部,24 小时专人值班。一旦启动该预案,各部门将通过该门电话联络。同时领导小组成员及施工队度汛和防洪小组人员每人配备移动电话一部。领导小组配备 2 对无线对讲机以作专用。

3.4　电力保障

电力供应充分利用施工正常电力线路。当正常线路发生故障时(如断电等),马上启用备用电源(配备的柴油发电机)就近接上所在区域的电力线路,确保电力畅通。

图9.3 电力设施检修实例图　　　图9.4 发电机实例图

3.5 严格汛期值班制度

汛期项目部将安排专人值班。期间,值班人员要严格按照汛期24小时值班制度,切实履行工作职责,认真做好值班记录,及时汇报雨情、水情、汛情。了解未来一周内天气趋势,确保汛期防汛各项指令和信息畅通。

图9.5 防汛值班室实例图

4. 雨季施工安排

市政道路工程施工期如果经过雨季,为确保工程质量,将不利损失降至最小,可制定雨季施工及防汛技术措施。

4.1 坚持每天收听天气预报,关注天气情况的变化,合理安排施工。

4.2 配备足够的防雨用具。防止连续作业人员遭受雨淋,影响健康。

4.3 雨季施工不宜靠房屋墙壁堆土,严禁靠危险墙堆土。

4.4 雨季挖槽,应采取如下措施:

4.4.1 沟槽四周应堆集土梗,如下料口等。

4.4.2 在向槽一侧的边坡,应铲平压实,避免雨水冲刷,在雨季,应汇集雨水引向槽边。应30m左右放一泄水口,有计划地将雨水引入槽外。

4.5 雨季施工应充分考虑由于挖槽和堆土而破坏天然排水系统,如何排除地面雨水的问题。根据需要,应重新规划排水出路,防止雨水浸泡路基。

4.6 在砼浇筑时,尽量避开雨天,如实在无法避开,宜搭设钢管架雨篷,确保顺利施工。

4.7 路基工程要贯彻预防为主的方针,在计划安排上要做到两个优先:对因雨易翻浆的地段优先安排施工、对低洼地等不利地段,优先施工。坚持"三完、两及时"的施工方法,即当天挖完、填完、压完,遇雨及时检查、雨后及时检查。发现翻浆,软土要全部挖出处理,一般采用石灰或沙石材料处理。

5. 雨季施工措施

5.1 雨季施工准备措施

市政道路工程施工期如果经过雨季,为确保工程质量,将不利损失降至最小,可制定雨季施工及防汛技术措施。

雨季施工准备措施如下:

5.1.1 搜集、整理降雨分部情况,拟定科学合理的雨季施工方案和雨季施工应急预案。

5.1.2 施工区内的水流汇集及排水情况,提前疏通排水沟渠,在雨季中派专人进行维护,保证施工区内的排水通畅。

5.1.3 根据工程场地特点,合理布置施工现场,修建排水沟,保证雨后场区内不积水、渍水。现场机械设备按规定配备必要的防护棚。

5.1.4 施工现场配备足够的水泵、棚布、塑料薄膜等防雨用品,保证暴雨后能在较短时间内排除积水。

5.1.5 水泥等防潮防雨材料应架空,仓库屋面防水防漏。堆放钢筋时,采用枕木、地垄等架高,防止沾泥、生锈。

5.2 土石方雨季施工措施

5.2.1 在路堑段,两侧斜坡上设置截水沟和排水沟,及时将山坡的雨水引走,防止冲刷道路边坡。

5.2.2 避免雨天进行路槽开挖工作,道路路基被水浸泡后,未晒干前禁止机动车辆行使,对翻浆部分要全部挖除换填。

5.3 道路工程雨季施工措施

5.3.1 路基工程雨季施工措施

(1)雨季安排施工计划,集中劳力分段突击完成一段再开挖一段,不得在全线大挖大填。

（2）填土地段或取土坑，按原地面排水系统做好临时排水沟，排水沟接入原雨水检查井内，从而使施工地段能及时排出积水，以使施工运输及取得较好的土壤。

（3）填土时留出3%以上的横坡，每日收工前或预报有雨时，将已填土地段碾压，坚持平整，防止其表面积水。

（4）雨后禁止机动车辆在未晒干的路基上行使。

（5）若道路路基被水浸泡后翻浆，对翻浆部分要全部挖除并按照设计要求进行换填。

（6）备料要堆成大堆，料堆四周挖排水沟。

（7）要集中力量摊铺便于及时碾压。摊铺后的基层料，须在当日成活。雨季来不及成活时，须碾压1~2遍，未压部分用防雨布或其他物覆盖。

（8）摊铺长度适应缩短，以便能迅速碾压成活。

5.3.2 路面工程雨季施工措施

（1）道路面层施工时，尽量要避开雷雨天气。施工时必须分好段落，集中力量，重点突击，尽量缩短施工时间。备足防雨篷布，以备雨来时能覆盖好原材料及未成型路段。

（2）加强工地现场与拌和站之间的联系，发现天气即将有变时放慢拌料速度，做到随摊铺随碾压。

（3）运输车和工地备足防雨设施，做好路肩的排水。

（4）沥青路面不允许在下雨时进行施工，一般应在雨季到来以前半个月结束施工。进入雨季施工时，必须采取如下防雨措施：

①注意气象预报，加强工地现场与沥青拌和厂的联系。

②现场应尽量缩短施工路段，各工序要紧凑衔接。

③汽车和工地应备有防雨设施，并做好基层及路肩的排水措施。

④下雨、基层或多层式面层的下层潮湿时，均不得摊铺沥青混合料。对未经压实即遭雨淋的沥青混合料，应全部清除，更换新料。

5.4 雨水管线雨季施工措施

5.4.1 雨天尽可能不安排沟槽开挖或回填，若必须施工时采用小范围作业，并及时覆盖防雨用品，大雨时不安排施工。

5.4.2 沟槽验收完毕后，及时进行管道基础及管沟垫层施工，避免基底被雨水浸泡。

5.4.3 沟底管道两侧设排水沟，并在一定的距离设置集水坑以便抽水，槽顶两侧根据现场情况设置截水沟。

5.4.3 沟槽浸泡后,及时排除积水,沟槽晾干后方可进行下一工序施工。砌检查井用的砖要集中堆放,雨天要及时覆盖。雨天砂浆在储存和运输过程中要覆盖。收工时井壁上用草帘覆盖,以免雨水将砂浆冲掉。

5.4.4 回填沟槽土方时,对当日不能填筑的填料应大堆存放,以防雨水浸冲,取土坑应做好临时排水设施,避免取土范围积水。

5.5 桥涵雨季施工措施

5.5.1 在雨季来临前箱梁完成卸架,以满足河道泄洪要求。

5.5.2 合理安排施工工期,在雨季到来之前完成桥涵下部工程的施工,及时拆除围堰,增强泄洪能力。

5.5.3 在桥涵施工现场四周挖好排水沟,在迎水面挖好排洪设施。

5.5.4 雨天作业必须派专人看护基坑,对于未能填土的基坑做好排水及支护工作。在基坑顶两侧做好截水导流沟,将地面水引走,防止进入基坑内。注意监测支护体系的稳定情况,存在险情处在未采取可靠安全措施之前禁止作业。

5.5.5 桥涵基坑施工现场备足抽水设备,降雨后立即清除排水,尽快晾晒,及早恢复生产。

5.5.6 钢筋工程雨季施工措施

(1)现场钢筋堆放应垫高,以防钢筋泡水锈蚀。

(2)雨天时如必须进行钢筋焊接时,应在防雨棚内进行。

(3)钢筋加工区域内的施工机械,用石棉瓦和塑料薄膜覆盖,雨天不得露天作业,以防触电。

(4)钢筋绑扎时,施工人员的鞋底冲洗干净,方可到钢筋网上作业。不可将泥沙带入现场模板内,影响施工质量。

(5)钢筋电渣压力焊不能在雨天进行,如工程要求在雨天进行,施工时要采取遮雨措施。下雨前钢筋用塑料布或苫布覆盖,雨后及时晾晒通风,减少钢筋锈蚀。

5.5.7 模板支架工程雨季施工措施

(1)方木、面板等怕湿怕潮材料要及时入库,防止受潮变形。

(2)入模后如不能及时浇筑混凝土,应在已支设的模板采取遮雨措施,且应设置排水口,防止模板内积水。

(3)雷雨天气严禁进行支架的搭设作业,亦不可在支架上施工。

(4)模板在大雨过后要重新涂刷脱模剂。

5.5.8 混凝土工程雨季施工措施

（1）下雨天不宜露天浇筑混凝土，在安排生产之前首先了解天气预报，避免因为下雨影响浇筑工作。

（2）施工时要有一定数量的遮雨材料（雨布、塑料薄膜等），雨量过大应暂停户外施工。特别是砼浇捣，如一定要浇捣，则须搭设防雨棚，并及时遮盖砼表面，雨过后应及时做好面层的处理工作。

（3）小雨天气浇筑混凝土时，进行浇筑前要将模板内的积水清理干净．

（4）浇筑混凝土过程中突遇大雨，要留好施工缝。

（5）混凝土浇筑遇雨时，适当调整配比中含水率，防止混凝土出现离析现象。浇筑完成部分及时覆盖，保证砼质量。

（6）承台、桥墩砼初凝前，应采取防雨措施，用塑料薄膜保护。

5.5.9　桥面铺装、桥头搭板及人行道施工时要避开雨天。施工中遇到雨天时，架设棚盖以防雨淋，保证护栏外观质量和桥面铺装的质量。

5.5.10　出现较大降雨时，将河道中的所有机械全部移至岸上地势较高处，以防止出现意外。

5.5.11　下雨天气严禁高空作业，雨停后立即组织人员清扫高架桥上临时通道以及作业面，迅速恢复施工。

6. 施工期雨季及排水措施

在施工期间，应充分估计到雨季带来的危害，积极采取措施，作好防汛抢险准备，把危害减少到最低程度。

6.1　项目经理任组长，指定专人负责每天收听天气预报，观察水位情况，并做好详细记录。与当地的水文、气象部门保持密切联系，随时掌握准确、及时的水文和气象情况，对暴雨、洪水的袭击做出正确的分析、判断，提前做好各项防范准备。

6.2　查阅以往汛期水文资料，分析汛期特点，了解河流分布，配备足够排水设备，迅速有效进行排水。

6.3　汛期期间，所有能用于抢险的工具、设备及人员，均时刻准备投入抢险中去。

6.4　组建一支强有力的抢险队伍，落实机械设备及人员，随时做好一切应急准备，确保施工的顺利进行。加强施工人员防汛抢险意识，增强自我保护能力，树立安全第一的思想。

6.5　派遣人员在工程沿线 24 小时轮流值班，修复被损坏部分，总结经验教训，作好汛期的抢险准备。以便及时发现险情，及时抢险，尽可能地将险情立即排除。

6.6 汛后迅速组织清理、清查水淹损失,尽快恢复生产。

7. 防汛应急措施

7.1 汛期来临之前,到当地气象部门了解年、月的降雨趋势。派专人及时收听天气预报,以便安排施工及抢险。

7.2 组建应急抢险队,配备抢险车辆、木材、编织袋、铁锹、发电机、水泵等抢险物资,随时参加应急抢险工作。

7.3 项目部根据某市政道路工程的地理环境、工程计划作业面、建设单位要求等,分析找出本合同段的防汛薄弱环节及易产生积水、冲毁的地段部位,事先进行预防性修缮。

7.4 对施工便道、临时排水设施进行加固和清淤,制定断道绕行方案,配备备用水泵及发电机,保持性能良好,在出现洪水或大面积积水情况发生时,由项目部统一调配使用。

7.5 认真做好临设、大型搅拌站用电的接地保护和避雷设施的检查与测试工作,及时维修、更新或停用。

7.6 汛期期间,项目部加强值班巡逻,领导带班,值班人员必须坚守岗位,尽职尽责,保持 24 小时通讯畅通。

7.7 初起水灾,安全疏散人员,转移重要物品,阻止水位的漫延,防止水灾的扩大,减少水灾损失的人员伤亡和财产安全。

7.8 在雨季进行开挖基坑施工,基坑底必须设置排水沟和集水井。

7.9 怕潮湿的材料室外贮存时,应搭设防雨棚。

7.10 现场堆放的水泥,必须堆放在防水、排水良好的库房内,地面用架板架空铺设,且高出周围地面 250mm。

7.11 雨季来临前,应将施工完的各种排水管道和检查井进行检查清理,保持排水畅通。

7.12 高度在 20 米及以上的脚手架等均应设置避雷针。

7.13 雨季来临前,由总工及安全负责人负责组织人员对施工现场的电焊机、电源箱、打夯机等用电机具以及避雷针做接地电阻试验,做好试验记录和实验报告,雨季期间定期检查电器安全情况,做好检查记录,所有检查资料归类存档。

7.14 雨季前应做好防风、防雨、防火、防暑降温等准备工作。

7.15 暴雨、大风、汛期后,应对临建设施、脚手架、机电设备、电源线路等进行检查并及时修理加固,发现险情立刻排除。

7.16 及时清除现场道路以及脚手架跳板和走道上的积水并采取防滑措施。

7.17 雨天起重机械尽量不施工,如必须施工应使起重机械保持良好视线并防止起重机各部制动器受潮失效,工作前应检查各部制动器并进行试吊,确认可靠后方可进行工作。

8. 防汛预案及应急预案

为确保周边人员及工程参建人员的生命、财产安全,按照"安全第一,常备不懈,预防为主,全力抢险"的方针,应制定城市防汛预案。

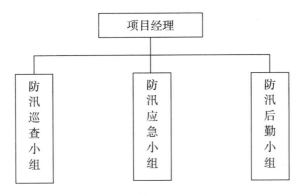

图9.6 防汛组织机构图

8.1 积极做好防汛教育宣传工作,提高警惕,克服麻痹思想。

通过开展形式多样的教育宣传活动,使全员真正树立防洪防患意识,充分认识防汛工作的重要性,坚决消除麻痹侥幸思想,做到防汛教育经常化,防汛意识全员化,使各种防汛常识深入全员之心,不断增强防汛的整体合力。

8.2 健全防汛组织机构,做好防汛物资和设施的准备工作。

图9.7 防汛物资实例图

8.2.1 成立防汛领导小组,加强对防汛工作的组织领导,并实行项目经理负责制;明确项目部防汛网络,从组织上保证防汛工作"不松、不散、不疏、不漏",从而形成一级抓一级,层层抓落实的工作局面。同时下发关于认真做好防汛工作的有关通知,增强汛期防范意识。

8.2.2 项目部防汛领导小组组织有关人员对工地重点区域进行认真的汛前及汛期检查,内容包括机械设备、备用电源、通讯设施、值班人员安排、病险隐患段专人值守安排以及抢险物资准备等,发现问题及时排除处理。

8.2.3 大汛期坚持全天24小时值班制和巡视制,以备在险情发生的第一时间有效协调各方力量进行抢险增援。此外,还指派专人负责观测水文情况,及时传递水情、雨情、险情及灾情,做好预警工作。各级防汛责任人必须坚守岗位,忠于职守,当发生险情时要闻警而动,身先士卒,实施靠前指挥及时采取有效措施,加强现场管理和监控,做到人员到位、指挥到位、责任到位、措施到位。

8.2.4 成立防汛防险突击队,增强防汛工作的机动性和灵活性。并对突击队展开防汛方案演练,突出练指挥、练协同、练技能,以提高抗洪抢险的实战能力。

图9.8 防汛突击队演练实例图

8.2.5 防汛通信设施准备。通信联络是防汛工作的生命线,通讯网络要保证畅通,完善与各级指挥部和防汛相关领导部门及有关重点防汛地区的通信联络。

8.3 抗洪抢险

8.3.1 工地不论何处一旦出现险情或灾情,必须做到三个第一,即第一时间、第一责任人赶到第一现场。

8.3.2 果断采取抢险措施,积极组织机械设备和抢险人员马上到位进行抗洪,同时上报各级指挥部以便统一指挥协调。在紧急情况下,果断组织人员和机械设备立即撤离,最大限度的确保人身财产安全,力求使洪灾损失降到最低。

8.3.3 建立集结调度制度,各施工队、班组和抗洪抢险突击队要听从调度,在最短的时间内,组织好人员、车辆和物资,到达指定地点积极参与抢险救灾。

8.3.4 配合指挥部、当地政府、驻地单位,认真做好善后工作。洪水过后立即开始生产自救,将损失降至最低,并有计划的补回损失的进度。

8.4 具体应急撤退方案

8.4.1 在汛期来临时,安排人员做好进场路线及便道维护,确保撤退时道路畅通无阻。

8.4.2 当接到有关洪水来临警示及根据现场水位上升情况,及时组织抢险突击队到坝上进行围堵和加固。若水位一旦接近警戒水位时,本着"救命第一"的原则,立即组织所有人员及设备撤离至安全区域,利用有效搜救工具或派专人负责检查是否有遗漏人员,确保人身安全。

8.4.3 妥善安排受灾职工的生活,使受灾职工有饭吃、有衣穿、有房住,伤病能够得到及时救护和治疗,稳定职工情绪。

8.4.4 洪水过后组织人员抓紧修复水毁工程,再次做好迎接洪水等自然灾害的各项准备,并加强汛后检查,编写防汛总结,为下一步防汛工作提供经验。

第十章　施工期间交通组织方案

以济广高速济南连接线南段地面道路(外环西路南延)三期工程为例。

济广高速济南连接线南段地面道路(外环西路南延)三期工程顺接二期工程,起点 K7＋800,南至南绕城高速,全长 2400m(另含文德路 318m)共划分为 2 个标段。第一段北起 K7＋800,南至 K9＋119,全长 1319m。第二段北起 K9＋119,南至南绕城高速北侧,全长 883m,另外含文德路 318m。

一、交通组织的总体指导思想

1. 某市政道路工程施工展开后,新建地面道路施工、管线施工会对道路沿线单位、商铺和居民出行带来不便,同时也会影响到其他社会车辆通行,因此施工期间充分做好交通疏导工作。

2. 积极与交警部门联系,共同协商交通分流方案,既要满足施工要求又要满足施工段的交通流量要求,维护现场原有的交通设施,接受交通管理等有关方面的管理指挥。

3. 交通疏导的总体指导思想是,工程施工过程中采用封闭施工,社会车辆绕行、施工车辆及驻地车辆行人按疏导方案通行。当现场施工与交通有矛盾时,应积极配合交警疏导交通。

4. 施工期间实施开设路口、改变车道位置等方案前均需认真做好交通方案。为方便沿线居民出行,设置安全便道,施工中产生的沟槽处设置防护设施和安全警示标志及夜间警示灯。

5. 某市政道路工程地面道路施工与高架桥施工(已单独组织招标)相互干扰较大,须积极配合高架桥施工单位,采取措施保证周边道路不中断和安全通行。

二、现状交通状况

1. 一段现状交通状况(前面描述了)

2. 二段现状交通状况(前面描述了)

3. 交通设施的设置

3.1 按照施工方案对道路进行半封闭施工方案,封闭采用大围挡结合小围挡封闭。

3.2 用施工围挡将施工区与通行区分开,并在路口围挡处设置出入口,供施工车辆及施工人员进出施工区,驻地车辆及社会车辆在路口集中疏导。

3.3 在路口处设置交通协勤岗,每一协勤岗安排 2 名协勤员,对行人及过往车辆进行疏导。

三、施工过程的交通组织方案

1. 成立交通疏导领导小组

某市政道路工程在施工期间成立交通疏导领导小组,负责协调各管理部门,解决好交通疏导与交通安全的问题。领导小组由项目经理任组长,技术负责人任副组长,确保交通疏导安全、顺利地进行。

交通疏导领导小组主要成员职责如下:

组 长:项目经理,总协调、总负责。

副组长:项目技术负责人,负责交通组织方案的编制、报审,监督检查交通组织方案的现场执行。

副组长:项目副经理,负责交通组织方案的落实,按批复的交通组织方案摆放交通标志、搭设施工围挡、路向指示标志、照明装置和警示装置,实施交通疏导方案。

交通协管员和安全员:负责日常交通安全事务检查、监督和管理。

2. 交通组织策划

2.1 一段交通组织策划

为确保施工的顺利进行,同时确保两侧居民、单位车辆的正常出入,采取分段半封闭施工的整体思路。半封闭施工期间的交通为区域内交通,驻地车辆双向通行,就近交叉路口进行分流。

一段根据外环西路地面道路与现状路相交情况制定交通方案,其中北段有现状路段可作为过往行人及车辆通行道路,中部及南段无现状路段仅做施工便道,不对外部行人及车辆开放。

2.2　二段交通组织策划

二段全线无现状路,进场后在地面道路处修筑施工便道,作为高架桥施工便道;高架桥施工完毕后,地面道路管网分幅施工。考虑到某市政道路工程沿线无现状道路,因此施工便道不对外部行人及车辆开放。

3. 施工段各施工阶段交通组织

3.1　一段施工段各施工阶段交通组织

考虑到某市政道路工程一段地面道路与高架桥位置重叠且工期大致相同,相互干扰较大,并且答疑文件明确要求"应考虑高架桥对地面道路施工的影响"的情况,拟将本段划分为 4 个施工阶段:道路土石方及挡墙施工阶段、高架桥上部结构施工阶段、地面道路及管线施工阶段、沥青砼面层及附属施工阶段。具体交通组织如下:

3.1.1　道路土石方施工阶段交通组织

外环西路 K7 + 800 – K8 + 100 段地面道路与现状路重叠,可利用现状路作为施工便道,在现状路两侧进行路基土石方填筑施工。

外环西路 K8 + 100 – K8 + 500 段地面道路位于现状沟渠处,无现状路,采取封闭施工,外部车辆不得通行。

道路土石方施工完毕后,在高架桥下部结构施工过程中,穿插完成挡墙施工和 K8 + 890 – K9 + 072 段雨水连接管及出水口施工,此时利用高架桥两侧已填筑地面道路作为施工便道。

3.1.2　高架桥上部结构施工阶段交通组织

桥梁上部结构施工时,因无施工工作面,停止地面道路施工,配合高架桥施工单位做好交通组织工作。

3.1.3　地面道路及管线施工阶段交通组织

高架桥上部结构施工完毕支架拆除后,进行地面道路及管线施工。地面道路及管线施工采取分幅施工,即先进行西半幅地面道路及管线施工,后进行东半幅地面道路施工。

(1)首先进行西半幅原水、燃气管线施工,然后进行西半幅道路结构层施工,此时利用东半幅快车道作为施工便道。

(2)西半幅沥青砼中下面层施工完毕并进行交通改线,利用西半幅新建道路作为施工便道,进行东半幅道路结构层施工。

3.1.4 沥青砼面层及附属施工阶段交通组织

天气回暖后,利用西半幅新建道路作为施工便道,进行东半幅沥青砼中下面层施工;然后统一进行全线沥青砼上面层施工;最后进行边坡防护施工。

3.2 二段施工段各施工阶段交通组织

考虑到某市政道路工程二段外环西路与文德路相距较远,两个施工区独立组织施工,其中以外环西路地面道路施工为主线。具体交通组织安排如下:

3.2.1 外环西路交通组织

(1)道路土石方及桥涵施工阶段交通组织

外环西路有高架桥段地面道路位于现状荒地、沟渠处,无现状路,采取封闭施工,外部车辆不得通行。

外环西路有高架桥段地面道路位于现状荒地处,无现状路,采取封闭施工。道路土石方施工完毕后,在高架桥下部结构施工过程中,同时完成陡沟桥、陡沟支沟桥及挡土墙,此时利用高架桥两侧已填筑地面道路作为施工便道

(2)桥梁上部结构施工阶段交通组织

桥梁上部结构施工时,因无施工工作面,停止地面道路施工,配合高架桥施工单位做好交通组织工作。

(3)地面道路及管线施工阶段

高架桥上部结构施工完毕支架拆除后,进行地面道路施工。地面道路施工采取分幅施工,即先进行西半幅地面道路施工,后进行东半幅地面道路施工。

①高架桥支架拆除后,利用东半幅作为施工便道,进行西半幅道路结构层施工。

②西半幅沥青砼中下面层施工完毕并进行交通改线,利用新建西半幅道路作为施工便道,进行东半幅道路结构层施工。

(4)沥青砼面层及附属施工阶段交通组织

天气回暖后,利用西半幅新建道路作为施工便道,进行东半幅沥青砼中下面层施工;然后统一进行全线沥青砼上面层施工;最后进行边坡防护施工。

3.2.2 文德路施工交通组织

考虑到文德路仅能从现状 G104 进出,而雨水箱涵正好位于从 G104 进入文德路入口处,因此首先集中力量进行雨水箱涵施工;雨水箱涵施工完毕后进行道路管网施工,道路管网按照"先快车道道路管网,后慢行一体道路管网"的顺序施工。

(1)雨水箱涵施工交通组织

雨水箱涵采用跳仓法施工,利用现状 G104 作为施工便道。

（2）快车道道路管网施工交通组织

雨水箱涵施工完毕后，利用两侧非机动车道作为施工便道，进行快车道道路管网施工。

（3）慢行一体道路管网施工交通组织

快车道道路管网施工完毕后，进行交通改线，利用新建快车道作为施工便道，进行慢行一体道路管网施工。

4. 施工区域交通临时标志及设施的设置

为保证施工期间，施工范围内的道路确保畅通，需要根据交警部门的要求设置交通临时标志及设施。

4.1 交通标志设置

在封闭道路施工期间，在相邻道路及支路入口布设交通标志，提前提醒车辆绕行，以减少施工区域内的交通压力。在施工区域外的相邻道路上设置醒目的交通提示牌，提前通知市民选择绕行的道路，并在地面上设置交通导流标志，减少对交通的影响。

在进行道路车道封闭前应提前对周围市民及单位进行通知，使过往的车辆及行人能提前选择绕行道路，降低该路段的交通压力，减少车辆拥堵现象的发生。

管道施工过程中，给沿线居民预留通行便道，沿线小型出入口在沟槽上架设便桥，方便居民通行。

4.2 交通设施的设置

4.2.1 施工期间采用硬质施工围挡将施工区与通行区分开，在沿线单位及小区设置出入口，供施工车辆及施工人员进出施工区域，两侧车辆在路口集中导流疏解，保证交通顺畅。

4.2.2 在路口处设置交通协勤岗，每一协勤岗安排 2 名协勤员，在路口前方设置告示牌和交通分流示意图，对行人及过往车辆进行疏导。

4.2.3 根据现场情况，在施工区域与非施工区域设置分隔设施。根据工程文明施工要求，封闭施工，均采用统一高度的围挡。分隔设施做到连续、稳固、整洁、美观。专人值班，确保行人及车辆安全。

5. 交通安全保证措施

5.1 施工中坚决贯彻"安全第一、预防为主"的方针。必须严格贯彻执行各项安全组织措施，切实做到安全生产。

在道路交叉口及小型出入口处设置硬质透明围挡，利于车辆驾驶员及行人的有效视野保证车辆及行人的安全

5.2 成立"施工交通管理领导小组",设专职"交通协管员"和"安全员",统一着装,并经相关部门进行专业培训后,持证上岗。

5.3 结合以往施工经验,编制切实可行的交通疏导方案,由交通协调部配合专职的"交通协管员"和"安全员"负责交通疏导方案的落实,密切配合相关部门,在需要导行的路口设置交通标志牌和安全施工宣传牌并设专职交通协管员,协助交管部门疏导行人及车辆,确保交通安全和施工安全。

5.4 在施工过程中,对于管线沟槽和基坑及时采用围挡进行封闭,并设置防护警示标志,夜间设置警示灯,保障行人及车辆的安全。

第十一章　减少噪音、降低环境污染、地下管线及其他地上地下设施的保护加固措施

某市政道路工程为例,起点 K7＋800,南至绕城高速,全长 2400m。一段北起 K7＋800,南至 K9＋119,全长 1319m。二段北起 K9＋119,南至南绕城高速北侧,全长 1201m。

一、项目周边情况

1.1　施工现场周边情况

1.1.1　施工现场基本位于现状道路上。由于一期工程正在施工,北段现状路过往大型施工车辆较多且破损严重,道路两侧主要在建工地及民房等。

1.1.2　中部基本位于现状道路东侧沟渠或荒地上,道路处现状地面比现状道路高程低约 2－3m,道路处现状多为建筑垃圾、树木或杂草等。

1.1.3　南段周边民房、商铺较多且工程位置处已基本拆除,周边有现状雨污水管线。

二、减少噪音的措施

1. 施工公告

除紧急抢险、抢修外,不得在夜间 10 时至次日早晨 6 时内,从事爆破、混凝土振捣等危害居民健康的噪声建设施工作业。

由于特殊原因须在夜间 11 时至次日早晨 6 时内从事超标准的、危害居民健康的建设施工作业活动的,必须事先向环境保护局办理审批手续,并向周围居民进行公告。

2. 施工噪声及振动的控制

2.1　施工噪声的控制

2.1.1　根据施工现场环境的实际情况,将混凝土搅拌站等高噪声机械设备布置在距离村民居住较远的方向,避免夜间开动设备。

2.1.2　合理安排施工机械作业时间段,对于石方爆破和油锤破除施工等高噪声作业活动尽可能安排在不影响周围居民休息的时段下进行。

2.1.3　对于高噪声设备附近加设可移动的简易隔声屏,尽可能减少设备噪声对周围环境的影响。

2.1.4　离高噪声设备近距离操作的施工人员应佩戴耳塞,以降低高噪声机械对人耳造成的伤害。

2.2　施工振动的控制

本工程施工引起的振动对周边居民房屋产生危害,需要采取减震隔振措施。为缓解施工引起的振动,而导致地面开裂和建筑基础破坏,可采取以下措施:设置防震沟和放置应力释放孔。

2.3　施工运输车辆噪声

运输车辆驶入城市区域禁鸣区域,驾驶员应在相应时段内遵守禁鸣规定,在非禁鸣路段和时间每次按喇叭不得超过0.5秒,连续按鸣不得超过3次。

加强施工区域的交通管理,避免因交通堵塞而增加的车辆鸣号。

2.4　工程竣工验收前,清理工地及周边环境,做到工完、料尽、场地清。

三、降低环境污染的措施

1. 施工扬尘的控制措施

1.1　水泥扬尘

1.1.1　根据项目施工特点,尽可能使用商品水泥及散装水泥,减少使用袋装水泥,以削减使用水泥带来的环境污染。

1.1.2　散装水泥罐车下部出口处设置防尘袋,以防水泥散溢。

1.1.3　在水泥搅拌过程中,水泥添加作业应规范,搅拌设施应保持密闭,防止添加、搅拌过程中大量水泥扬尘外溢。

1.2　施工扬尘

1.2.1　在施工作业现场按照相关要求,对施工现场垃圾进行分隔。

1.2.2　开挖、运输和填筑等施工过程,遇到干燥、易起尘的土方工程作业时,必须辅以洒水压尘。遇到四级或四级以上大风天气,必须停止土方作业,同时作业处覆以防尘网。

1.2.3　加强建筑材料的存放管理,各类建材及混凝土拌合处应定点定位,禁止水泥露天堆放,并采取防尘抑尘措施,如在大风天气对散料堆放采用水喷淋防尘。

1.2.4 施工过程中使用易产生扬尘的建筑材料,采取密闭存储、设置围挡或堆砌围墙、采用防尘布苫盖或其他有效的防尘措施。

1.2.5 运输车辆进出的主干道应定期洒水清扫,保持车辆出入口路面清洁,以减少由于车辆行驶引起的地面扬尘污染。

1.2.6 对于施工产生的扬尘和石渣,采用设置隔离网的方式将扬尘控制在施工范围内,施工作业人员必须佩带防尘口罩等防护措施。经常对防护网进行检查,发现破损,应及时对其进行修补。

1.2.7 施工现场的建筑垃圾、工程渣土临时储运场地四周设置一米以上且不低于堆土高度的遮挡围栏,并有防尘、灭蝇和防污水外流等防污染措施。

1.2.8 禁止在人口集中地区焚烧沥青、油毡、橡胶、塑料、皮革以及其他有毒有害烟尘和恶臭气体的物资;特殊情况下需焚烧的,须报当地环境保护主管部门批准。

1.2.9 坚持文明施工及装卸作业,避免野蛮作业造成的施工扬尘。

1.2.10 施工期间,施工工地内及工地出口至铺装道路间的车行道路,要采取铺设钢板、铺设水泥混凝土、铺设沥青混凝土等措施硬化路面。

1.2.11 采用吸尘或水冲洗的方法清洁施工工地道路积尘,不得在未实施洒水等抑尘措施情况下进行直接清扫。

1.2.12 施工期间,对于工地内的裸露地面,要采取覆盖防尘布或防尘网等措施。

2. 减少固体废物对土地的污染

2.1 指派专人收集并指定收集场所或容器,并设置回收标识;或制定管理办法,以旧换新,统一管理。并进行实际发放和回收统计。

2.2 加强日常检查,确保回收率。

2.3 定期交有资质的部门进行处置。

2.4 对于放射性和污染性物质,必须采用专门的封闭性容器,避免对周边环境的污染。

2.5 定期请环保部门进行施工现场环境监测,确定施工现场环境污染源,有针对性的进行处理。

3. 杜绝重大环境事故,最大限度防止办公区域、施工现场火灾的发生

3.1 办公区域、仓库一律配备符合消防规定数量的环保型灭火器。

3.2　严格执行并落实各项消防规章制度。

3.3　如有险情严格执行火灾应急预案。

4. 污水及废弃物排放

4.1　项目部统一规划污水排放管道位置,保证场内污水排放畅通,确保污水不外溢,化粪池做好防渗漏措施并覆盖严密,避免污染环境滋生蚊蝇。

4.2　对于车辆清洗的污水,设置沉淀池,将泥沙沉淀后,将清水排入就近雨水排水系统中。

4.3　化粪池定期清淤。超过50人吃饭的食堂要设隔油池。

4.4　有毒有害废弃物溶液,设置专门的存放仓库,集中清理外运。

5. 夜间施工的环保措施

5.1　本工程以碘钨灯和移动照明车作为夜间施工照明灯具,为防止对附近居民造成光污染,夜间施工时,不得将强光照明灯直接照射居民窗户。

5.2　施工现场提倡文明施工,建立健全控制人为噪声的管理制度。尽量减少人为的大声喧哗,增强全体施工人员防噪声扰民的自觉意识。

5.3　根据现场情况,夜间施工尽量安排噪音小的工作,夜间施工人员不得饮酒,不得大声喧哗,现场不使用高噪音设备,降低噪声污染避免扰民,避免影响邻近居民休息。

5.4　本工程水泥砼采用商品混凝土,可降低砼搅拌而产生的噪声,混凝土运输车进出现场时,由专人指挥,减少或尽量不鸣笛。

5.5　施工期间尽量选用低噪声和备有消声降噪设备的施工机械。施工现场的强噪声机械(如:搅拌机、电锯、电刨,砂轮机等)要设置封闭的机械棚,以减少强噪声的扩散。

5.6　加强施工现场环境噪声的监测,采取专人管理的原则,根据测量结果,凡超过噪声标准的,要及时对施工现场噪声超标的有关因素进行调整,达到施工噪声不扰民的目的。

四、地下管线及其他地上地下设施的保护加固措施等

为降低施工期间施工对周边管线的影响,施工期间拟采用以下措施对现状管线进行保护。

1. 施工界域内地下管线及其他设施的调查

1.1　组织措施

1.1.1　明确项目保护管线的责任人和监督员,熟悉周围地下管线情况,并在

施工平面图上详细标明,同时根据施工需求提出具体的搬迁及保护措施。

1.1.2　坚持按照政府有关要求办理有关手续和对管线的监护,要求有关单位进行现场交底监护工作。

1.1.3　必须在持有关管线单位到场的情况下方能进行相关施工。

1.1.4　施工前,根据业主和管线单位提供的管线资料对施工范围的管线进行确认,并且开挖样洞,并以书面资料上报业主和监理。

1.1.5　对需进行加固保护的各种管线,召开管线协调会,拟定加固方案。工程施工中,严格按照确定的加固方案实施。并有管线监护人员和施工单位专职管线监护员进行双监护。出现问题,立即停止施工,并上报业主及有关单位。

1.1.6　进行信息化施工,加强对因施工而影响范围的各种管线动态变化的监控,根据监测数据变化的情况,及时调整施工方案,确保道路与各种管线的正常运行。

1.1.7　定期召开与有关管线单位的配合会,随时掌握有关管线的情况,为施工服务。

1.1.8　施工中发现管线有异常现象或管位有差异,可能对管线的安全和维修产生影响时应立即停止施工,同时与相关管线单位联系,落实保护管线的措施后方可继续施工。

1.1.9　施工时,施工管理人员必须向一线直接操作人员做好保护各种管线的交底工作,如因管理不善,措施不当而造成管线事故的有关人员,公司将进行严格处理,以确保各种管线的安全。

1.2　地下管线及其他设施的调查

1.2.1　利用多种方式对施工现场的地下管线进行调查,确保管线种类、位置、长度等数据准确无误。

表11.1　地下管线的种类和埋设方式调查表

埋设位置	管线种类	管径(结构断面)	走向	覆土深度
横穿管线(纵向管线)				
桩号 KX + XXX ~ 桩号 KX + XXX				

1.2.2　现场地下管线详细调查,可采用的方法主要有:

(1)挖探坑:这是长期以来市政施工企业探明地下管线的主要方法,探坑采用人工开挖,开挖时应采用铁锹薄层轻挖,不宜使用洋镐、钢钎等尖锐工具。根据现场情况确定探坑的间距,通过两处以上探坑暴露的管线情况来推断该种管线的大致走向和埋深等信息。

(2)采用管线探测仪探测:在对地下管线的勘测中,采用科学的手段和运用现代测绘技术、仪器,如文化路道路改造工程聘请勘测单位使用地下管线探测仪探测,即可有效的探测电力、电信、燃气、供热、供水、排水和有线电视等各类地下管线的准确位置和埋设深度等数据,在污水沟槽开挖前进行全面探测,与现有管线图纸资料对照复核,以获得地下管线的准确信息。

(3)与各专业管线单位监护人员进行交流,请他们介绍一下管线的分布情况,施工中应该注意的事项,对工程的安全、进度十分有利。

(4)根据经验,仔细观察,合理判断分支管线的埋设位置和种类。重点观察部位:大路口处四周集中穿路管线,沿线单位处支管接入情况,一般从检查井盖位置可以看出管线的大致走向;电线杆引下线、配电柜至附近电力检查井之间应小心地下敷设的电力电缆。

(5)绘制管线分布图。对调查出的各种地下管线叠加绘制在同一张平面分布图上,注明每种管线的埋设方式,张贴在办公室显要位置,组织施工管理人员交底学习,随时提醒相关人员注意管线安全。

1.3 地下管线的标识

1.3.1 现场做好警示标识。对已查明的地下管线,在施工现场应做好醒目的警示标识,方法是沿管道走向插小红旗,旗杆上设置方向标和标识牌,标识牌上注明管道名称、管径、根数、埋深等信息,小红旗之间洒白色石灰连成线,提示施工人员和机械操作人员注意保护地下管线安全。对于埋设较浅,受到重压会有危险的管线,还应采用设置警戒线的方式禁止一切重型机械通过。

1.3.2 在管线周围0.5米范围内严禁使用机械施工,0.5米–1.5米范围内采用人机配合的方式进行施工。对于埋设较浅,受到重压会有危险的管线,必须设置警戒标志并用架管维护,禁止一切重型机械通过。

1.3.3 对已查明的地下管线,沿管道走向插标识牌,标识牌上注明管道种类、位置、走向、管径、埋深等信息,标识牌之间洒白石灰连成线,提示施工人员和机械操作人员注意保护地下管线安全。

1.3.4 对尚未确定位置的管线,在每个可能位置均放置警示牌,提醒施工人员开挖时注意,避免挖断管线。

2. 管线的保护加固措施

2.1 总体保护方案

2.1.1 工程开工前与业主、设计、监理等有关部门一起对周边有影响的管线进行评估、量测,对管线现状进行标识、记录。并沿管线布置水平和竖直量测点,在施工过程中加强对管线的监测。

2.1.2 严格按设计和规范施作围护结构。

2.1.3 开挖过程中严格按照施工组织设计的施工程序进行,分层开挖,及时支护。

2.2 架空线路加固保护措施

当架空线路较高且不影响施工通行时,重点是对线杆进行保护,对需保护的线杆底部采用混凝土加固,线杆周围围设栅栏,并悬挂警示标识。

当线杆距离沟槽较近时,采用贝雷架对线杆进行加固。当线缆较低且影响施工通行架空线路时,根据架空线路高度对线路下通行道路进行挖深,增加线缆下安全高度,并对线杆底部采用混凝土加固,线杆周围围设栅栏,并悬挂警示标识。

2.3 地下管线加固保护措施

对公用地下管线的保护,首先采用挖探沟等方法探测公用管线,摸清管线的位置、深度、直径,在施工图上明确标明,施工前必须进行挖探,使关键部位的管线情况完全暴露。在施工中,将采用适当的方法加以保护。

2.3.1 纵向管线加固保护措施

对于纵向平行的管线,如其中心线距基坑边距离较近,则在开挖基坑时,该部位的基坑支撑必须加强加固,如替换板桩或加密撑柱等,必要时进行管道搬迁。

2.3.2 横穿管线加固保护措施

(1)钢管等硬质管线加固保护措施

对于钢管等硬质管线,在基坑开挖前,要先在该位置人工挖探沟摸清管线走向,管节的接口位置,除对基坑加固支撑外,还应再以钢架管或木横架将要开挖的基坑上用钢丝绳将管子吊住。如果管道的接头全部暴露在外,则在相邻两节管道的接口处都要以钢丝绳吊牢。

(2)塑料管等软质管线

对于通讯管、电力导管等软质管线,因这种管线的导管长度较短,管线根数较多,安全可靠的方法是采用下托、上吊的措施,即以在碳素管的下面用 4×8 寸板或板桩托着,上面用钢架管等连同托板将管件一起吊牢措施。在首先采用木板每隔 2 米将管线固定,确保管线不会散架。

(3)无护管的线缆

对于没有护管的线缆,此类线缆在施工中必须重点保护,首先采用碳素管将线缆包裹,再采用下托、上吊的措施进行加固,即以在碳素管的下面用4×8寸板或板桩托着,上面用钢架管等连同托板将管件一起吊牢措施。

总之,必须加强对公用管线保护的意识,采取多种切实可行的措施加强对管线保护的措施。这样,才能保证市政工程的顺利施工。

2.4 施工注意事项

2.4.1 在开挖路槽作业前,项目经理、施工员、施工队伍、机械司机四方必须签订《地下管线保护责任书》明确责任;机械开挖路槽作业时,应有专人指挥,在地下管线位置安全距离外洒白色石灰线,线内禁止机械作业,避免因管道两侧土体受到挤压而损坏管道。管道位置采用人工薄层轻挖,管道暴露后应采取临时保护和加固措施,随时检查是否存在安全隐患。

2.4.2 对开槽中发现的没有标明的地下管线,或虽有竣工资料,但管线的位置、走向与实际不符合时,要及时会同有关单位召开专门的会议,制定专门的保护方案。

2.4.3 机械操作人员必须服从现场管理人员的指挥,小心操作,挖掘动作不宜太大,防止盲目施工,施工机械行进路线应避开已标明的地下管道位置。

2.4.4 时刻保持警惕,不能依据某探坑处发现的管线位置、高程而想当然地认为全线如此,常见某些非重力流体管道如供水、电缆、燃气管道等遇到障碍物时,为了避让障碍会突然抬高,或者走向突左突右、很不规则的现象。

2.4.5 开挖作业时根据土层的变化和土壤含水量的变化来推测管线位置,根据经验:土壤突然变湿或局部翻浆应考虑可能因附近供水管道渗漏引起的;土壤突然变干应考虑附近可能有供暖管道;土层显示为原状土则比较安全,若显示为回填土或采用其他材料回填而成则应小心地下管线。

2.4.6 根据专业管线的常用包管材料来判断管道位置和种类。供热管道常用黄沙包管;燃气管道常用石粉包管,并在管顶30cm处设置警示带;供水管道常用水泥石屑包管;电力直埋管常用混凝土包管。所以路槽开挖时,当突然挖出以上材料时应小心地下管道。

3. 其他设施的保护加固措施

3.1 调查构筑物现状

为确保土石方施工过程中构筑物的安全,施工前必须对构筑物地基、基础、管线等情况进行了全面调查。

3.2 保护措施

对于距离工程红线较近的构筑物,在施工过程中根据开挖深度确定保护措施,如开挖深度浅于构筑物基础,采用保留安全距离和加大放坡系数的方法处理。如开挖深度深于构筑物基础,则采用打桩支护或喷锚支护的方法处理。

3.3　加强过程观测

布设沉降监测点为了便于在施工过程中及时了解构筑物的沉降信息,根据实际情况在构筑物的周围布设沉降监测点。

在基坑开挖与支护的同时,对周边地表、建筑物加强观测,并根据反馈的观测成果,采用相应的补救措施。

4. 深沟槽支护监控量测

4.1　监测设计及监测要求

4.1.1　沟槽监测设计要求

为了指导施工,确保工程顺利进行和周围现有建筑物的安全,应加强施工监测,实行信息化施工,随时预报,及时处理,防患于未然,主要监测内容如下:

(1)每一开挖段至少确保有一组墙体变形的监测点,每两个开挖段有一组支撑轴力监测点。

(2)沿沟槽每约24m布置一组墙顶水位位移和墙顶沉降监测点,若沟槽边尺度不足24m则至少布置一组。

(3)沟槽周围地表沉降,每开挖一段宜设一测量断面,每一测量断面在垂直沟槽方向两倍挖深范围内布设4~6个测点,每个开挖段土坡的坡顶应设2个位移监测点。

(4)地下水位观测孔沿沟槽长边布设,保证每侧至少布设二孔,当环境要求高时,适当加密。

(5)地下管线的沉降和位移观测应尽量直接布置测点。

(6)所有监测数据必须有完整的记录,并定期将监测结果报告建设,监理设计等单位施工时根据监测数据,及时采取施工措施:如复加轴力、跟踪注浆等,以满足信息化施工的要求。

4.1.2　监测周期和注意事项

施工期间要全过程进行观测。各项监测工作的监测周期根据施工进程确定:从沟槽开挖至底板浇注完成后3天监测频率为1次/天;从底板浇注完成后3天至沟槽施工完毕期间,除各道支撑开始拆除至拆除完成后3天监测频率为1次/天外,其于2-3次/周。当变形超过有关标准或场地条件变化较大时,应加密监测。当有危险事故征兆时,则需进行连续监测。

监测实施过程中,监测单位可根据现场情况,提出补充修正意见,经监理、设计、施工单位共同研究后酌予变更。

4.1.3 测点布设应满足设计要求和对重点部位进行加强监测。

4.1.4 在一个断面上实施多项监测时,各类测点布置应相互结合,力求能反映一个断面上不同的物理量。

4.1.5 在施工中出现异常的地方,根据实际情况,在不利的位置增设监测点。根据施工进度预先布置好各种观测点,以保证点位在观测之前有较长时间的稳定性。如果观测点在施工中受到破坏,应尽快在原来位置或原来较近位置补设测点,以保证该测点的连续性。

4.1.6 在工程不良地质地段增加监控量测点,加强土体沉降和水平位移监测。

4.1.7 在雨季施工时,监测频率特别是放坡段适当增大,雨后及时监测沟槽变形,并安排专职人员,日夜巡查。

4.2 监测仪器设备

表 11.2 监测仪器设备一览表

序号	仪器名称	规格型号（规格）	数量	产地
1	全站仪	SET2B	2	日本
2	经纬仪	J2	2	北光
3	精密水准仪	NI004	2	苏光
4	自动安平水准仪	DZS3 - 1	4	北光
5	水位计	BK123 - 1757	2	上海
6	倾斜监测系统	SINCO	1	江苏
7	土压力盒	YT - 200A	若干	江苏
8	钢筋计	YT - 100A	2	江苏
9	轴力计	YT - 500A	2	江苏
10	百分表	0 - 50mm	2	江苏

4.3 监测项目

监测项目主要根据工程的重要性及难易程度、工程地质和水文地质、沟槽深度、支护结构形式、施工方法、工程周边环境等综合而定。

4.3.1　监控量测内容

(1)沟槽内外观察。

(2)桩顶、坡顶水平、竖向位移。

(3)土体侧向变形。

(4)支撑轴力。

(5)地下水位。

(6)沟槽周边地表,建、构筑物位移。

(7)地下管线。

4.3.2　施工监测项目

表 11.3　施工监测项目表

序号	监测内容	位置和监测对象	监测仪器	精度要求	项目选择
1	沟槽内外观察	沟槽外地面、建筑物等	目测		必测项目
2	桩顶、坡顶水平、竖向位移	放坡坡顶	经纬仪水准仪钢钢尺	垂直位移中误差 ±1.0mm;水平位移中误差 ±6.0mm	必测项目
3	支撑轴力	支撑中部或端部	应力计或应变计	≤1/100F·S	必测项目
4	地下水位	沟槽内及地表建筑物周边	水位管水位计	±10mm	必测项目
5	沟槽周边地表,建构筑物位移	地表或建构筑物四角	经纬仪水准仪	垂直位移中误差 ±1.0mm;水平位移中误差 ±6.0mm	必测项目
6	地下管线	沟槽两侧需保护的管线	精密水准仪钢钢尺	垂直位移中误差 ±1.0mm;水平位移中误差 ±6.0mm	必测项目

4.4　监测方法

4.4.1　地表建(构)筑物监测

(1)沉降监测的内容

主要的监测内容是:建筑物、构筑物的均匀沉降与不均匀沉降,由沉降观测资料计算绝对沉降值和平均沉降值。重点监测 10m 高的水塔,开挖前,对水塔按设计要求进行基础加固。

(2)监测点的布设

监测点采用 L 型 φ20 螺纹钢,在被监测建筑物基础上钻孔,将 L 型螺纹钢埋入建筑物基础内,钢筋周围用混凝土填实,钢筋露出基础约 5cm,露出部分磨成半圆球形,测点间距 15m。

（3）沉降监测方法

建筑物沉降观测按二等水准测量精度等级用精密水准仪,铟钢尺进行测量。根据监测点各周期的高程变化值,通过数据处理分析,计算实际沉降值,并分析产生的原因,预报建筑物的安全状况。

（4）注意事项

1）对重点建筑物需加大量测频率,并且延长量测时间。

2）针对具体的构筑物,制定专门的表格,及时上报监理。

3）除沉降观测、倾斜观测外,还增加构筑物裂缝监测,现场勘踏裂缝的状况,记录其走向、深度及长度,观测时使用读数显微镜（可精确到 0.02mm）,对新出现的裂缝加强观测并分析裂缝形成的原因,判断裂缝的发展趋势,制定相应的措施。定期对监测范围内的所有裂缝进行巡视,对于新发现的裂缝,做好记录,及时布设观测标志进行量测。

4）对周边建筑物现状进行拍照,装订成册,报指挥部、监理和建设单位备案。

4.4.2　沟槽周围地表沉降监测

（1）沉降测点布设

在沟槽支护结构外侧沿纵向每 15m 布设一个地表沉降测点,测点距支护桩1.5m,量测范围为周围一倍沟槽开挖深度。

（2）测点布置

测点用顶端磨平的 φ20 钢筋打入地面下 60cm,低于地面 5cm,并同砼路面隔离,见图 8-5 所示。基点选择在施工影响范围之外、通视良好的地方,原则上利用导线点作为基点,实施时根据现场情况增加基准点。基点不应少于 2 个,以便进行联测,确保结果的准确性。

（3）监测方法

按变形测量规程中测站高差中误差 ≤1mm 的精度要求,采用精密水准仪、铟钢尺由高程监测网的控制水准点按国家二等水准测量的技术要求对监测点进行量测,对基准点每月监测一次。采用几何水准测量进行监测,利用监测点相对于基点的高程变化确定施工引起的沉降位移及影响范围。

（4）测量精度

地面沉降按照变形有关规定按国家二等水准测量技术要求进行。基点的高程每三个月与高等级水准点检测一次,按国家二等水准技术要求进行。

4.4.3　桩顶水平位移量测

在支护板桩顶,每隔15m布置一测点,测点采用在钢板桩断头焊接钢筋,钢筋上刻画十字线作为点位观测之用,在桩身稳定之后,即开始对桩顶点位进行位移初测,并记录初始值。

(1)监测网的建立

沟槽开挖前,在周围地层变形影响范围外,便于长期保护的稳定位置,埋设基准点建立监测网,其基准点应醒目标识,并加以保护,防止人为破坏。用全站仪在地铁线路控制网点上多测回测定基准点的边长和方位角,计算出基准点的坐标值。测量各测点的边长和方位角,确定各测点的初始值。

(2)水平位移测量的精度控制

水平位移采用全站仪按高精度控制要求进行监测,监测测角中误差为2″,测距中误差为1.0mm。

(3)注意事项

1)要尽量减少仪器的对中照准误差和调焦误差的影响。

2)测角时仪器不能受阳光照射,气泡置中不得超过一格。

3)测角要在通视良好,成像清晰的有利时刻进行。

4.4.4　钢支撑轴力

(1)采用的仪器和测点的布置

钢支撑轴力选用轴力计进行测试。本工程选3个监测断面,每断面3个测点。

(2)测试方法

1)测点埋设

在钢支撑活动端头处安装一个轴力计。在钢支撑施加预应力过程中,安装轴力计与钢板和支撑端头钢板顶牢,并保证轴力计的方向与钢支撑轴力方向平行,用频率仪读取初始数值。

2)监测频率

1~2次/d。

3)监测要点

频率仪读取频率读数后利用元件率定曲线计算其所受压力。

4.4.5　地下水位监测

(1)采用的仪器和测点的布置

采用水位计进行测试。利用周边井点降水井。

（2）测试方法

1）监测要点

将电测水位计的探头沿井管缓慢放下，当测头接触水面时，蜂鸣器就会响，此时读取读数，该读数与管口标高差即水位标高。

2）监测频率 1 次/天。

4.4.6 地下管线监测

（1）需监测的管线情况

线路内管线密集，需迁改、保护的管线众多。

（2）监测点布置

根据现场情况，对管线采取在管壁上刻画十字标志作为监测点，观测其变形情况，监测点间距 5m，具体见下图所示。

（3）监测方法

1）管线沉降监测

管线沉降观测按二等水准测量精度等级用精密水准仪，

铟钢尺进行测量。根据监测点各周期的高程变化值，通过数据处理分析，计算实际沉降值，并分析产生的原因，预报管线的安全状况。

2）管线水平位移监测

管线水平位移监测采用坐标法，在沿管线走向附近较稳固且通视良好的地方设置导线点或利用施工控制网作为管线位移监测的依据。

将全站仪架设在控制点上，将棱镜架设在监测点上，测出坐标，可用多个测回观测，取平均值作为观测坐标成果。

4.4.7 数据处理

根据所埋设的测点和量测频率要求，对每一个测点进行量测并做好记录，根据量测数据绘制曲线图，并进行回归分析，根据回归曲线判断地层的稳定性及时对地下管线进行量测，以便及时采取有效施工方法，确保地下管线的变化在允许范围值之内。

4.4.8 量测控制标准

在信息化施工中，监测后应及时对各种数据进行整理分析，判断其稳定性，并及时反馈到施工中去指导施工。计划建立Ⅲ级管理标准（见下表）。

表 11.4　Ⅲ级管理标准

管理等级	管理位移	施工状态
Ⅲ	$U_o < Un/3$	可正常施工
Ⅱ	$Un/3 \leqslant U_o \leqslant Un2/3$	应注意,并加强监测
Ⅰ	$U_o > Un2/3$	应采取加强支护等措施

表中:U_o—实测位移值;

Un—允许位移值;

Un 的取值,也就是监测控制标准。

根据有关规范规定及招标文件要求,提出控制基准(见下表)。

根据上述监测管理基准,可选择监测频率:一般在Ⅲ级管理阶段监测频率适当放大一些;在Ⅱ级管理阶段则注意加密监测次数;在Ⅰ级管理阶则密切关注,加强监测,监测频率可达到 1~2 次/天或更多。

表 11.5　监测控制标准

序号	监测项目		控制标准	依据
1	地表沉降	沟槽侧壁	30mm	招标文件及相应的规范、规程、理论计算
2	建筑物沉降		30mm	
3	建筑物倾斜		0.002H	
4	水平收敛		0.005B	
5	地下管线	允许沉降	30mm	

(1)量测数据分析与预测

在取得监测数据后,要及时进行整理,绘制位移或应力的时态变化曲线图,即时态散点图。在取得足够的数据后,根据散点图的数据分布状况,选择合适的函数,对监测结果进行回归分析,以预测该测点可能出现的最大位移值或应力值,预测结构和建筑物的安全状况。

为确保监测结果的质量,加快信息反馈速度,全部监测数据均由计算机管理,每次监测必须有监测结果,及时上报监测日报表,并按期向施工监理、设计单位提交监测月报,并附上相对应的测点位移或应力时态曲线图,对当月施工情况进行评价并提出施工建议。

（2）监控量测管理流程及技术措施

针对本工程监测项目的特点建立专业组织机构，组成监控量测小组，成员由公司监测队人员为主组成。设组长一名，由具有丰富施工经验和较高结构分析和计算能力的技术人员担任，负责监测工作的组织计划，外协工作以及监测资料的质量审核。监控量测流程见图。

为保证量测数据的真实可靠及连续性，特制定以下各项质量保证措施：

①监测组与监理工程师密切配合工作，及时向监理工程师报告情况和问题，并提供有关切实可靠的数据记录；

②制定切实可行的监测实施方案和相应的测点埋设保护措施，并将其纳入工程的施工进度控制计划中；

③量测项目人员要相对固定，保证数据资料的连续性；

④量测仪器采用专人使用、专人保养、专人检校的管理；

⑤量测设备、元器件等在使用前均应经过检校，合格后方可使用；

⑥各监测项目在监测过程中必须严格遵守相应的实施细则；

⑦量测数据均要经现场检查，室内两级复核后方可上报；

⑧量测数据的存储、计算、管理均采用计算机系统进行；

⑨各量测项目从设备的管理、使用及资料的整理均设专人负责；

⑩针对施工各关键问题开展相应的 QC 小组活动，及时分析反馈信息，指导施工。

（3）量测数据发生突变的处理对策

施工过程中如发生量测数据突变，采取如下措施：

①立即停止开挖，对沟槽采取加强支护措施；

②立即上报项目部，由项目总工组织技术人员进行分析，制定相关措施，并将情况及时上报业主和监理、设计单位；

③对突变发生地表道路和建筑物等实施 24 小时监控；

④如涉及地表安全，立即请相关部门协助，采取疏解交通等有效措施；

⑤请业主组织设计、施工、监理等部门共同制定应对措施。

4.4.9　监测质量保证措施

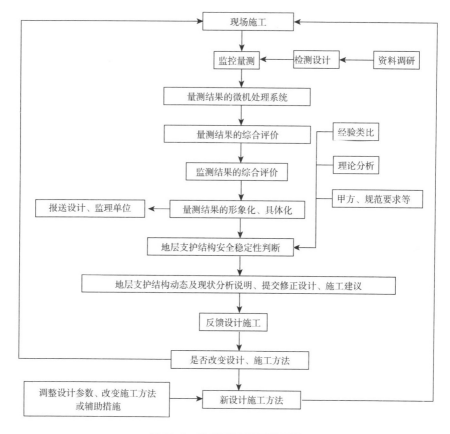

图 11.1　监测质量保证措施图

（1）施工前应做好对周围构筑物的调查及纪录工作，对地质情况和地下水等内容进行观察和记录。

（2）设置的变形观测基准点必须稳定可靠，并定期对其稳定性进行检查，加强对监测设施的保护。

（3）监测应按计划、有步骤地进行，监测施工前应编制详细的监测计划，使用的仪器及传感器在施工检测过程中应保证其精度和可靠性。

（4）组织有经验的专业监测工程技术人员进行监测施工，做好监测的记录和资料保存，并报送监理审查。当发现超过预警监测值时，及时报告监理并及时采取补救措施。

（5）施工中安排有经验的工程技术人员按期进行施工现场观察，以便及时发现问题及时进行处理，避免可能出现的事故。

（6）对大量的量测信息，使用计算机引进计算软件和绘图软件进行数据现场处理和绘图,及时利用量测信息反馈来指导工程施工。确保全过程安全施工。与邻近标段或建筑物接口处的联系测量。对于与沟槽预留的接口,施工前要对这些位置轴线、高程与有关部门进行确认,并进行与对方控制网的复核测量,以保证接口的正确连接。

4.4.10 监测安全文明措施

确保安全生产,是每一个监测人员的重要职责,也是提高社会效益和经济效益的根本途径之一。在实施检测的全过程中都必须把安全工作当作头等大事来抓,严格遵守施工地区有关安全、消防、环卫、市容等有关规定,文明施工,采取措施降低施工噪音,营造一个安静、清洁、和谐的环境;布点施工中要确保城市公共设施的安全,支立钻机井架时,丈量好支立空间,避免损坏房屋、树木。保护施工现场建筑物、地上或地下的管线设施、水利设施、道路、树木、光缆等及其他财产免遭破坏。施工中应指定专人检查保护措施的可靠性。不明管线应先探明,不许蛮干。施工中若发生管线等公共设施损坏情况,应立即采取必要的抢救措施,并及时报告相关主管部门。

第十二章　施工现场总平面布置

一、现场临时设施布置

1. 施工总体布置原则

根据设计图纸及招标文件要求,结合施工现场特点,施工总体布置在满足施工作业和生产管理的前提下,本着少占地,尽量减少污染的原则,按照文明施工及安全生产的要求,对施工现场进行合理安排和布置。

2. 现场临时设施布置

2.1　施工围挡

根据施工招标文件要求,并结合施工现场条件和特点,进场后,在施工区采用标准统一硬质围挡搭设施工围挡,将市政施工区与周围环境分离,减少周边环境与施工区的交叉干扰,防止安全事故的发生。围挡色彩标志整齐美观,围挡支撑牢固可靠,底部用铆钉铆固,在围挡外侧上设置夜间警示灯、贴反光膜。

2.2　施工出入口

考虑本工程现场实际情况,在封闭施工区设置出入口供施工车辆出入,出入口前按文明施工规定设立标志牌与工程公示牌。出入口安排 1 名协勤人员,负责现场保卫、疏导交通及出入检查工作。

2.3　临设搭建

2.3.1　临设搭建

组建"某市政道路工程项目部",项目部下设两个项目分部:道路工程项目分部、管网工程项目分部。

2.4　加工车间、机械停放区和材料储藏区布置

2.4.1　机械停放区、加工车间和材料储藏区分别设置在各项目分部内划分的专用场地;在施工沿线亦布置机械停放区、材料储藏区和加工车间;碎石、砂堆放场地采用空心砖墙或75#浆砌块石砌筑作为分隔隔墙,以节约用地。水泥、钢筋

存放场地采用 C15 素砼 15cm 进行硬化。

2.4.2 场地划分充分考虑材料、机械进出方便及防火防盗问题。

二、临时用地表

1. 一标段项目临时用地

临时用地主要是项目部办公、生活用地、加工车间、材料储藏场地、机械停放场地、民工宿舍等。

表 12.1 临时用地表

用途	面积（平方米）	位置	需用时间
一、生产及生活临时设施			
1. 项目总部	1000	交叉口南侧空地处	施工期间
2. 道路工程项目分部	800	交叉口南侧空地处	施工期间
3. 管网工程项目分部	800	交叉口西南侧空地处	施工期间
4. 民工宿舍	2000	各项目部	施工期间
5. 加工车间	400	各项目部	施工期间
6. 料库	400	各项目部	施工期间
7. 机械停放区	600	各项目部	施工期间
8. 其他用地	500	各项目部	施工期间
9. 面积合计	6500		

三、水电计划用量

1. 水电计划用量

1.1 临时用水计划

1.1.1 临时用水设施布置

根据现场勘查,本工程用水通过市政管网及沿线设置临时取水点取水,同时配备洒水车,满足施工需要。根据现场的实际情况,在项目总部、项目分部以及施工沿线布置的民工宿舍、材料堆放区布设供水井点,并通过水泵将施工用水引至施工沿线。同时在项目部、项目分部及民工宿舍附近修建蓄水池,保证水荒时生活用水的供给。

工程临时用水考虑施工用水、生活用水和消防用水三部分，施工用水工序主要有砼浇筑和养护、水泥稳定碎石养护、二灰碎石养护、管道回填施工及拌和砂浆等。因无特殊用水机械，故不考虑机械用水。

一标段现场配备 2 台洒水车，用作保证生活用水输送、工程养护、防尘及现场文明施工用水。

1.1.2 临时用水计划用量

（1）施工用水 q_1

本工程现场施工用水工序主要有砼浇筑和养护、水泥稳定碎石养护、二灰土养护、回填施工、拌和砂浆、检查井砌筑等。依据施工组织，为简化计算主要考虑用水量较大的混凝土浇筑和养护、水泥稳定碎石和二灰碎石养护施工。

混凝土采用商品砼，养生用水按每台班 $5m^3$。

本标段水泥稳定碎石及二灰碎石集中施工期为道路施工，其中水稳量为 $51014m^2$，二灰碎石量为 $26053m^2$。养护用水按 $1.47m^3/100m^2$ 计算。养护时间总共为 7 天。

水泥稳定碎石及二灰土养护用水（每台班）计算如下：

$(51014 + 26053) \times 1.47 \times 1000 \div 3 \div 100 \div 7 \div 3 = 17983$ L/台班

表 12.2 每台班用水量

施工项目	单位	台班数量	每台班用水量（L）	用水量（L）
混凝土养护	m^3	1	5000	5000
砼搅拌机运输车清洗	台班	1	600	600
水泥稳定碎石及二灰土养护	m^2	1	17983	17983
合计总用水量 N_1				23583

$$q_1 = K_1 \times N_1 \times K_2 \div (8 \times 3600)$$
$$= 1.05 \times 23583 \times 1.5 \div (8 \times 3600) = 1.29 \text{L/S}$$

K_1——未预计施工用水系数，取 1.05；

K_2——用水不均衡系数，取 1.5；

N_1——耗水量。

（2）生活用水 q_2

现场施工高峰人数以 285 人计算，每人每天用水以 35L 计算，

$$q_2 = P_1 \times N_2 \times K_3 \div (t \times 8 \times 3600)$$

$$= 285 \times 35 \times 1.3 \div (1 \times 8 \times 3600)$$

$$= 0.45 \text{L/S}$$

P_1——施工现场高峰昼夜人数（人）；

N_2——施工现场生活用水定额，取 35L；

K_3——生活区用水不均衡系数，取 1.3。

t——每天工作班数，取 1。

（3）消防用水 q_3

根据现场情况考虑，$q_3 = 10 \text{ L/S}$。

（4）供水量选择及供水管径计算

由于 $q_1 + q_2 < q_3$，故取 $Q = q_3 + (q_1 + q_2)/2 = 11.74 \text{L/S}$ 计算管径，供水管径按消防用水选择：

$$D = \sqrt{\frac{4Q}{\pi v 1000}} = 0.081 \text{m}$$

v——施工用水管道流速，取 2.0 L/s。

故选择管径 100mm 的供水管线可满足工程施工需要。

1.1.3 临时用水计划计算表

表 12.3 拌和站用水

项目	设备	数量（m³）	每立方用水量	调整系数	总用水量（m³）	备注
水泥稳定碎石	稳定土拌和站	8673	0.14	1.05	1275	拌和用水
二灰碎石	稳定土拌和站	4670	0.2	1.05	981	拌和用水
合计					2256	

表 12.4 现场施工用水

项目	主要施工内容	总用水量（m³）	备注
闭水及砌体施工用水	检查井砌筑砌筑、闭水试验、检查井砂浆拌合、管道的冲洗等	300	闭水、砌体养护等
其他施工用水	模板的湿润等	200	
合计		500	

表 12.5 现场文明施工用水

项目	m³/天	日历日	系数	总用水量(m³)	备注
文明施工	20	600	1	12000	
合计				12000	

表 12.6 现场养护用水

项目	数量	每立方用水量	调整系数	养护天数	总用水量(m³)	备注
混凝土养护	1114m³	0.08	1.05	7	656	养护用水
合计					656	

表 12.7 生活用水

项目	平均数量	m³/天	日历日	系数	总用水量(m³)	备注
人工	167	0.035	600	1	3507	生活用水
合计					3507	

表 12.8 施工总用水量计划

项目	用水量(m³)
拌和站	3932
现场施工	500
文明施工	12000
现场养护	656
生活	3507
合计	20595

1.2 临时用电设计

根据本工程施工现场条件,钢筋统一加工,施工用电集中于沟槽回填、钢筋砼施工,拟采用由附近的市政电网接入为主、柴油发电机组为辅的方式。

临时用电从附近的市政电网接入点引出到施工区的总配电箱,再从总配电箱引出到项目部、项目分部及施工沿线的分配电箱。

施工现场总分配电箱的主干线到主要用电点的次干线均应架空架设。沿施工区域分段布设临时用电线路,间隔200米设一个分配电箱。

施工现场应错开高功率施工机械同时使用时间,以保证电源满足要求。

供电线路延伸至整个施工现场,每根电杆处设一配电闸刀箱,配电箱内需设置自动空气开关、漏电开关、闸刀(三相或单相根据负荷类型确定),各配电箱必须作重复接地,必须实施一机一闸一漏电开关制,电器类型和规格按常规选择。路线设触电保安器,确保安全用电。

1.3 临时用电计划用量

1.3.1 现场用电设计

工程施工中主要动力设备及焊接设备计算及相关系数的赋值如下:

表 12.9 主要动力设备及焊接设备计算及相关系数的赋值

序号	设备名称	额定功率(kW)	数 量	额定功率小计(kW)
一	动力设备			
1	钢筋弯曲机	4	1	4
2	钢筋切断机	5.5	1	5.5
3	钢筋调直机	4	1	4
4	木工圆锯	2.2	1	2.2
5	木工平刨床	2.2	1	2.2
6	木工压刨床	3	1	3
7	插入式振捣棒	2.2	6	13.2
	动力设备总功率 P1			34.1
二	电焊设备			
1	电焊机	35	2	70
	电焊设备总功率 P_2			70

峰值用电总量:

$$P_{动} = 1.05(K_1 \times P_1 \div \cos\phi + \Sigma K_2 \times P_2)$$
$$= 1.05 \times (0.5 \times 34.1 \div 0.75 + 0.5 \times 70) = 57.73 \text{kW}$$

K_1——需要系数(动力设备),取 0.5;

K_2——需要系数(电焊机),取 0.5;

$\cos\phi$——电动机平均功率因数,取 0.75。

现场照明按现场动力用量 10% 考虑。

所以现场总用电负荷为:$P_{总} = 57.73 \times 1.1 = 63.51 \text{kW}$

1.3.2 临时用电计划计算表

表 12.10 拌和站用电

计算公式:P1 = P × (Q/R) × K			备注		
P - 拌和站功率			施工总用电量的计算根据定额相关参数,并结合现场施工实际情况。		
Q - 拌和站拌和工程量					
R - 单位生产率					
K - 调整系数;					
项目	拌和站功率 P	工程量 Q（m³）	生产率 R	调整系数 K	总用电量（kwh）
稳定碎石拌和站	127	13362	165	1.05	27168
沥青拌和站	875	3492	196		

表 12.11 钢筋加工机械用电

计算公式:P2 = Q × q		备注
Q - 总消耗量		施工总用电量的计算根据定额相关参数,并结合现场施工实际情况。
q - 单位消耗系数; 55 度/吨		
项目	总消耗量 Q	单位消耗系数 q	总用电量(kwh)
钢筋工程	184	55	10120

表 12.12 办公及其他用电

计算公式:P4 = T × q		备注
T - 总工期,单位:天;		施工总用电量的计算根据定额相关参数,并结合现场施工实际情况。
q - 单位消耗系数; 100 度/天		
项目	工期(天)T	单位消耗系数 q	总用电量(kwh)
施工现场办公、生活	600	100	60000

表 12.13　施工总用电量计划

用电位置		计划用量（kwh）	小计	备注
拌和站用电		27168	27168	
现场施工用电	钢筋工程用电	10120	85192	
	办公、生活用电	60000		
	零星及其他	15072		现场调整系数0.2
合计			112360	

2. 二段水电计划用量

2.1　二段临时用水计划

2.1.1　临时用水设施布置

根据现场勘查,本工程用水通过市政管网及沿线设置临时取水点取水,同时配备洒水车,满足施工需要。根据现场的实际情况,在项目总部、项目分部以及施工沿线布置的民工宿舍、材料堆放区布设供水井点,并通过水泵将施工用水引至施工沿线。同时在项目部、项目分部及民工宿舍附近修建蓄水池,保证水荒时生活用水的供给。

工程临时用水考虑施工用水、生活水和消防用水三部分,施工用水工序主要有砼浇筑和养护、水泥稳定碎石养护、二灰碎石养护、管道回填施工及拌和砂浆等。因无特殊用水机械,故不考虑机械用水。

现场配备2台洒水车,用作保证生活用水输送、工程养护、防尘及现场文明施工用水。

2.1.2　临时用水计划用量

（1）施工用水 q_1

本工程现场施工用水工序主要有砼浇筑和养护、水泥稳定碎石养护、二灰土养护、回填施工、拌和砂浆、检查井砌筑等。依据施工组织,为简化计算主要考虑用水量较大的混凝土浇筑和养护、水泥稳定碎石和二灰碎石养护施工。

混凝土采用商品砼,养生用水按每台班 10m³。

本工程现场施工用水工序主要有砼浇筑和养护、回填施工、拌和砂浆等。依据施工组织,为简化计算主要考虑用水量较大的混凝土浇筑和养护。

混凝土采用商品砼,养生用水按每台班 10m³,预计用水量10000m³。

某市政道路工程水泥稳定碎石及二灰碎石集中施工期为道路施工,其中水稳量为50162m²,二灰碎石量为27127m²。养护用水按 1.47m³/100m² 计算。养护时间总共为 7 天。

水泥稳定碎石及二灰土养护用水（每台班）计算如下：

$(50162 + 27127) \times 1.47 \times 1000 \div 3 \div 100 \div 7 \div 3 = 18034L/台班$

表 12.14　每台班用水量

施工项目	单位	台班数量	每台班用水量（L）	用水量（L）
混凝土养护	m³	1	10000	10000
砼搅拌机运输车清洗	台班	1	600	600
水泥稳定碎石及二灰土养护	m²	1	18034	18034
合计总用水量 N_1				28634

$q_1 = K_1 \times N_1 \times K_2 \div (8 \times 3600)$

$= 1.05 \times 28634 \times 1.5 \div (8 \times 3600) = 1.57L/S$

K_1——未预计施工用水系数，取 1.05；

K_2——用水不均衡系数，取 1.5；

N_1——耗水量。

（2）生活用水 q_2

现场施工高峰人数以 295 人计算，每人每天用水以 35L 计算，

$q_2 = P_1 \times N_2 \times K_3 \div (t \times 8 \times 3600)$

$= 295 \times 35 \times 1.3 \div (1 \times 8 \times 3600)$

$= 0.47L/S$

P_1——施工现场高峰昼夜人数（人）；

N_2——施工现场生活用水定额，取 35L；

K_3——生活区用水不均衡系数，取 1.3。

t——每天工作班数，取 1。

（3）消防用水 q_3

根据现场情况考虑，$q_3 = 10$ L/S。

（4）供水量选择及供水管径计算

由于 $q_1 + q_2 < q_3$，故取 $Q = q_3 + (q_1 + q_2)/2 = 12.04L/S$ 计算管径，供水管径按消防用水选择：

$$D = \sqrt{\frac{4Q}{\pi v 1000}} = 0.087m$$

v——施工用水管道流速，取 2.0L/s。

故选择管径100mm的供水管线可满足工程施工需要。

2.1.3　临时用水计划计算表

表12.15　拌和站用水

项目	设备	数量（m³）	每立方用水量	调整系数	总用水量（m³）	备注
水泥稳定碎石	稳定土拌和站	8503	0.14	1.05	1250	拌和用水
二灰碎石	稳定土拌和站	4825	0.2	1.05	1014	拌和用水
混凝土	混凝土拌合站	8200	0.16	1.05	1378	
合计					3642	

表13.16　现场施工用水

项目	主要施工内容	总用水量（m³）	备注
闭水及砌体施工用水	检查井砌筑砌筑、闭水试验、检查井砂浆拌合、管道的冲洗等	300	闭水、砌体养护等
其他施工用水	模板的湿润等	200	
合计		500	

表13.17　现场文明施工用水

项目	m³/天	日历日	系数	总用水量（m³）	备注
文明施工	25	600	1	15000	
合计				15000	

表13.18　现场养护用水

项目	数量	每立方用水量	调整系数	养护天数	总用水量（m³）	备注
混凝土养护	8200m³	0.08	1.05	7	4821	养护用水
合计					4821	

表 13.19 生活用水

项目	平均数量	m³/天	日历日	系数	总用水量(m³)	备注
人工	237	0.035	600	1	4977	生活用水
合计					4977	

表 13.20 施工总用水量计划

项目	用水量(m³)
拌和站	3642
现场施工	500
文明施工	15000
现场养护	4821
生活	4977
合计	28940

2.2 临时用电设计

根据施工现场条件,钢筋统一加工,施工用电集中于沟槽回填、钢筋砼施工,拟采用由附近的市政电网接入为主、柴油发电机组为辅的方式。

临时用电从附近的市政电网接入点引出到施工区的总配电箱,再从总配电箱引出到项目部、项目分部及施工沿线的分配电箱。

施工现场总分配电箱的主干线到主要用电点的次干线均应架空架设。沿施工区域分段布设临时用电线路,间隔200米设一个分配电箱。

施工现场应错开高功率施工机械同时使用时间,以保证电源满足要求。

供电线路延伸至整个施工现场,每根电杆处设一配电闸刀箱,配电箱内需设置自动空气开关、漏电开关、闸刀(三相或单相根据负荷类型确定),各配电箱必须作重复接地,必须实施一机一闸一漏电开关制,电器类型和规格按常规选择。路线设触电保安器,确保安全用电。

2.3 临时用电计划用量

2.3.1 现场用电设计

工程施工中主要动力设备及焊接设备计算及相关系数的赋值如下:

表 13.21　主要动力设备及焊接设备计算及相关系数的赋值

序号	设备名称	额定功率(kW)	数量	额定功率小计(kW)
一	动力设备			
1	钢筋弯曲机	4	2	8
2	钢筋切断机	5.5	2	11
3	钢筋调直机	4	2	8
4	木工圆锯	2.2	2	4.4
5	木工平刨床	2.2	2	4.4
6	木工压刨床	3	2	6
7	平板式振动器	2.2	4	8.8
8	插入式振捣棒	2.2	10	22
	动力设备总功率 P_1			72.6
二	电焊设备			
1	电焊机	40	2	80
2	电焊机	35	2	70
	电焊设备总功率 P_2			150

峰值用电总量：

$P_{动} = 1.05(K_1 \times P_1 \div \cos\phi + \Sigma K_2 \times P_2)$

$\quad = 1.05 \times (0.5 \times 72.6 \div 0.75 + 0.5 \times 150) = 129.57\text{kW}$

K_1——需要系数(动力设备)，取 0.5；

K_2——需要系数(电焊机)，取 0.5；

$\cos\phi$——电动机平均功率因数，取 0.75。

现场照明按现场动力用量 10% 考虑。

所以现场总用电负荷为：$P_{总} = 129.57 \times 1.1 = 142.53\text{kW}$

2.3.2　临时用电计划计算表

表 13.22 拌和站用电

计算公式:P1 = P × (Q/R) × K			备注		
P - 拌和站功率			施工总用电量的计算根据定额相关参数,并结合现场施工实际情况。		
Q - 拌和站拌和工程量					
R - 单位生产率					
K - 调整系数;					
项目	拌和站功率 P	工程量 Q（m³）	生产率 R	调整系数 K	总用电量（kwh）
稳定碎石拌和站	127	13328	165	1.05	27365
沥青拌和站	875	3540	196		

表 13.23 钢筋加工机械用电

计算公式:P2 = Q × q		备注
Q - 总消耗量		施工总用电量的计算根据定额相关参数,并结合现场施工实际情况。
q - 单位消耗系数;55 度/吨		
项目	总消耗量 Q	单位消耗系数 q	总用电量(kwh)
钢筋工程	1186	55	65230

表 13.24 办公及其他用电

计算公式:P4 = T × q		备注
T - 总工期,单位:天;		施工总用电量的计算根据定额相关参数,并结合现场施工实际情况。
q - 单位消耗系数;120 度/天		
项目	工期(天)T	单位消耗系数 q	总用电量(kwh)
施工现场办公、生活	600	120	72000

表 13.25 施工总用电量计划

用电位置		计划用量(kwh)	小计	备注
拌和站用电		27365	27365	
现场施工用电	钢筋工程用电	65230	159230	
	办公、生活用电	72000		
	零星及其他	22000		现场调整系数 0.2
合 计		186595	186595	

第十三章 成品保护和工程保修工作的管理措施和承诺

某市政道路工程周边现状管线及相交道路较多,施工易对其造成破坏。另外本工程工期长、项目多,对已完工程、结构物易造成破坏。因此施工过程中做好成品保护工作尤为重要。

一、成品保护工作的管理措施

1. 施工现场情况

1.1 施工现场情况

1.1.1 某市政道路工程基本位于现状道路上,由于二期工程正在施工,现状路过往大型施工车辆较多且破损严重,道路两侧主要在建工地及民房等。

1.1.2 南段周边民房、商铺较多且工程位置处已基本拆除,周边有现状雨污水管线。

2. 测量工程成品保护措施

2.1 土石方工程测量成品保护措施

2.1.1 所有测量成果、资料有专人保存、管理,不得涂改、遗弃或丢失。

2.1.2 测量控制点选在不易被破坏的位置且做明显标识,并做好有效保护措施。

2.1.3 已测设完的高程、中线标识清晰,有专人负责,不得改动或破坏。一旦被改动或破坏,立即停止使用,由测量人员重新测量。

2.1.4 基准点附近设醒目的警示标注防止遭施工机械损坏,测量标志一旦遭受碰损,应立即复位并复测。

2.1.5 对施工人员进行基准点保护宣传教育,增强施工人的保护意识。

2.2 道路管线工程测量保护措施

2.2.1　各种控制桩一律用水泥加固和砌砖维护;在桩位旁钉设标识牌、标注点号;特殊桩位钉设三角架或搭设围护栏进行保护。

2.2.2　做好桩位保护的宣传教育工作,使施工人员和当地群众高度重视,做到不碰撞桩位、不在桩位上堆压物品、不遮挡桩位之间视线。

2.2.3　施工中测放好的临时点位及时交付施工人员保管使用,需要进行复测或报验时应有专人在现场负责保管。

2.2.4　测量资料及时整理,原始测量数据保留原件,需要使用时采用复印件。

3. 钢筋成品保护措施

3.1　焊接作业时,严禁在主筋上打火引弧,以防烧伤主筋。

3.2　绑扎好的钢筋不得随意变更位置或进行切割,当其与预埋件或预应力孔道等发生冲突时,按设计要求处理,设计未规定时,应适当调整钢筋位置,不得已切断时予以恢复。

3.3　尽量避免踩踏钢筋,当不得不在已绑好的钢筋上作业,搭设临时架子,不准踩踏钢筋。

3.4　采取措施避免钢筋被脱模剂等污物污染。

3.5　钢筋绑扎完成后及时浇筑混凝土,避免长时间放置于空气中生锈。

4. 模板成品保护措施

4.1　模板安装前应在模板表面涂刷脱模剂,减少拆模过程中对模板和混凝土的损坏。

4.2　模板拆除应在混凝土强度达到设计要求后进行。

4.3　防止在拆除支撑设备时损坏混凝土,造成结构缺棱掉角现象。

4.4　拆下的钢模板,如发现不平或肋边损坏变形,应及时修理。

4.5　定型模板在使用过程中应加强管理,分规格堆放,及时修理,保证编号的清晰。

4.6　安装模板时轻拿轻放,严禁碰撞已安装好的模板和其他硬物;调整模板时,要注意保护模板下口海绵条。

5. 混凝土成品保护措施

5.1　加强混凝土养护工作,保证混凝土养护时间,拆除模板后,要立即采用"覆盖法"进行养护,并保证混凝土表面在养护期间始终保持湿润状态。

5.2　在已浇的混凝土未达到 1.2Mpa 以前,不得在其上踩踏或进行施工操作。在拆除侧模、端模时混凝土强度不得低于 2.5mpa;在拆除底模时混凝土强度未达到设计和规范规定强度前,不得拆除支架和底模。

5.3 严格控制拆模时间,拆模时按程序进行,禁止用大锤敲击或撬棍硬撬,以免损伤砼表面和棱角。模板拆除后,采用加工 50×50mm 等角形木板将棱角包裹,避免混凝土棱角碰坏,在拆除模板是不得强力拆除,以免损坏结构棱角或清水混凝土面。

5.4 不在清水混凝土面上乱涂乱画,以免影响美观。

5.5 混凝土浇筑完成后,进行薄膜覆盖并洒水养护。

5.6 冬期施工防止砼受冻,当砼达到规范规定拆模强度后方准拆模,否则影响砼质量。

二、工程保修工作的管理措施

为更好地执行"安全第一、预防为主、综合治理"、"质量第一、顾客至上"的宗旨,更好地为用户服务;同时还为了收集各种安全、质量情报,分析原因,以制订措施,总结教训,避免出现类似情况,应建立工程保修管理制度。

1. 资源配置

1.1 人力资源配置

建立回访保修小组,由本工程项目部经理担任回访保修小组组长,项目部总工任副组长,负责具体事务,保修小组配备质检员、施工员、测量员等技术人员及一定数量的民工,确保出现问题时能及时维修。

保修工作组织机构框图如下:

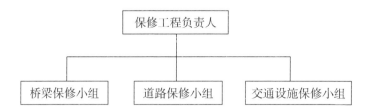

图 13.1 保修工作组织机构框图

保修小组成员岗位职责:

1.1.1 保修工程负责人

(1)全面负责本工程的保修工作的组织和落实。

(2)负责工程保修工作的人力、物力、机械和材料的调配。

(3)负责向发包人及时反馈保修工作的质量、进度等,负责向周边社会人员和单位的保修工作宣传。

1.1.2　电气保修小组

全面负责本工程电气设备维修、调试以及附属工程破损维修、补全工作。

1.1.3　道路保修小组

全面负责道路沥青面层、基层、立沿石及花砖的破损维修、补全工作。

1.1.4　管线保修小组

全面负责本工程管线及检查井的破损、漏水维修工作。

1.2　物资机械配置

1.2.1　物资配置

针对工程的后期保修工作配备安全帽、安全带、安全绳、防毒面具、多功能测试仪、鼓风机、绝缘鞋、太阳能导向指示灯等应急设备。

1.2.2　机械配置

配备工程保修抢险车,在工程出现质量问题时能快速做出反应,第一时间到达现场。

2. 定期回访制度

专门建立了定期回访制度。根据各工程特点及预期使用情况,确定回访周期。

回访主要了解业主及群众对工程质量的满意程度,工程使用情况及现状,及时将回访情况进行整理,分析原因,制定对策,以防类似情况在后继工程中发生。对已发生质量问题或将要发生质量问题的部位进行维修,确保其能正常使用。

根据回访情况及业主意见,填写工程质量回访情况记录表和服务报告,对回访情况做一次全面总结并整理存档,作为以后施工及回访参考。

3. 服务热线

专门成立了保修服务热线,业主随时拨打电话对公司提出工程保修意见。同时公司作为政府抢修服务热线的合作伙伴,可及时处理群众提出的工程质量反馈及投诉。

三、成品保护和工程保修工作的承诺

1. 关于成品保护的承诺

1.1　在工程竣工验收前,对已完工程的保护决定了该工程的质量以及能否按期移交工程,同时可避免对业主及我工程造成不必要的经济损失。

1.2　承诺目标:确保施工期间对已完工程进行全方位的保护,人为损坏率为零,不可抗拒的外力损坏率控制在百分之一以内。

1.3 具体措施:

1.3.1 尽最大能力提供针对已完工程保护的人力物力。

1.3.2 落实责任到人,制定严格的奖罚措施,提高员工保护成品的积极性和危机感。

1.3.3 做好施工现场治安保卫工作,避免外部人员对已完工程进行破坏。

1.3.4 及时听取天气预报,注意天气变化,尽量减少因环境因素造成的工程损坏。

1.3.5 由于我方保护不到位,造成的各类成品损坏、损失包括业主的损失,公司一并承担。在成品遭到破坏时,及时进行修补,确保本工程工期不受影响。

2. 关于工程保修的承诺

承诺充分发挥本地企业的优势,立足"顾客满意、服务社会"的宗旨,为建设单位和广大工程使用者(广大市民)提供优质的服务。

服务目标:本工程保修期为一年。在保修期间自觉定期对工程常规维护,随时满足业主和使用者(广大市民)提出的服务要求。

2.1 承诺服务标准

2.1.1 工程建设

在工程质量方面,公司严格按照规范及国家标准施工,确保该工程为合格工程;在合同履行方面,将严格执行国家统一发布的《建筑工程施工合同文本》和地方法规。凡因公司原因违约,按其条款承担违约责任;同时施工工期严格履行合同中有关施工工期的条文规定,延误工期,须承担违约责任。

2.1.2 建筑产品的保修

(1)施工工程在保修期内,符合保修范围的,须按照建设部《建筑工程质量管理办法》及地方法规实施保修。

(2)通过工程回访和接到有关信息之后,立即到达现场与建设单位共同商定保修项目及修复时间、质量,并如期实施保修。

(3)未按商定的保修项目、质量及时实施保修,须承担违约责任。

2.1.3 施工现场管理

(1)在建工程均应按规定及周围环境条件设置围挡。

(2)保持施工现场文明,工地围挡以外无污水排出、无建筑垃圾。

(3)采取有效措施控制施工过程中的粉尘及有害有毒废弃物,使之达到规定标准,实行全封闭式施工,保证周围居民及过往行人的安全。

（4）控制夜间施工噪音，减少对周围市民正常生活休息的干扰。

2.2 服务程序和时限

2.2.1 凡是对承建的建筑产品在施工现场管理及保修等方面有何意见和建议，可与工程部联系。

2.2.2 对社会提出的意见要求三日内给予答复，10日内处理完毕，对处置困难的问题可与当事人商定时限。

2.3 投诉与监察

如果对承诺服务工作不满意，可先拨打投诉电话投诉将在三天之内得到答复。如果没有及时答复，每延一天，扣罚责任人500元人民币，作为投诉补偿，如果无法在承诺时间内处理完毕，须做出解释。

2.4 违诺责任

如果员工在服务工作中造成的不便或麻烦，须赔礼道歉。如违背承诺而造成直接损失根据法律规定及有关规定负责赔偿。

第十四章　紧急情况的处理措施、预案以及抵抗风险措施

一、应急救援组织体系

1. 建立应急救援组织体制

1.1　应急预案组织体系

项目部成立应急救援小组,以项目经为组长、项目副经理、项目总工为副组长,成员由施工员、安全员、技术员、质检员、测量员组成。编制危险源辨识,组织小组成员学习应急救援知识。

功能部门:项目部消防保卫、通信设备、财务资产等职能部门。

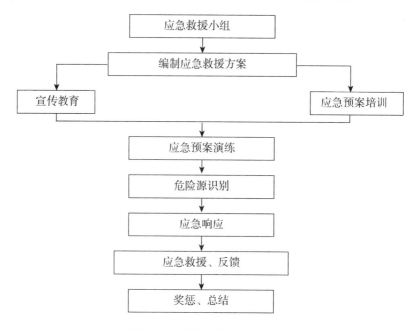

图 14.1　应急预案组织体系图

1.2　现场应急指挥：

1.2.1　突发一般安全生产事故后,事故单位可独立完成应急处置工作的,现场指挥者由事故单位的负责人担任。

1.2.2　突发较大安全生产事故后,需调派应急专业组完成应急处置工作的,现场指挥者由应急专业组组长担任。

2.　应急救援方针与原则

项目部安全生产事故应急救援应遵循"救人为主,降低损失,防止和控制事故蔓延为主,统一指挥、分级负责,内部自救和社会救援相结合"的原则。

2.1　救援过程中保证人员生命安全是最重要的,当保护人员的生命安全和保护财产不受损失发生冲突时,应优先保护人员的安全。

2.2　防止和控制事故蔓延为主是指在事故救援初期,首先要想尽一切办法控制事故的蔓延,避免引发其他事故。在保证人员安全的前提下,控制灾害的影响范围,抢救物品,将财产损失降到最低。

2.3　重大安全生产事故具有发生突然、扩散迅速、危害广泛的特点,因此救援行动必须迅速、准确,须把项目部各方面的力量组织起来,实行统一指挥下的分级负责制,以事故发生的区域为主,各部门根据本预案规定,在各自职责范围内做好安全生产事故应急响应和救援处置工作;并根据事故的发展情况,采取内部自救与社会救援相结合的方式,尽量减少项目部的损失。

2.4　大力加强全项目部对安全生产事故的防范意识,落实各项防范措施,做好人员、技术、物资和设备的应急准备工作,对各类可能引发安全生产事故的情况,及时进行分析、预警,做到早发现、早报告、早处置。

2.5　安全生产事故应急管理工作要充分尊重和依靠科学。各应急功能部门,要为安全生产事故的应急处置提供相应的技术和物资保障。各有关单位要通力合作,广泛组织动员一切力量参与安全生产事故的应急救援工作。

3.　运作机制

在项目经理统一领导下,由事故现场指挥者集中指挥各应急专业组和有关单位,根据本预案对突发安全生产事故分级作出应急响应和救援处置。

4.　法律基础

4.1　国家法律法规及指导性文件：

《中华人民共和国安全生产法》、《中华人民共和国消防法》、《国务院关于进一步加强安全生产工作的决定》、《国务院关于全面加强应急管理工作的意见》。

4.2 上级部门有关安全生产事故应急管理的文件规定。

5. 应急保障

项目部应急保障资源包括人力资源、基本应急设备设施、专用应急设备。各部门根据本预案的要求,定期检查落实本部门应急人员、设备、设施、物资等应急保障资源的准备情况,保持所有应急保障资源的可用状态。各类应急人员要定期进行应急培训,掌握必要的应急知识,以具备紧急情况下应对事故的能力。应急设备、设施、物资不得被占用、挪用、破坏。

5.1 应急设施:项目部突发重大安全生产事故后,应急救援指挥中心设在会议室,配备相关的通信设施。

5.2 消防设施:项目部生生活区配有干粉灭火器 16 具。

5.3 医疗救护资源:项目部应急救治设备有急救箱、急救药品等。

5.4 应急运输工具:项目部可用于应急救援的机动车辆。

5.5 应急物资:铁锹、长梯、急救箱(常备跌打损伤药品、包扎纱布),应急物资放置在项目部办公室,由安全员负责日常管理。

二、紧急情况的处理措施及应急预案

根据以往施工经验,项目部在开工前组织开会讨论本工程可能遇到的各类紧急情况,大致分为火灾、触电伤亡、沟槽基坑塌方事故、机械伤害事故、脚手架、模板坍塌事故、高处坠落、物体打击事故、发生传染性疾病事故、检查井清淤、疏通安全事故等,根据不同事故提出相应的应急措施,并定期组织应急措施演练。

1. 火灾事故应急预案

1.1 火灾应急预案

1.1.1 初起火灾,现场人员应就近取材,进行现场自救、扑救;控制火势蔓延。应切断电源,防止触电。

1.1.2 扑救火灾时,应区别不同情况、场所,使用不同的灭火器材。

扑灭电器火灾时,应使用干粉灭火器、二氧化碳灭火器,严禁用水或泡沫灭火器,防止触电。扑灭油类火灾时,应使用干粉灭火器、二氧化碳灭火器或泡沫灭火器。

1.1.3 遇有火势较大或人员受伤时,现场人员在组织自救的同时,应及时拨打火警电话"119"、急救中心电话"120"或公安指挥中心电话"110"求得外部支援;求援时必须讲明地点、火势大小、起火物资、联系电话等详细情况,并派人到路上接警。

1.1.4　施工现场易发生火灾处配备足够的消防器材,并设置醒目的禁止烟火标识。

1.1.5　火灾的自救与逃生:火灾最初五分钟是最佳逃生时机,应躲避浓烟,能向下跑的决不能向上跑;其次是躲避大火,然后撤离到安全地带。

1.1.6　将受伤人员及时转送医院进行紧急救护。

1.1.7　将信息迅速传递给相关部门。传递的内容包括:事故发生的时间、地点、简要经过、伤亡人数和已采取的应急措施等。

1.1.8　应急队伍到达现场后,应服从现场指挥人员的统一指挥,按分工要求进行疏散人员,抢救物质,尽可能减少生命财产损失,防止事故蔓延;可能对区域内外人群安全构成威胁时,必须对与事故应急救援无关的人员进行紧急疏散。

1.2　成立火灾应急小组

1.2.1　组织框图

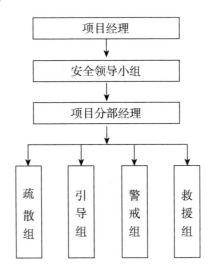

图14.2　火灾应急小组组织框图

1.2.2　应急处理

当发生火灾时,发现者应立即向项目经理报警,项目经理接警后要立即赶赴现场处理,并及时向公司应急指挥部领导报告,根据火情决定是否启动应急预案。

(1)如局部发生火险,火势很小,极易扑灭,发现人员在及时报警的同时,利用现场消防器具进行扑救,注意要正确地使用灭火器,项目经理到场后可视情节调集其他部位的灭火器进行扑救。

(2)如火势较大,有可能蔓延时,应拨打119火警报案,同时向应急指挥部领导报告,并立即启动应急预案。有关人员接到通知后,各小组成员应迅速到位,按各自职责展开工作。

①报警及扑救组应立即调集所属成员和灭火器具扑救和控制火灾,并随时向指挥部报告火场情况。

②疏散组要迅速打开起火部位疏散通道门,组织火场人员按疏散路线撤离至安全地带。

③引导组要派出人员车辆到指定地点路口迎接消防车并引导至火灾现场。

(3)在公安消防队到场后,扑救组撤出火场,转为警戒组,协助公安部门做好外围警戒工作。

(4)医疗救护组根据现场情况做好伤员救治工作,较重的伤员立即送往就近的医院救治。

1.2.3 火灾扑灭后,起火单位应保护好现场,接受事故调查,并如实提供火灾事故的情况。

3. 触电应急预案

2.1 项目部成立应急救援小组,副组长由各分部经理担任,成员由各施工面施工员、安全员、电工担任。

2.2 总部及各分部配备下列物资

电工绝缘钳、绝缘手套、绝缘鞋、干燥木柄铁锹、木棍、竹竿、斧子、应急灯、药箱。总部和各分部设立专门仓库放置应急物资,安排专人进行日常维护保养。

2.3 应急响应

2.3.1 当发生人身触电事故时,现场最先发现人应立即使触电者脱离电源,关键是"快"。对于低压触电事故,可采用下列方法使触电者脱离电源。

(1)如果触电地点附近有电源开关或插销,可立即拉开电源或拔下电源插头,以切断电源。

(2)可用有绝缘手柄的电工钳、干燥木柄的斧子、干燥木把的铁锹等切断电源线。也可采用干燥木板等绝缘物插入触电者身下,以隔离电源。

(3)当电线搭在触电者身上或被压在身下时,也可用干燥的衣服、手套、绳索、木板、木棒等绝缘物为工具,拉开提高或挑开电线,使触电者脱离电源。切不可直接去拉触电者。

2.3.2 小组成员到达现场,在确定切断电源的情况下,根据触电的轻重程度,采取不同的急救措施进行抢救。同时拨打"120"急救中心。

(1)如果触电者伤势不重,神志还清醒,但有些心慌,四肢麻木,全身无力或者触电者曾一度昏迷,但已清醒过来,应使触电者安静休息,不要走动,严密观察并送医院。

(2)如果触电者受的伤势较严重,已失去知觉,但心脏跳动和呼吸还存在,应将触电者抬至空气畅通处,解开衣服,让触电者平直仰卧,并用软衣服垫在身下,使其头部比肩稍低,做到不妨碍呼吸,如天气寒冷要注意保温,并迅速送往医院。如果发现触电者呼吸困难,发生痉挛,应立即准备对心脏停止跳动或者呼吸停止后的抢救。

(3)如果触电者的伤势很严重,心脏和呼吸都已停止跳动,应立即进行口对口人工呼吸法及胸外心脏挤压法进行抢救,并送往医院。在送往医院的途中,不应停止抢救,许多触电者就是在送往医院途中死亡的。

(4)人触电后会出现神经麻痹、呼吸中断、心脏停止跳动、呈现昏迷不醒状态,通常都是假死,万万不可当作"死人"草率从事。

(5)对于假死的触电者,要迅速持久的进行抢救,有不少的触电者,是经过四个小时甚至更长时间的抢救而抢救过来的。有经过六个小时的口对口人工呼吸及胸外挤压法抢救而活过来的实例。只有经过医生诊断确定死亡,才能停止抢救。

2.4　事故发生后处理意见:

查明事故原因及责任人,向总公司写出报告,包括发生事故时间、地点、受伤(死亡)人员姓名、性别、年龄、工种、伤害程度、受伤部位。并制定出有效的预防措施,防止此类事故再次发生。

3.　突发传染性疾病应急预案

3.1　组织机构及职责:

项目部成立应急救援小组,负责对项目部突发传染性疾病的应急处理。

项目经理任组长,各分部经理担任副组长,成员由施工员、安全员、技术员、质检员、测量员组成。

3.2　应急准备:

3.2.1　通过培训、黑板报等形式来普及传染性疾病防治知识,引起职工的重视,使其养成良好的卫生、生活习惯。提高广大职工的自我保护意识。

3.2.2　完善传染性疾病疫情信息报告网络,做到早发现,早报告、早隔离、早治疗。

3.3　应急响应:

3.3.1　当传染性疾病发生时,首先发现的人员应立即采取措施对传染源进行隔离,同时上报应急组长。

3.3.2　应急组长应立即上报应急指挥部,在应急指挥部的统一指挥下,尽快确定传染源的传播范围,对有关人员就地实施隔离,确保可能感染人员处于严密监控中。

4. 食物中毒事故应急预案

当发生了中毒事故时,第一发现人应及时大喊高呼并以最快速度与事故应急小组联系。接到消息后,应急小组立即赶到出事地点,确认其是否为食物中毒和中毒程度并查出中毒来源或是否患传染病和其来源,安全员拨打"120",紧急事故报警电话,安排人员在路口接应。项目经理负责指挥,并在事故过后出具事故经过报告,上报施工管理部。项目经理立即组织人员赶到事故发生地点,立即采取抢救措施,如:令其将胃里的东西呕吐出来,当发现其中毒较深昏迷时,立即将抬到大门口,等救护车的到来,或直接送往就近医院,传染病患者直接送往医院。专业工长负责配合急救人员的后勤工作,项目经理负责指挥及联络工作。

应急小组副组长到达事件现场后,立即责令项目部即刻停止生产,组织事件调查,并将事件的初步调查通报应急小组组长。

应急小组组长接到事件通报后,上报当地主管部门,等候调查处理。

5. 机械人员伤亡事故应急预案

5.1　防止机械伤害事故事件发生,项目部成立义务小组,由项目经理担任组长,生产负责人及安全员,施工员为组员,主要负责紧急事故发生时有条不紊地进行抢救或处理,后勤人员,协助上任工程师做相关辅助工作。

5.2　发生机械伤害事故后,由项目经理负责现场总指挥,发现事故发生人员首先高声呼喊,通知现场安全员,由安全员拨打事故抢救电话"120",向上级有关部门或医院打电话抢救,同时通知生产负责人组织紧急应变小组进行可行的应急抢救,如现场包扎、止血等措施。防止受伤人员流血过多造成死亡事故发生。预先成立的应急小组人员按分工,各负其责,重伤人员由施工员协助送外抢救,门卫在大门口迎接来救护的车辆,有程序的处理事故,最大限度地减少人员和财产损失。

6. 工程施工(沟槽)塌方事故应急预案

本工程中开挖的沟槽一旦塌方将会造成严重的后果,为了减少事故造成的损失,特制定以下应急措施:

6.1　当发生(沟槽)塌方事故时现场人员应及时查明塌方原因;做好事故预防,防止对人员造成伤害。

6.2 遇有人员遭受伤害时在对人员进行现场抢救的同时,应采取有效措施防止二次塌方伤人,造成事故进一步扩大。与此同时应将有关信息迅速传递给有关部门。传递的内容包括:事故发生的时间、地点、简要经过、伤亡人数和已采取的应急措施等。

6.3 如果项目部抢救力量不足时,应立即向有关单位通报请求支援,必要时应请求社会力量援助。

6.4 当应急队伍或社会援助队伍进入现场区域时,现场人员应给予引导并告知现场安全注意事项。

6.5 当发生重大伤亡事故时,施工现场人员应及时拨打急救电话"120"或公安指挥中心电话"110"求得外部求援。

7. 地下管线安全保护措施及应急处理

本工程邵而庄处地下密布着不同时期敷设的地下管线,数量和种类众多,位置错综复杂,而且很多没有详细、准确的竣工资料,为了尽量避免道路改造施工中地下管线被损坏的现象发生,特编制地下管线安全保护措施,作为施工中地下管线保护的指导性文件。

7.1 进入施工现场后,立即通过各种方式对地下管线进行详细调查。

7.2 地下管线保护措施

7.2.1 施工准备阶段采取的措施。

7.2.2 参加业主组织的各专业管线单位交底会议,从多种渠道取得各种地下管线资料,并对照现场对图纸资料互相校核验证。

7.2.3 在施工组织设计中,针对各种地下管线制定切实有效、操作性强的管线保护专项方案,以及管道损坏时的应急预案。

表 14.1 地下管线种类和埋设方式一览表

埋设位置	管线种类	管径(结构断面)	走向	覆土深度
横穿管线(纵向管线)				
桩号 KX + XXX ~ 桩号 KX + XXX				

7.2.4 建立安全保证体系,项目部设专职安全员,作业队伍进行三级安全教育和安全技术交底,挑选技术水平过硬的机械操作人员,并对操作人员进行安全施工技术交底。制定安全生产责任制,明确奖惩措施,责任落实到人。

7.2.5 现场地下管线详细调查,可采用的方法主要有:

(1)挖探坑:这是长期以来市政施工企业探明地下管线的主要方法,探坑采用人工开挖,开挖时应采用铁锹薄层轻挖,不宜使用洋镐、钢钎等尖锐工具。根据现场情况确定探坑的间距,通过两处以上探坑暴露的管线情况来推断该种管线的大致走向和埋深等信息。

(2)采用管线探测仪探测:在对地下管线的勘测中,采用科学的手段和运用现代测绘技术、仪器,如公司文化东路聘请勘测单位使用地下管线探测仪探测,即可有效的探测电力、电信、燃气、供热、供水、排水和有线电视等各类地下管线的准确位置和埋设深度等数据,在旧路开挖前进行全面探测,与现有管线图纸资料对照复核,以获得地下管线的准确信息。

(3)与各专业管线单位监护人员进行交流,请他们介绍一下管线的分布情况,施工中应该注意的事项,对工程的安全、进度十分有利。

(4)根据经验,仔细观察,合理判断分支管线的埋设位置和种类。重点观察部位:大路口处四周集中穿路管线,沿线单位处支管接入情况,一般从检查井盖位置可以看出管线的大致走向;电线杆引下线、配电柜至附近电力检查井之间应小心地下敷设的电力电缆。

7.2.6 绘制管线分布图。对调查出的各种地下管线叠加绘制在同一张平面分布图上,注明每种管线的埋设方式,张贴在办公室显要位置,组织施工管理人员交底学习,随时提醒相关人员注意管线安全。

7.2.7 现场做好警示标志。对已查明的地下管线,在施工现场应做好醒目的警示标志,方法是沿管道走向插小红旗,旗杆上设置方向标和标志牌,标志牌上注明管道名称、管径、根数、埋深等信息,小红旗之间洒白色石灰连成线,提示施工人员和机械操作人员注意保护地下管线安全。对于埋设较浅,受到重压会有危险的管线,还应采用设置警戒线的方式禁止一切重型机械通过。

7.2.8 在管线周围0.5米范围内严禁使用机械施工,0.5米～1.5米范围内采用人机配合的方式进行施工。对于埋设较浅,受到重压会有危险的管线,必须设置警戒标志并用架管维护,禁止一切重型机械通过。

7.2.9 对已查明的地下管线,沿管道走向插标识牌,标识牌上注明管道种类、位置、走向、管径、埋深等信息,标识牌之间洒白石灰连成线,提示施工人员和机械操作人员注意保护地下管线安全。

7.3 施工过程中采取的措施

7.3.1 在开挖路槽作业前,项目经理、施工员、施工队伍、机械司机四方必须签订《地下管线保护责任书》明确责任;机械开挖路槽作业时,应有专人指挥,在地下管线位置安全距离外洒白色石灰线,线内禁止机械作业,避免因管道两侧土体受到挤压而损坏管道。管道位置采用人工薄层轻挖,管道暴露后应采取临时保护和加固措施,随时检查是否存在安全隐患。

7.3.2　对开槽中发现的没有标明的地下管线,或虽有竣工资料,但管线的位置、走向与实际不符时,要及时会同有关单位召开专门的会议,制定专门的保护方案。

7.3.3　机械操作人员必须服从现场管理人员的指挥,小心操作,挖掘动作不宜太大,防止盲目施工,施工机械行进路线应避开已标明的管道位置。

7.3.4　时刻保持警惕,不能依据某探坑处发现的管线位置、高程而想当然地认为全线如此,常见某些非重力流体管道如供水、电缆、燃气管道等遇到障碍物时,为了避让障碍会突然抬高,或者走向突左突右、很不规则的现象。

7.3.5　开挖作业时根据土层的变化和土壤含水量的变化来推测管线位置,根据经验:土壤突然变湿或局部翻浆应考虑可能因附近供水管道渗漏引起的;土壤突然变干应考虑附近可能有供暖管道;土层显示为原状土则比较安全,若显示为回填土或采用其他材料回填而成则应小心地下管线。

7.3.6　根据专业管线的常用包管材料来判断管道位置和种类。供热管道常用黄沙包管;燃气管道常用石粉包管,并在管顶30cm处设置警示带;供水管道常用水泥石屑包管;电力直埋管常用混凝土包管。所以路槽开挖时,当突然挖出以上材料时应小心地下管道。

7.4　发生安全事故应采取的措施

事故发生时,要及时保护事故现场,立即通知管道维修单位到现场抢修,疏散围观的群众,必要时应提请交警封闭过往交通,特别是煤气泄漏应防止产生火花引起煤气爆炸。

8. 脚手架、模板坍塌事故应急预案

8.1　组织机构:

项目部成立脚手架、模板坍塌事故应急准备小组,负责对项目部突发脚手架、模板坍塌事故的应急处理。项目经理任组长,各分部经理担任副组长,成员由施工员、安全员、技术员、质检员、测量员组成。

8.2　应急物资准备:

常备跌打损伤药品、包扎纱布。应急物资放置在项目部办公室,由安全员负责日常管理。

8.3 应急响应:

8.3.1 当发生脚手架坍塌事故时,应急小组要立即救人。救人时应先排除危险,防止抢救时事故再次发生。

8.3.2 发生人员伤亡时,各施工项目部现场人员应立即采用临时救护措施,对出现脑震荡状况者,要垫高头部,出血者应紧急捆扎伤口,将伤者送就近医院救治。发生群体事故时,还需拨打110报警。

8.4 事故发生后处理意见:

查明事故原因及责任人,向上级单位写出报告,包括发生事故时间、地点、受伤(死亡)人员姓名、性别、年龄、工种、伤害程度、受伤部位。并制定出有效的预防措施,防止此类事故再次发生。

9. 高处坠落、物体打击事故应急预案

9.1 组织机构:

项目部成立高处坠落、物体打击事故应急准备小组,负责对项目部突发高处坠落、物体打击事故的应急处理。项目经理任组长,各分部经理担任副组长,成员由施工员、安全员、技术员、质检员、测量员组成。

9.2 应急物资准备:

常备跌打损伤药品、包扎纱布。应急物资放置在项目部办公室,由安全员负责日常管理。

9.3 防坠落措施:

9.3.1 脚手架材质必须符合国家标准:钢管脚手架的杆件连接必须使用合格的玛钢扣件。

9.3.2 临边施工区域,对人或物构成危险的地方必须支搭防护棚,确保人、物的安全。高处作业使用的铁凳、木凳间需搭设脚手板的,间距不得大于2m,高处作业,严禁投扔物料。

9.3.3 高处作业人员必须经过现场培训、交底,交底时按方案要求结合施工现场作业条件和队伍情况做详细交底,并有专人指挥,施工人员按作业环境做好防滑、防坠落事故发生。发现隐患要立即整改,并定人、定措施、定完成日期,在隐患没有消除之前必须采取可靠的防护措施,如有危及人身安全的紧急险情,应立即停止作业。

9.4 应急响应:

9.4.1 一旦了发生高空坠落、物体打击事故,现场首先发现人员应立即通知应急组长,安全员拨打"120"急救电话,应急组长现场指挥组织抢救伤员,施工员保护好现场防止事态扩大。其他小组成员协助做好现场救护工作。

9.4.2 如有轻伤或休克人员,安全员组织临时抢救、包扎止血或做人工呼吸或胸外心脏按压,尽最大努力抢救伤员,将伤亡事故控制到最小程度,损失降到最小。

9.5 事故发生后处理意见:

查明事故原因及责任人,向上级单位写出报告,包括发生事故时间、地点、受伤(死亡)人员姓名、性别、年龄、工种、伤害程度、受伤部位。并制定出有效的预防措施,防止此类事故再次发生。

10. 应急措施的演练

根据以往施工经验,项目部在开工前组织开会讨论本工程可能遇到的各类紧急情况,大致分为火灾、触电伤亡、沟槽基坑塌方事故、机械伤害事故、脚手架、模板坍塌事故、高处坠落、物体打击事故、发生传染性疾病事故、检查井清淤、疏通安全事故等,根据不同事故提出相应的应急措施,并定期组织应急措施演练。

在确保安全的情况下,组织单项演练或综合演练,以检验和测试应急救援指挥中心的应急能力和应急措施的可行性,提高实际技能及熟练程度,通过演练后的评价、总结,纠正存在的问题,从而不断提高措施质量。

三、抵抗风险的措施

本工程施工中可能会遇到各类风险,如果不能提前预知风险,在风险来临时有效应对,可能会造成难以估计的损失。因此公司在工程开工前,将组织专家和项目部召开风险讨论会,预测施工中可能会遇到的风险,对各类风险进行等级评估,预测风险发生率和造成的损失程度。当风险种类确定后制定相应的处理计划,随时监测施工过程,一旦风险发生,立即做出应对措施,把损失降到最低。

本工程主要施工风险大致可分为人员组织风险、经济管理风险、施工环境风险和施工技术风险四大类。

1. 人员组织风险

1.1 项目部人员组织风险及应对措施

1.1.1 风险因素

(1)项目部人员管理混乱、分工不清。

(2)项目经理及总工管理水平低,难以组织有效的施工。

(3)安全员安全意识薄弱、无责任心。

(4)质检员技术规范不熟悉,质检工作不到位。

（5）材料员职业素质低下,进料不合格。

（6）现场施工员施工经验少,施工调度混乱。

（7）因部分技术人员突然离岗而造成的工程停工。

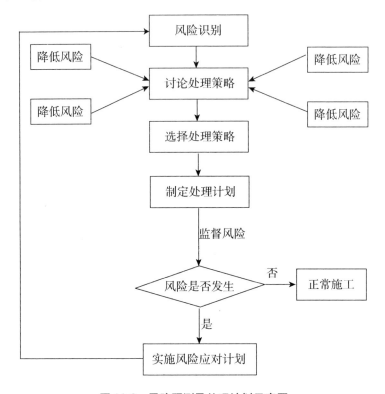

图 14.3 风险预测及处理计划示意图

1.1.2 应对措施

（1）公司针对项目部管理有一套完整的组织体系,可避免分工不清、责任不明的事情发生。

（2）如果本工程中标,公司将选派多年从事道路和隧道施工的优秀项目经理及总工组织本工程施工。同时选派技术可靠、具有多年丰富施工经验的技术精英负责本工程的具体施工任务。

（3）提高项目部人员的安全责任意识,分配责任到人,制定严格的奖罚制度,提高员工的责任心和工作积极性。

（4）项目部实行一岗多责的管理方式,在做好自己的本职工作前提下,了解其他各岗位的工作任务和工作流程,避免某一岗位突然缺人而造成工程停工。

1.2 施工队人员组织风险及应对措施

1.2.1 风险因素

(1)施工队自以为是、不听技术人员指挥。

(2)施工队人员调度困难,赶工期时人员不足。

(3)施工队老板拖欠工资造成民工罢工、怠工。

(4)民工施工技术差、安全意识薄弱,不注意施工安全隐患。

(5)节假日及农忙季节劳动力短缺风险。

1.2.2 应对措施

(1)在与施工队签订合同时,将施工现场一切听从技术人员指挥并确保赶工期时能保证充足劳力作为施工队的责任之一写在合同里,如若违约将严厉处罚。

(2)成立专门的民工工资发放监督小组,确保按时发放民工工资。

(3)在与施工队签订合同前,认真考察施工队施工技术水平以及专业技工数量,确保合格后方可签订劳务合同。

(4)节假日发放一定数量的补助,确保工程所需劳力,保证施工。做好休假安排,非农业人口安排在非农忙季节休假,农业人口安排在农忙时休假。节假日采用调整轮休或采取补助的办法进行调剂。

1.3 业主及监理人员组织风险及应对措施

1.3.1 风险因素

(1)业主或监理人员工作能力差,无类似工作经验。

(2)管理人员难以沟通,对正常施工构成影响。

(3)职业素质低,对项目部吃拿卡要。

1.3.2 应对措施

(1)积极主动的与业主、监理进行沟通,经常性的报告工作进度及工作思路,认真配合业主和监理的工作,取得他们的认可。

(2)在工作中尊重业主及监理,经常性的交流工作经验和工作思路,争取在工作态度上达到一致,取得业主、监理的理解。

2. 经济管理风险

2.1 通货膨胀风险及应对措施

2.1.1 风险因素

通货膨胀对本工程主要影响是材料费、人工费、机械费的上涨,造成工程成本大幅上涨,利润降低甚至亏损。

2.1.2 应对措施

财务部门及时分析市场经济形势,工程部和材料部配合财务部进行未来市场走势预测,如果发现物价上涨严重,考虑提前买进一部分材料机械,或是与长期供货商达成协议,在一段时间内将购货价格确定,不受市场价格波动的影响。

2.2　业主资金不到位的风险及应对措施

2.2.1　风险因素

业主因某些原因不能按时下拨工程款,甚至长期拖欠工程款。

2.2.2　应对措施

首先确定工程款拖欠原因,依照合同依法维护公司利益,如果由不可抗拒的客观原因造成,可利用公司的备用应急款,确保工程施工能顺利进行,解决业主的燃眉之急。

2.3　业主放弃本工程的风险及应对措施

2.3.1　风险因素

因为新的规划或资金困难,业主主动放弃本工程,造成公司人力物力的巨大损失。

2.3.2　应对措施

如果是规划原因造成本工程停工,公司将会按照合同协约依法维护公司利益;如果因资金困难造成本工程停工,公司在经过财务部门认真分析后,可考虑与业主协商,将本工程转为 BT 模式或 BOT 模式,利用公司的资金网络继续进行施工,完成这一惠民工程。

2.4　自身资金链出现问题的风险及应对措施

2.4.1　风险因素

因为公司决策失误或受不可抗外力影响而造成公司资金困难,难以维持工程正常施工。

2.4.2　应对措施

可在资金暂时困难的时候采用资金延付的方式获得材料机械,确保工程顺利进行。

2.5　现场治安保卫风险及应对措施

本工程地处现场复杂,公司已制定详细的施工现场治安保卫计划,确保不会发生恶性事件影响工程施工。

3. 施工环境风险

3.1　自然灾害风险及应对措施

3.1.1　风险因素

地震、强风、特大暴雨、严寒霜冻等自然灾害引起的工程停工。

3.1.2 应对措施

及时听取天气预报和政府防震减灾部门的通知,提前做好人员及物资撤离计划和路线,计划好已完工程的快速加固方案,做到灾难来临时人员伤亡为零,经济损失降到最低。

大型物资材料放置在施工区域附近,便于撤离时能迅速搬至运输车上。

3.2 外界环境干扰风险及应对措施

3.2.1 风险因素

工程施工会对周边单位及居民造成不便,且会对部分人利益造成影响,可能会受到外界阻挠干扰,造成工程无法正常进行。

3.2.2 应对措施

积极和业主沟通,配合业主做好工程宣传工作,主动协助业主做好拆迁安置工作,尽快解决外界干扰,确保工程顺利进行。

4. 施工技术风险

4.1 工程勘测失误风险及应对措施

4.1.1 风险因素

因为地勘部门的失误,对工程地质水文勘测有误或资料不明,从而造成公司对降水、土方施工等报价偏低,造成经济损失。

4.1.2 应对措施

开工交底时与勘测部门沟通好,对工程中可能遇到的意外地质情况做好相应的专项施工方案,对额外产生的费用做好签证工作。

4.2 设计失误风险及应对措施

4.2.1 风险因素

设计部门因地勘资料不全而造成设计有误,需要进行设计变更,影响工程正常进展。

4.2.2 应对措施

施工中尽量做到对工程可能发生的设计变更环节的事前预测,制定应急措施。一旦有设计变更,能及时迅速地调整工程进度编排,并相应调整人力、设备、材料和资金的投入。

5. 施工中有关质量、安全等风险

5.1 现场质量安全风险及应对措施

针对施工过程中质量问题引起的安全事故,加强质量管理意识,采取相应的应对措施及风险防范措施。

5.1.1 建立项目经理质量责任制,加强全体人员质量安全管理意识,严格按相关规范进行现场检测,树立质量监督人员权威,确保质量工作正常运转。

5.1.2 定期或不定期地召开质量安全专题会议,强化质量安全的重要性,切实从施工每道工序严格控制。

5.1.3 组织有关人员向班组操作者进行技术、质量交底,按本工程施工程序合理地组织施工,对分项工程要先做好样板,攻点带面,经检查符合要求后,再全面组织施工,推动工程质量不断提高,降低因质量问题引起的安全风险。

5.1.4 每月一次施工员、技术、质量、班组长联合大检查,随时掌握工程目前的质量情况,做好检查记录,找出问题根源,寻求解决办法。

5.1.5 对造成质量事故的直接责任者必须坚持"三不放过"的原则,按有关规定及时上报,不得隐瞒和袒护。

5.1.6 工程用料必须有出厂合格证和试验合格证,不合格材料不准使用。对使用不合格材料所造成的质量问题及事故要严肃处理。

5.2 现场施工安全风险及应对措施

施工前根据以往经验提前预知各类安全事故风险,做好应对措施。具体风险事故种类及应急预案参照本章"一、任何可能的紧急情况的应急预案"。

5.4 现场治安保卫风险及应对措施

公司已制定详细的施工现场治安保卫计划,确保不会发生恶性事件影响工程施工。

第十五章　对周边关系协调

施工期间可能受到来自多方面对施工干扰的不利情况,在承建工程过程中,应及时与相关政府部门进行接洽、沟通和联络,及时有效地贯彻政府部门的各项政策、法规。在施工过程中树立良好的形象,为工程顺利进行创造良好的外部环境,以确保工程顺利实施。

一、对周边居民及单位关系的协调措施

1. 施工前宣传

施工前,向附近居民和单位发放宣传材料,对工程施工可能造成的影响进行说明,取得有关方面的配合,做好解释工作。教育施工人员严格遵守各项规章制度,维护群众利益,尽力减少工程施工给当地群众带来的不便。

2. 管线保护与应急

2.1　施工前,对工程施工可能造成的影响,向周边居民进行宣传说明,取得有关方面的配合,做好解释工作。教育施工人员严格遵守各项规章制度,维护群众利益,尽力减少工程施工给当地群众带来的不便。

2.2　工程施工中,严格按照经审定的施工组织设计与地下管线保护技术措施的要求进行施工,各级管线保护负责人深入施工现场监护地下管线、督促操作(指挥)人员遵守操作规程,严禁违章操作、违章指挥和违章施工。

2.3　施工过程中发现管线现状与交底内容、样洞资料不符等异常情况时,立即通知建设单位和有关管线单位到场研究、商议补救措施,在未作出统一结论前,不擅自处理或继续施工。

2.4　施工过程中发生意外情况,应事先制订好应急措施,配备好抢修器材,以便在管线出现险兆时及时抢修,做到防患于未然。

2.5　一旦出现管线损坏事故,在 24 小时内报上级部门和建设单位,特殊管

线立即上报,并立即通知有关管线单位要求抢修,组织力量协助抢修。对人为损坏事故,要吸取教训并按"四不放过"的原则进行处理。

3. 防止扰民的措施

为了防止施工扰民事件的发生,我们在落实防止扰民措施的前提下,制定如下措施:

3.1 在施工前公布工程性质、施工工期、安全措施,发放宣传材料,向工程周围的居民做好解释工作。说明在施工期间将会给工作及生活带来不便,以求得大家的理解和支持。

3.2 教育施工人员严格遵守各项规章制度,维护群众利益,尽力减少工程施工给当地群众带来的不便。

3.3 按国家环保部门规定的噪声值标准进行测定,并确定噪声扰民范围。

3.4 现场设立群众来访接待处,并配备热线电话,24 小时接待来访来电,对所有问题均在 24 小时以内予以明确答复。

3.5 依靠当地政府并与办事处、派出所、居民代表、共同开展创建文明工地活动,通过沟通和融洽关系减少或防止民扰。

3.6 依法处理各种扰乱正常施工秩序的行为和责任人。对通过耐心说服并采取了合法措施仍然阻挠正常施工的人或行为,依法向有关部门申请遵照有关法律进行处理。

3.7 针对该工程特点,公司成立协调小组,设专人负责民扰及地方关系的协调工作。

3.8 及时与工程所在地政府、公安、居委会等各相关单位沟通联络,通报施工管理情况,以期获得有力的支持。

3.9 设置指示牌。在施工现场醒目位置设置文明施工公示标牌、导向牌,交通地形图。将《某某市市政工程文明施工管理规定》及某某市市政公用事业局《市政文明施工管理十项标准》全部上墙。

3.10 及时清扫和洒水,防止扬尘。当天的渣土不过夜,集中在晚 10:00 至早 5:00 之间清运出场,运输车辆全部覆盖。

3.11 项目部设置便民接待室,受理并解决因施工给周边居民带来的生活困难问题。

3.12 施工中临时的沟槽、基坑和围挡的四个角设置防护警示标志,夜间设置了警示灯,部分夜间的警示灯采用霓虹灯。所有人行道的障碍物都安排专人防护。修建临时便道、便桥,以方便周围居民出行。

3.13　教育施工人员严格遵守各项规章制度,维护群众利益,尽力减少工程施工给当地群众带来的不便。

3.14　处理好与周围单位和居民的关系,尊重当地人的风俗习惯,不损害老百姓的一草一木。

4. 防止民扰的措施

最大限度地落实防止扰民的措施,便可以从很大程度上减少民扰,为了防止民扰事件的发生,我们在落实防止扰民措施的前提下,制定如下措施:

4.1　针对该工程特点,成立协调小组,设专人负责民扰及地方关系的协调工作。

4.2　及时与工程所在地政府、公安、居委会等各相关单位沟通联络,通报施工管理情况,以期获得有力的支持。

4.3　在施工前公布工程性质、施工工期、安全措施,发放宣传材料,向施工区域周围的居民做好解释工作。

4.4　教育施工人员严格遵守各项规章制度,维护群众利益,尽力减少工程施工给当地群众带来的不便。

4.5　按国家环保部门规定的噪声值标准进行测定,并确定噪声扰民范围。

4.6　现场设立群众来访接待处,并配备热线电话,24 小时接待来访来电,对所有问题均在 24 小时以内予以明确答复。

4.7　依法处理各种扰乱正常施工秩序的行为和责任人。对通过耐心说服并采取了合法措施仍然阻挠正常施工的人或行为,依法向有关部门申请遵照有关法律进行处理。

4.8　进场后加强对施工区沿线居民及单位的调查、走访,主动与当地政府联系。

4.9　在距离居民区较近处采用易压实材料,并通过大吨位压路机静压压实,以避免对周围建筑物造成影响。

4.10　施工过程中严格执行文明施工和环境保护得各项措施,重点振动、扬尘和噪音扰民,将施工对周边居民和单位的影响降到最小。

4.11　施工现场及相关路口及时洒水降尘,减少现场污染。

4.12　对于群众中存在的一些问题只能用说服教育的方法,绝不采取对立态度和过激方法。在内部管理上,思想教育和严格管理双管齐下,堵塞漏洞,防止违反群众纪律的现象发生。一旦发生,从严从快处理,不姑息迁就。

4.13　关心当地群众利益。利用施工间隙为群众兴办公益事业,取得群众的信任。

5. 保证周边交通的措施

5.1 积极组织协调交通,尽量给市民出行带来方便;制定环境管理方案和实施措施,防止噪音污染、水污染及大气污染,具体详见环境保护措施及方案。对环境污染尤其是噪音污染进行严格的监控。并请环保部门进行检测,确定噪音污染的程度,并对强噪音设备采取封闭、限时使用,增加降噪设备等措施,最大限度地降低噪音污染。

5.2 车辆在驶出工地时,用篷布覆盖,防止因渣土撒漏而造成扬尘污染,并且车辆在运行尽量避开上下班高峰期,防止产生拥堵。

5.3 在满足施工要求的前提下,施工场地尽量压缩,并且尽量不占用道路。为此,施工平面布置保证各大路口的交通不受影响。为保证施工进度,除特殊情况外,土方车辆尽量避开城区交通高峰,宜安排夜间通行,其他施工车辆进出施工场地任何时段不受限制。

5.4 施工场地采取全封闭隔离措施,工地出入口位置经公司和有关单位同意后决定,主要出入口设置交通指令标识和示警灯,保证车辆和行人的安全。为了少影响市区的交通,土方和垃圾外运尽可能安排在夜间。

5.5 施工期间,进出工地的车辆和人员严格遵守交通法规,服从交通管理部门的管理。设立专职的"交通纠察岗",负责指挥车辆进出工地,维持交通秩序。接受交通管理部门和建设单位的监督检查,发现影响交通的问题,立即进行整改。

6. 与周边居委会的协调

要做好本项目的施工,必须与当地居委会做好沟通交流,获得居委会的支持和理解,便于施工过程中的协调。

6.1 针对该工程特点,公司成立协调小组,设专人负责与周边居委会关系的协调工作。

6.2 及时与工程所在居委会等各相关单位沟通联络,通报施工管理情况,以期获得有力的支持。

6.3 在施工前了解一切与施工有关的外部因素,积极寻求当地居委会的帮助,并寻求解决问题的方法。

6.4 积极配合居委会工作,在施工前借助当地居委会提前公布工程性质、施工工期、安全措施,发放宣传材料,向施工区域周围的居民做好解释工作。

6.5 利用施工间隙为周边村庄兴办公益事业,取得群众的信任。

二、对街办、交警、城管等主管部门及供水、供电等专业管线单位的协调

1. 对街办、交警、城管等主管部门的协调

1.1 对街办的协调

本工程沿线有较多居住区,施工期间可能受到来自多方面对施工干扰的不利情况,在承建本工程过程中,公司将及时与街办等相关政府部门进行接洽、沟通和联络,及时有效地贯彻政府部门的各项政策、法规。在施工过程中树立良好的形象,为工程顺利进行创造良好的外部环境,以确保工程顺利实施。

1.1.1 施工前宣传

施工前,向街办、附近居民和单位发放宣传材料,对工程施工可能造成的影响进行说明,取得街办的配合,做好解释工作。教育施工人员严格遵守各项规章制度,维护群众利益,尽力减少工程施工给当地群众带来的不便。

工程施工中,严格按照经审定的施工组织设计与地下管线保护技术措施的要求进行施工,各级管线保护负责人深入施工现场监护地下管线、督促操作(指挥)人员遵守操作规程,严禁违章操作、违章指挥和违章施工。

施工过程中发现管线现状与交底内容、样洞资料不符等异常情况时,立即通知建设单位和有关管线单位到场研究、商议补救措施,在未作出统一结论前,不擅自处理或继续施工。

施工过程中发生意外情况,应事先制订好应急措施,配备好抢修器材,以便在管线出现险兆时及时抢修,做到防患于未然。

一旦出现管线损坏事故,在 24 小时内报上级部门和建设单位,特殊管线立即上报,并立即通知有关管线单位要求抢修,组织力量协助抢修。对人为损坏事故,要吸取教训并按"四不放过"的原则进行处理。

1.1.2 防止扰民的措施

积极组织协调交通,尽量给市民出行带来方便;制定环境管理方案和实施措施,防止噪音污染、水污染及大气污染,具体详见环境保护措施及方案。对环境污染尤其是噪音污染进行严格的监控。并请环保部门进行检测,确定噪音污染的程度,并对强噪音设备采取封闭、限时使用,增加降噪设备等措施,最大限度地降低噪音污染。

车辆在驶出工地时,用篷布覆盖,防止因渣土撒漏而造成扬尘污染,并且车辆在运行尽量避开上下班高峰期,防止产生拥堵。

在满足施工要求的前提下,施工场地尽量压缩,并且尽量不占用道路。为此,施工平面布置保证各大路口的交通不受影响。为保证施工进度,除特殊情况外,土方车辆尽量避开城区交通高峰,宜安排夜间通行,其他施工车辆进出施工场地

任何时段不受限制。

施工场地采取全封闭隔离措施,工地出入口位置经公司和有关单位同意后决定,主要出入口设置交通指令标识和示警灯,保证车辆和行人的安全。为了少影响市区的交通,土方和垃圾外运尽可能安排在夜间。

施工期间,进出工地的车辆和人员严格遵守交通法规,服从交通管理部门的管理。设立专职的"交通纠察岗",负责指挥车辆进出工地,维持交通秩序。接受交通管理部门和建设单位的监督检查,发现影响交通的问题,立即进行整改。

1.1.3　防止民扰的措施

最大限度地落实防止扰民的措施,便可以从很大程度上减少民扰,为了防止民扰事件的发生,我们在落实防止扰民措施的前提下,制定如下措施:

(1)进场后加强对施工区沿线居民及单位的调查、走访,主动与当地政府联系。

(2)在距离居民区较近处采用易压实材料,并通过大吨位压路机静压压实,以避免对周围建筑物造成影响。

(3)施工过程中严格执行文明施工和环境保护得各项措施,重点振动、扬尘和噪音扰民,将施工对周边居民和单位的影响降到最小。

(4)施工现场及相关路口及时洒水降尘,减少现场污染。

(5)在施工前公布工程性质、施工工期、安全措施,发放宣传材料,向工程周围的居民做好解释工作。说明在施工期间将会给工作及生活带来不便,以求得大家的理解和支持。

(6)教育施工人员严格遵守各项规章制度,维护群众利益,尽力减少工程施工给当地群众带来的不便。

(7)按国家环保部门规定的噪声值标准进行测定,并确定噪声扰民范围。

(8)现场设立群众来访接待处,并配备热线电话,24 小时接待来访来电,对所有问题均在 24 小时以内予以明确答复。

(9)依靠当地政府并与办事处、派出所、居民代表、共同开展创建文明工地活动,通过沟通和融洽关系减少或防止民扰。

(10)依法处理各种扰乱正常施工秩序的行为和责任人。对通过耐心说服并采取了合法措施仍然阻挠正常施工的人或行为,依法向有关部门申请遵照有关法律进行处理。

(11)针对工程特点,成立协调小组,设专人负责与街办及地方关系的协调工作。

(12)及时与工程所在地政府、公安、居委会等各相关单位沟通联络,通报施工管理情况,以期获得有力的支持。

(13)设置指示牌。在施工现场醒目位置设置文明施工公示标牌、导向牌,交通地形图。将《某某市市政工程文明施工管理规定》及《市政文明施工管理十项标准》全部上墙。

(14)项目部设置便民接待室,受理并解决因施工给周边居民带来的生活困难问题。

(15)教育施工人员严格遵守各项规章制度,维护群众利益,尽力减少工程施工给当地群众带来的不便。

1.2 对交警的协调

本工程施工与交警方面的协调是施工准备阶段中的重要环节,并贯穿整个施工过程中。为了能与交警做好配合协调工作,保证施工过程中的交通流畅,减小交通压力,主要从以下几个方面与交警进行协调。

1.2.1 进场前,邀请交警部门、沿线重要的单位、社区召开交通协调会,向有关单位通报施工总体安排,确定施工各个阶段的临时通行路线,保证重要单位及社区的出入,划定临时停车区。

1.2.2 按照交警部门的要求按规定做好工程所需的临时示意牌和分流示意图,确保沿线重要路口都有明确的通行指示。

1.2.3 成立以项目经理为组长的交通协调小组,项目经理直接领导各个交通协调员,与交警部门保证通讯 24 小时畅通,处理在施工中突发的交通问题。

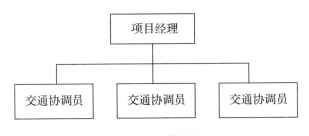

图 15.1 交通协调小组

1.2.4 施工过程中的重要作业面转移,对交通造成影响的,需提前 3 个工作日通知交警部门。

1.2.5 加强对工地作业车辆的管理,加强对驾驶员的交通法律法规的教育,严格按照交警部门的要求进行工地的出入和原材料的运输等。

1.3 对城管的协调

及时与主管的城管等相关政府部门进行接洽、沟通和联络,及时有效地贯彻城管部门的各项政策、法规。在施工过程中树立良好的形象,为工程顺利进行创造良好的外部环境,以确保工程顺利实施。

1.3.1 在本工程施工中一如既往紧密加强与城管的关系,为本工程的顺利开展创造条件。

1.3.2 主动与城管部门加强联系,以取得他们对于本工程文明施工的指导与认可。

1.3.3 加强工程管理工作,给城管部门塑造一个良好的形象,以取得城管等部门对我司的支持。

1.3.4 设置指示牌。在施工现场醒目位置设置文明施工公示标牌、导向牌,交通地形图。将《某某市市政工程文明施工管理规定》及《市政文明施工管理十项标准》全部上墙。

1.3.5 及时清扫和洒水,防止扬尘。马路24小时有人扫,有人管。当天的渣土不过夜,集中在晚10:00至早5:00之间清运出场,运输车辆全部覆盖。

1.3.6 施工中临时的沟槽、基坑和围挡的四个角设置防护警示标志,夜间设置了警示灯,部分夜间的警示灯采用霓虹灯。所有人行道的障碍物都安排专人防护。修建临时便道、便桥,以方便周围居民出行。

2. 对供水、供电等专业管线单位的协调

施工前,现场踏勘并收集各种地下管线及施工资料,查清地下管线的埋设位置、埋深及走向,在现场做好标记,同时在施工图上标出管线的位置及标高等。制定相应的实施方案,报有关单位批准后实施。项目部下设两名管线保护员,每个班组设专职管线联络员,自上而下贯彻对供水、供电等专业管线保护方案,落实保护措施。施工中发现不明种类的地下管线,应及时和指挥部及有关部门单位联系,以便施工中采取相应措施。在未落实前,决不可盲目开挖施工。

2.1 勘查的主要内容有以下几个方面:

2.1.1 给水管、井;室外消火栓管、井;消防水泵结合器管、井;中水管、井。

2.1.2 雨水管、井;污水管、井;排水箅子;压力排水管。

2.1.3 热力管、井(蒸汽、热水);燃气管、井。

2.1.4 高压电力电缆进户。

2.1.5 电信电缆(或光缆)进户。

2.1.6 庭院内路灯、建筑景观照明、音乐喷泉、建筑物与建筑物之间相连接的风、水、电管线。

2.1.7 室外弱电控制管线,包括保安监控、消防报警、楼宇自控、综合布线、电视、电话广播等。

2.2 成立专业管线协调小组

2.2.1 成立以项目总工为组长的专业管线单位协调小组,加强沟通,及时协调与专业管线单位处理好关系,争取他们的理解和支持;

2.2.2 项目部设专职人员负责具体协调工作。

2.2.3 施工前,提前通知专业管线单位,做好应急准备工作。

2.2.4 如果出现紧急情况,在第一时间通知专业管线单位,并在专业管线抢修人员到来之前,做好前期准备。

2.3 公用管线及构筑物保护

2.3.1 自来水管、煤气管的保护

主动与自来水公司和管道煤气公司有关部门取得联系,恳请贵方提供相关图纸复印件和监护人,并根据交底情况开挖样沟,探明自来水管、煤气管的走向、管径、埋深、管材等具体情况,便于确定采取何种保护措施。如果施工过程中因自来水管或煤气管埋深深度在 2m 以下,并与埋设的排水管线平行又相距较小,则采用钢板桩密排打入,加以保护;若与埋设的排水管线相交,用人工将其全部暴露,对管径较小的管子,可在沟槽的断面设支墩,支撑管线的安全,在管线的下口必须有槽钢或角钢;对管径较大的管子,用槽钢、钢丝绳、法兰螺丝进行系吊,底衬方木条,在施工过程中注意观察自来水管、煤气管的沉降情况,发现问题及时进行处理。回填时用人工将其底部土方进行夯实,周围用黄沙进行回填保护,水夯密实。

2.3.2 供电、电讯管的保护

进场后,除及时与电力局、电讯局有关部门联系取得图纸外,也需先开挖样洞,探明其走向和埋深。如管线横穿施工沟槽,需事先用人工将其全部暴露,用槽钢、钢丝绳、法兰螺丝进行系吊,底衬方木条,并在管线各 2m 左右位置严禁用机械开挖,全部采用人工挖掘。下水管道施工完成后,应砌筑砖墩对管线进行支护,回填时用人工将其底部土方进行夯实,周围用黄砂进行回填保护,水夯密实。

2.3.3 地下电缆的保护

进场后,同样需首先开挖样洞,探明其走向及埋深,如果电缆横穿马路及施工沟槽,管道开挖前需将电缆用人工挖掘全部暴露在路面上,并用毛竹对劈开将电缆进行包裹保护,电缆旁用木牌竖立作好明显标记,提醒行人和施工人员注意安全,并上日夜派人值班对其进行必要的监护。对电缆的加固保护方法,事先我方将提供书面的保护方案报请业主和有关单位批复,在施工过程也将邀请相关单位派员监护,便于发现问题及时协调解决。

第十六章 与发包人、监理及设计人的配合

一、与发包人配合措施

与发包人关系协调的依据是合同,协调的目的是搞好协作,协调的重点是质量问题和进度问题。项目经理部在各种关系协调中,最主要是处理好与发包人的关系,项目经理部全体人员必须树立"以顾客为关注焦点"的观念,把发包人期望的工期和工程质量作为核心,为发包人建造一流的建筑产品,让发包人满意。

1. 项目部人员与发包人配合责任分配

在本工程施工中与发包人的配合工作主要由项目经理和项目总工程师来完成,其他项目部成员辅助项目经理及项目总工程师完成各项工作。

1.1 项目经理对本工程全面负责,主要与发包人经理部进行配合沟通。解决施工过程中遇到的各类问题。

1.2 发包人工程部负责施工进度、工程质量、技术变更及施工方案技术等方面工作;预算成本部负责工程预算、成本核算工作;材料部负责进场材料的检查、审核工作;资料室负责项目部上交的各类工程报验、审批单等资料的整理、存档工作。以上各部门主要由项目总工程师配合工作。

1.3 项目部材料员、施工员、质检员等在各自职责范围内辅助项目总工工作。

2. 开工前与发包人的配合措施

2.1 及时做好开工前期的物资准备工作,按照发包人要求提供良好的办公设施及办公环境,积极满足发包人对施工现场办公生活的各项要求。

2.2 在发包人协调好拆迁工作后,迅速清理现场,满足开工条件。

2.3 积极配合发包人解决施工现场的水电暖问题。

2.4 根据发包人方各部门职责及人员配置确定项目部人员的工作职责,确

保发包人有需要时能及时找到项目部人员与之配合。

2.5　积极与发包人沟通,提供开工方案及进度计划,得到发包人允许后方可开工。

2.6　组织好开工、竣工仪式,配合发包人做好上级接待工作。

2.7　积极配合发包人及勘测部门,顺利完成工程交桩工作。

2.8　积极配合业主做好开工交底工作,提供良好的会议环境和会议设施。

3.　施工期间与发包人的配合措施

3.1　定期向发包人提供工程进度报告,对于施工过程中出现的各种问题,必须及时请示或报告发包人。

3.2　认真准备每周例会的工作报告,详细叙述工作进度及施工中遇到的各项问题,并配合发包人解决问题。

3.3　施工期间如遇到部分地段拆迁困难,利用自己的有利资源,尽最大努力配合发包人去协调关系,尽快完成拆迁工作,确保工期。

3.4　施工期间会对外界居民及单位造成生活上的不便,协助发包人做好宣传、沟通工作,避免外界干扰造成施工停滞。

3.5　经常核实项目建设的施工范围是否与签订的合同与图纸一致。发现有不符的及时查找原因,并请建设单位或监理核实和签证。

3.6　本着高质量、低成本完成施工任务的原则,在施工过程中积极寻找新技术、新工艺,为发包人寻找控制成本的有利方案。

3.7　施工中采用的各类新材料、新工艺需报发包人审核合格后方可使用。

3.8　送往发包人处的资料和报表干净整洁、排序有致、一目了然。

4.　工程竣工验收阶段与发包人的配合措施

4.1　积极配合发包人、监理单位和质监站的工程验收工作,协助发包人完善各类资料。

4.2　报送资料及时准确,争取一次性验收完毕。

4.3　为发包人提供工程养护建议,减少工程的人为损坏。

4.4　给发包人详细解释公司的工程保修制度及保修热线,以便于出现问题时及时沟通,及时抢修。

5.　其他配合措施

本工程的实施,是济南市总体规划的要求,是完善、提升城区管网架构的需要,是完善提升市政配套设施的需要,是提升城市整体形象的需要。公司将配合发包人做好社会宣传工作。

5.1 积极配合发包人做好各项准备工作,迎接上级单位的视察。

5.2 配合发包人进行周边交通组织及环保工作。

5.3 为保证项目的顺利建设,应积极与发包人交流汇报,主动为发包人排忧解难,想发包人所想,急发包人所急,和发包人融洽相处。

5.4 项目经理部站在工程全局的角度,认真履行总承包合同条款中规定的义务,积极主动地为建设单位服务,接受建设单位的领导,落实建设单位的各项指令、决策,解决工程实施过程中遇到的问题。协助建设单位处理好与设计、政府监督部门、政府职能部门等的联系、沟通工作。总承包科学、合理的组织工程施工,完成建设单位的各项任务,实现建设单位要求的各项目标。

5.5 无条件的配合发包人的任何合理性要求,接受发包人的管理,以优良的服务和诚恳的态度赢得发包人的满意,令业主放心。

5.6 在施工中为业主着想,营造融洽的工作氛围,通过良好的合作确保本工程承包合同的全面履行。

二、与监理配合措施

与监理关系协调的依据是各项施工规范,协调的目的是搞好协作,协调的重点是质量问题和安全问题。配合工作中以监理关心的质量安全为核心,共同努力为发包人建造一流的建筑产品,让发包人满意。

1. 项目部人员与监理配合责任分配

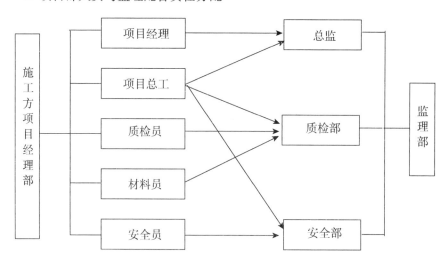

图 16.1 项目部人员与监理各部门配合示意图

在本工程施工中与监理的配合工作由项目经理和项目总工程师总负责,其他项目部成员辅助项目经理及项目总工程师完成各项专职工作。其中:

(1)项目经理对本工程全面负责,主要与总监进行配合沟通。解决施工过程中遇到的各类问题。

(2)监理质检部负责施工进度、工程质量、技术变更及施工方案技术、进场材料的检查、审核和各类资料报验、已完工程质量检验等方面工作;安全部主要负责施工现场的安全施工、消除施工安全隐患等工作。项目总工程师全面配合以上两个部门工作,具体的现场工作主要由安全员配合安全部,质检员和材料员配合质检部开展工作。

2. 开工前与监理的配合措施

2.1　组织项目部学习《监理大纲》等用于指导监理业务的技术类书籍,包括了解监理机构及人员组成情况,拟采用的组织管理条例和监理工作目标、工作程序等。深入了解监理的工作内容和工作思路,以便更好地配合监理的日常工作。

2.2　于开工前书面报告施工准备情况,获监理认可后方可开工。开工前将正式施工组织设计及施工计划报送监理工程师审定。各类检测设备和重要机电设备的进场情况向监理申报,并附上年检合格证明或设备完好证明。

2.3　在选择队伍时,按发包人及监理的要求提供分包单位的有关资料,征得发包人和监理同意后再行与分包签订分包合同。

2.4　合同签订后按规定时间向监理和发包人报送施工图预算。

2.5　开工前质检员应提前和监理单位进行沟通,根据工程性质和规模,提前将需要准备的资料、各种表格样式统一起来,方便以后的资料上报和归档工作。

2.6　开工前由项目总工带领测量员配合监理单位对水准点、坐标点进行校核,做好施工前的原地貌测量工作。

3. 施工期间与监理的配合措施

3.1　接受监理对项目部的工作指导,定期或不定期向监理报告工作计划,实施实际和阶段性工作总结,主动征求监理的意见。

3.2　为了保证工程进度顺利进行,项目部应严格按照总进度计划和月进度计划对每周的工作进行安排调度,并将施工过程中遇到的问题及时整理,做好监理周例会汇报材料。

在周例会上将遇到的问题主动和监理工程师进行沟通,以保证工程的顺利实施。

3.3　隐蔽工程完成,总承包责任方在检查合格的基础上,按规定提前书面通知监理。若监理对某些工程质量有疑问,要求复测时,承包责任方将给予积极配合,并对检测仪器的使用提供方便。

3.4 一项工序施工结束后,及时向监理报验,经监理检验合格后方可进行下一步工序的施工;若检验存在质量问题,应及时解决或返工。

3.5 及时向监理报送分部分项工程质量自检资料和混凝土强度、水稳报告。若发现质量事故,及时报告监理和发包人,并严格按照共同商定的方案进行处理。

3.6 积极配合监理完成对已完工程质量的检验,做好检验记录表。

3.7 积极配合监理对部分细部的加强检验。

3.8 质检员配合监理加强与试验室的联系,发现问题及时沟通。

3.9 观察了解影响工程进度和质量的自然风险、隐患及外部干扰的信息,及时报告监理。

3.10 施工用各类建筑材料均向监理报送样品、材质证明和有关技术资料,经监理审核批准后再行采购使用。现场采样送检时有监理或发包人代表见证。变更用材时,事前征请监理意见,同意后方可变更。

3.11 日常施工过程中遇到的施工难点及需变更的工序要及时和监理部门沟通,并提出合理的解决办法。

3.12 项目部应积极配合监理部门的月计量和竣工图纸包括竣工结算的审核工作。

3.13 尊重监理方代表,虚心听取监理的意见,本着协商的精神处理好问题,做好工作,搞好团结。

4. 工程竣工验收阶段与监理的配合措施

4.1 工程全部完工后,经认真自检,再向监理工程师提交验收申请,经监理复验认可后,转报发包人,组织正式竣工验收。在竣工验收前7天,将质量保证资料交监理审查。

4.2 认真配合监理做好各项验收准备工作及验收记录。

三、与设计人的配合措施

在施工期间因为出现地质状况、外界环境影响或是研究出新技术、新工艺时需要进行方案、图纸变更,或是发包人主动进行变更时均需和设计单位进行沟通。在施工期间及时配合设计单位工作,了解设计思路,积极主动的和设计单位进行沟通交流,相互配合协作。

1. 施工前项目经理部组织相关技术人员对施工图纸进行详细的会审,提出图纸中存在的问题;由设计单位对项目经理部及分包单位进行设计交底,解答图纸中的疑问,接受项目经理部的修改建议和意见。

2. 项目经理部根据施工总进度计划向设计单位提出施工图需求计划,设计单位尽最大可能满足项目经理部的要求,保证工程进度。

3. 项目经理部对工程实施中出现的与设计相关的问题,及时向设计单位进行汇报,征求设计意见;及时向设计单位提供各专业设计上存在的或可能存在矛盾的情况汇报,协助设计单位解决各专业设计中存在的冲突,减少或消除设计上存在的矛盾,满足工程实用需要。

4. 在与设计单位的合作中,承包方将以自己的经验结合本工程特点,尽量做到对工程可能发生的设计变更环节的事前预测,制定应急措施。一旦有设计变更,能及时迅速地调整工程进度编排,并相应调整人力、设备、材料和资金的投入。

5. 经常核实项目建设的施工内容是否与图纸一致。发现有不符的及时查找原因,请设计部门或发包人核实认可,避免出现施工差错。

6. 严格执行设计图纸要求、按图施工,无设计变更或工程洽商,任何人无权改动施工图纸,未经设计单位批准的图纸不得使用。

7. 施工中涉及到设计单位的工作计划及时抄报设计单位。